教师蝶化发展论

JIAOSHI DIEHUA FAZHAN LUN

基于文化身份的考量

伍叶琴 著

教育科学出版社
·北京·

序　言

一

那是记忆中的一个画面。

1998 年，初秋，结束了法国巴黎高师的学习生活，风尘仆仆，回归故里。

新学期伊始，迈进阔别许久的学校大门，只见两旁梧桐树上端，从一边到另一边，悬挂着一条看似很有丝质感的红色横幅，上书的标语是：高举师范教育旗帜，大力推进教师教育一体化建设！

人，行走在巨型的横幅底下；心，维系在醒目的标语之上。

从今往后：

——师范教育，果真要复归她在教育殿堂中的神圣位置？

——师范教育，果真要复兴她在教育世界中的昔日辉煌？

——教师教育，果真要开始走向职前与职后的无缝对接？

——教师教育，果真要开始贯穿每一个师者的全部生涯？

脚下，似因横幅随风闪动而轻盈；心中，似因标语向阳闪亮而滚烫。

......

迄今十余年，在我国，堪称进入了一个"师范教育重振旗鼓，教师教育方兴未艾"的时代。仅就我学术生活中的一个事实便可证明：作为教育部全国教育科学规划领导小组成人教育学科专家组成员，每次参加相关课题申报评审时，总会发现教师教育研究、教师继续教育研究、教师专业发展研究、教师生涯发展研究之类的课题占有相当大的比重。而自 2009 年启动"中小学教师国家级培训计划"起，各种各样在"国培"名义下的教师教育、教师培训研究课题，更是让人目不暇接：有回顾其历史过程的，有前瞻其未来走向的；有探究其战略目标的，有讨论其策略选择的；有关心其体制机制的，有关切其政策法规的；有专注其素质培养的，有聚焦其能力发展的；有青睐其价值定位的，有钟情其过程设计的；有注视其模式模型的，有瞩目其方式方法的；有倡导其质量保障的，有重视其绩效评价的；有观照中小学师资的，有审视大学里教师的；有致力于边远山区的，有兴奋于发达区域的，如此这般，不一而足，且大有一浪盖过一浪的势头。

若试图一言蔽之，那么，是不是可以认为：以上所言的一个个"果真"，似乎俨然已经迈入了一个个变成"真实"的大门。

二

这是新近听到的一段言说。

一个多月前，写完一篇评述联合国教科文组织"全球学习型城市评价指标体系初步框架"的文章，感觉有许多地方可以与人分享。于是，相约一位博士朋友来寒舍小聚。惊喜的是，他带着夫人一同来造访了；意外的是，当论及"框架"强调学习型城市建设要有"各利益相关方"的积极卷入，特别是需要广大教师的主动参与，并希望其通过培训以后，能够达到一种良好的胜任程度时，原本多聆听、少言语的博士夫人——其实，她本人也是一位博士，在某个教师在职教育与研究部门任职——给我们留下了以下一段颇见洞察力和忧患意识的言说：

关于教师教育与培训，特别是刚刚入职的年轻教师的教育与培训，必须承认，国家一直很重视，学者一直很关注，近年来取得了重大的进展和成就。但是，又可以真切感受到，有一个非常特殊且让人担忧的群体正在形成。他们无论是在性别、年龄上还是在学历、职称、工作年限上，都很难让人给出一个确切的比重判断，或形成一个明显的特点认定。也就是说，这个群体，从性别上看，有男性教师，也有女性教师；从年龄上看，有的三十来岁，有的或更年轻一些，有的或更年长一些；从学历上看，有些是本科学历，有些是研究生学历，有些还是博士甚至有博士后的经历；从职称上看，有的是中级教师、高级教师，有的是讲师、副教授；从工作年限上看，有的三五年，有的七八年，有的十多年。诚然，最最要紧的是，他们在工作了一段时间以后，很是明显地出现了这样一些迹象：或是对学历提升不感兴趣了，或是对职称晋升不再追求了，或是对生涯发展无所规划了。日常生活中，他们对学生缺乏热爱感了，对学校缺乏归属感了，对职业缺乏神圣感了，乃至"课"也不再备了，"书"也不再读了，甚至，"利"也不再争了，"名"也不再图了。一句话，教师的角色认同式微了，工作的角色激情不见了，职业的角色追求消散了。

……

这一番言说，回旋于耳畔；这一番话语，萦绕于心际。

于是，困惑似再生：此等迹象若是属实，那么，根源到底在哪里？

于是，纠结似又起：此等情形若是属真，那么，缘由究竟是什么？

先搁置教师方面可能存在的种种个性化的因素而不论，仅从当下正大张旗鼓的教师教育、教师培训视角来看，便不由得再度盘问自己：

——制度内的取向与制度外的取向呼应了没有？

——自上而下取向与自下而上取向互动了没有？

——管理需求取向与教师需求取向兼顾了没有？

——外力推导取向与内在驱动取向兼备了没有？

——外在标签取向与求真务实取向结合了没有？

——社会发展取向与人的发展取向整合了没有？

——学生发展取向与自我发展取向并重了没有？

——能力获得取向与精神发展取向统一了没有？

——重"教"取向与重"学"取向平衡了没有？

——阶段发展取向与人的终身发展取向链接了没有？

——专业发展取向与人的全面发展取向融合了没有？

——正规方式取向与非正规方式取向共繁荣了没有？

——职业训练氛围打造取向与学习文化培育取向共建了没有？

其实，就以上各对关系，确切地说，就教育视域中的类似关系问题，记得自己早些时候已经发表过这样一个基本观点：就其总体特征而言，兴许它们都是一种相互影响、相互作用的关系，甚或是一种互为诱因、互为结果的相辅相成的关系。换而言之，诸项关系的两端，仅仅就其彼此而言，它们便都有各自存在乃至发展的价值和意义。但是，又必须注意到，在这一系列关系当中，几乎所有前者，都似有趋于或"形"或"外"，再或"显"的特性；而几乎所有后者，又恰好相反，都似有趋于或"质"或"内"，再或"隐"的特性。也许因之，前者在传统上、在运作中比较容易得到关注，以致往往处于某种意义上的强势；后者则在习惯上、在实践中颇不容易得到聚焦，以致往往处于某种意义上的弱势，但是，它们恰恰更蕴教育与终身教育理念的本真，恰恰更富学习与终身学习理念的本涵，所以，它们又显得更为关键、更加重要。基此，对于其中的任何一对关系，我们都必须审慎待之，并当竭力使之获得一种科学、恰切的平衡。

若再结合以上"迹象"种种的缘由追问，其问题的症结，或许就在于我们尚未把握好藏匿在所有这些关系及其处理之中的，还远未达到的一种本应有的平衡和还远未实现的一种本该有的和谐。

三

诚然，没有必要去比照伍叶琴博士《教师蝶化发展论——基于文化身份的考量》，其缘起和归宿与上述"盘问"是否对应，或者有哪些对应，有多少对应。

可以笃信的是：

——它的缘起一定是因为以其独特的视角，发现了当今教师教育理论与实践存在问题，抑或是存在诸多如上所述的问题；

——它的归宿一定是希望以其独到的思考，而将之落定在教师教育最终能够走向一种阐扬其初真、张扬其本真的平衡状态。

著作通篇，可以让人真切感受到的是：

——在她的心里，教师的发展，绝非仅仅是"专业"的发展，而当是一个作为完整的人的终身的、全面的发展，而这样一个发展过程，又全然宛如一个反反复复的，既痛苦又浪漫、既艰辛又美丽的，"从蚕到茧，从茧到蝶，从蝶到蚕"的循环过程。

——在她的眼里，教师的学习，绝非仅仅依靠"要你学""教你学"的方式便可大功告成，而更当是一种源于生命与生活需求的、基于心灵与精神追求的、归于幸福与梦想实现的学习，并且更以一种基于主体自觉的转化学习或者说质变学习的方式而展现开来。

——在她的话里，教师的学习和发展，也许会受到诸多内外在因素的制约，但不容忽略的是，它们一定会与社会及其自身对于教师这样一种角色的、充满文化意蕴的身份认同状况密切相关。须臾之间，他们或因而学习之、发展之、完善之，或因而弃学之、弃善之，甚至在极端情形下，还可能出现反其道而行之的现象。

这一切，正如博士自己在文中所言：

——教师的发展不仅是一个前进的过程，贯穿于每个教师的整个职业与人生历程，而且更是一个不断变化与完善的过程，是一个追求最终人生理想的过程。因此，教师的教育生存是一个永无止境的完善和学习过程。

——教师的蝶化发展绝不是一种单一的存在，而是与其关联的其他事物共生的。凡是有助于教师身心健康、文化修养、职业能力提升、专业成长、精神丰富或者闲暇生活质量提高的发展历程都属于教师蝶化发展的范畴。

——质变学习能够唤醒教师的文化身份感，最终使之达成自我概念的重建（从教学专家到知识分子），实现学习动机的变化（从关注学习结果到关注学习过程），发生学习焦点的转移（从关心当下到关心未来），实现学习方法的创新（从他人导向学习到自我导向学习）。

总之，期待教师厘清文化身份而确认自我，通过质变学习而重建自我，经由蝶化发展而实现自我，由此，迎来诗情画意一般的生活。

四

常常想起苏格拉底的那句名言，叫作"教育不是灌输，而是点亮火焰"。

也常常记得学者郭文斌曾经说过："最根本的'给'，是点亮他人的心灯，帮助他人找到本有的光明。"

显然，教师教育就是要点燃师者的火焰，教师学习就是要点亮自己的心灯。

相信，内涵扩展了的教师教育、过程延伸了的教师教育，一定会有助于其火焰的点燃；

相信，驱力足够了的教师学习、方式得当了的教师学习，一定会裨益于其心灯的点亮。

而教师教育、教师学习的成功，又必然会带来教育的成功与教学的成功。也就是说，有更多学生——青少年学习者、成年人学习者，乃至老年人学习者，他们一定会通过已然摒弃"灌输"的教师的"教育"和"教学"，而一轮又一轮地被燃起更大的火焰，一波又一波地被点亮更多的心灯。终而，使更多的人——学习者，能够寻觅到他们梦寐以求的"本有的光亮"或是"本有的光明"。

这种情形，在博士的著述里，被称作教师蝶化发展的重要目标之一：他人目标——学生的生命成长。对之，她在文中的那段细说是：

教师的蝶化与质变不仅对教师内在价值的实现有利，还对学生产生巨大的影响。因为，教师的蝶化过程，是生命与生命相互交流的过程，是教师遵循生命发展原则去引导学生生命走向更加完整、更加和谐与无限之境界的过程。

最后，对于乐于蝶化、善于蝶化的教师，从其任务与使命的视角，博士又用一种既近乎呐喊，又近乎颂扬的方式落墨了如下文字：他们"将用自己生命的灿烂去孕育另一个生命的辉煌"。

......

俗套，有时是客套而无太多的必要；俗套，有时虽老套却也有一定的必要。

也就是说，最后想表达一段颇有一些格式化却又不乏真切体验和真性色彩的话语：

一种发现，也许是一种有益的发现，但不一定是充分的发现；

一种假设，也许是一种有力的假设，但不一定是充分的假设；

一种视角，也许是一种独特的视角，但不一定是充分的视角；

一种隐喻，也许是一种生动的隐喻，但不一定是充分的隐喻；

一种路径，也许是一种全新的路径，但不一定是充分的路径；

一种方式，也许是一种创新的方式，但不一定是充分的方式；

一种演绎，也许是一种审慎的演绎，但不一定是充分的演绎；

一种结论，也许是一种正确的结论，但不一定是充分的结论；

......

至于伍叶琴博士的这部著述，诚然，也难免有所疏漏或瑕疵，但无论如何，瑕终究难掩其瑜，因为感佩博士，正在为实现教师教育最终能够走向一种阐扬其初真的平衡，而奉献着自己的智力和智慧；正在为捍卫教师教育最终能够走向张扬其本真的和谐，而贡献着自己的真情与激情。期待这样一种思想和行动能够延绵长久，并且深信，这一切，又必定会感染更多的有心之士、有识之士，去为获得教师教育的成功、教师学习的成功，乃至其生活的成功、生命的成功，而付出更多努力、更多心血！

但愿：无论春夏亦秋冬，眼前彩蝶满园飞！

权以为序。

高志敏

2013 年 4 月于加吉草书斋

幸福其实很简单

(代自序)

　　谈教师发展的书可谓汗牛充栋，但本书与众不同，当有自己的立场与观点。

一

　　现代理性给教育烙上了深深的印痕——教育的流水线生产。教师是流水线上的生产工人，学生则是流水线上生产出来的产品，教学异化为技术，教师完整的教育生活被割裂，成为一个片面人——除了教学、专业发展，其他的一无所有！诗意的教育生活变成了枯燥的重复，浪漫的职业品质变成课堂上的鼓噪。人文教育价值的隐藏却凸显了工具性教育的追求。

　　单就写作本意而言，本书并非否定教师专业发展，而是意在还教师发展、教师教育一个真实，即"回到教师发展本身"，"回到教师教育本身"。教师发展的"本质直观"① 是教师教育的追求。教师发展的本质直观不在其外在追求——专业成长，而在发展本身——追求自身的幸福。教师教育不是把教师禁锢在某种特定的概念框架之中，即预设一个范畴去规范教师原本鲜活、生动的教育生

---

　　① 胡塞尔的话语，意指普遍就蕴藏在个别中，本质就在现象中。在此的含义是指通过教师教育去还原教师发展的本质。

活，把教师锁定在一条小径上，而是给教师一条教育的自由之路，教会他们"我要怎样教书"，而非使其明白"要我怎样教书"，这才是本书的写作意图。

教师的"生活世界"是他们亲历体验的世界。这个世界里有他们的欢乐，也有他们的悲伤。他们用非华丽的语言来述说自己平凡的生活体验，展现给我们的却是一幅生动的教育画卷。我们看懂了这幅教育的风景画就读懂了他们的心灵。因此叙事研究这种现象学的研究方法，可以帮助我们从几个教师学习与发展的案例去论证教师发展的可能的方向与路径。希望以此看到一般，捕捉本质。

教育需要反思，需要批判性反思。反思不是"回过头"去看走过的路，这条路本身并没有任何意义，不过是时间与空间的一个连续体——一个物理"实存"——当然这是必要的。反思所要求的是关注走过的路有何意义——一个价值实存——这是最原本的。虽然价值是"虚空"的，但又是最有意义的。因此，反思教育就在于批判性地看待教育的作为。教师教育也如此。回顾30年来我们的教师教育，走过的是一条不中不西、非古非今之路。这条道路上不仅布满了教师的渴望和教师教育者的期望，也充满了教师的惊奇与失望和教师教育者的兴奋与无奈。伴随教师教学技艺大幅度提高的，是教师育人意识的加速度跌落。我们不禁要问：是什么造成了如此落差？是教师素质？教师教育技术？还是别的什么？答案可能千差万别，但是最根本的不在于这些表层的东西，深层的根源在于教师教育理论的缺失——没有一个好的教师教育理论去统领教师教育和教师发展。这里说的"好的教师教育理论"，并非指现存的教师教育理论是"不好"的，而是指这些理论都有严重的缺失——顾此失彼，言左不顾右。更主要的是它们基本上不是一个理论，只是一些没有理论基础的"成见"——而一个好的理论是这样的理论：它必须以"哲学的思维态度"去看待教师发展的问题。即将一切关于教师教育的知识甚至知识方式"悬置"起来，以便将认识导向深处，这深处可能一片黑暗，然而，本质恰恰就隐匿于这黑暗之中。在此，教师教育的哲学思维态度就成为教师教育研究的一种"视域结构"，将教师发展这一教师教育问题植入这个结构中，问题的本质就会被"直观"而显现。所以，用教师教育的哲学思维态度来看教师的发展，就会发现任何教师的发展都有一个"视域结构"。而现实中的教师发展却缺乏这样的"视域结构"，如此便造成了教师发展的缺失，尤其是除教师专业发展外的其他发展的"缺席"。鉴于以上看法，本书试图将教师发展根植于教师教育的哲学视域结构中，对教师发展的现实进行深描，在突破教师专业发展价值的局限和展示教师作为人的健全发展的价值基础上构建教师蝶化发展的学者想象。

二

无可置疑，良好的师德与精湛的业务是一个"好"教师起码的标准。然而，这种只认"德"与"能"的"好"教师标准体现的是狭窄的教师发展理念，是"以学生为中心"的教师教育价值取向，是注重"以学生为本"而忽略教师本身的教师教育理念。

我国教育学界对教师教育问题的研究非常重视。他们的研究主要集中在教师专业化领域，对教师发展、教师学习、教师专业化等方面给予了极大的关注。也有少量的对教师的精神成长、教师的幸福等进行研究。而对教师发展的系统性研究以及对教师质变学习的研究，就本人所掌握的资料来看却是少之又少。有鉴于此，本书以"以教师为本"的教师教育理念为出发点，应用后殖民理论、德里达的"解构策略"和成人质变学习理论，建构起自成一体的教师蝶化发展理论体系及其解释与分析框架。重点在于对我国现实的教师专业发展进行哲学与文化的扫描，对教师的文化身份进行历时的梳理、现实的考察和应然的分析，特别是对教师质变学习给予深刻的从理论到实践的剖析、解构，以教师学习创新为目的，建立起教师质变学习的图式和教师蝶化发展的理论框架。

本书大致有以下结构。首先，是沿着教师蝶化发展的出场、教师蝶化发展的文化身份规定、教师蝶化发展的主体向度、教师蝶化发展的表征、教师蝶化发展的动力和教师蝶化发展的目标等线索，借助教师叙事展开讨论，力求清晰地展示我国教师质变学习在整个教师教育体系中的缺场性，积极找寻一条用教师蝶化发展促进教师教育的有效途径。因此，本书尝试着编织一个覆盖教师蝶化发展的理论体系——用"发展表征""发展动力"和"发展目标"的组合体来把握教师发展,即在规定的质变学习的向度中,依靠教师蝶化发展的动力,运用教师蝶化发展的表征,分析教师蝶化发展的目标,对教师发展进行全方位的透视和扫描,从而在教师教育所依托的文化身份、质变学习的相互融合、不断运动的张力中,推进并完成教师蝶化发展兼顾理论性和实践性的逻辑体系。

其次,是对教师蝶化发展、质变学习、文化身份等核心概念在后殖民理论的视野中、在幸福哲学和生命发展的"聚光灯"下进行审视。对传统的教师发展观、教师学习观进行逻辑的清理,用不同的方法加以透析,提出用后殖民的思维看待教师的文化身份,用成人质变学习完善教师教育,用教师蝶化发展替代专业发展的教师教育发展方向。通过对漫长的历史发展进程中教师文化身份认识与定位的历时性考察,提出教师不仅要做教育的承担者,还要"有勇气在一切公共事务上运用理性"。教师不但是构成教育的主体,是教育质量得以保障的基石,也是一个具有社会价值取向的公共知识分子。

再次,是将教师根植于成人学习视域,丰富与发展成人质变学习理论,以生命发展为脉络,尝试创立一套教师蝶化发展的体系。本书所创立的教师质变学习图式和蝶化发展体系不仅反映了教师教育可能的方向,同时为我国教师教育实践提供了一种可能和范本。

最后,将教师发展放在生命发展的大背景下,突出联合国教科文组织"第六届国际成人教育大会"上形成的"成人教育是一项基本人权"的普遍共识,为帮助教师实现为了美好的未来而生活和学习的理想,应用哲学解释学思想、方法和叙事研究的方法,充分研究教师文化身份、教师质变学习与教师蝶化发展,建构教师质变学习的图式和教师蝶化发展的理论框架,试图解决现实的教师教育中教师发展路径窄小、教师学习方式单一、教师自我困惑等问题,厘清教师蝶化发展的表征、动力、目标和策略,从而消除单一的教师专业发展的弊端,为实现教师教育观的若干转换提供一个理论支持:从"狭窄"走向"宽泛",从"技术"走向"生命",从"身体学习"走向"精神学习"。最终为中国教师的发展初步描绘一个新的框架性理论草图,为教师教育的针对性和实效性展示一条极具可能性的、多维度的道路。

三

作为一般教师读这部作品，只要产生一些感同身受的感觉即可。而对研究者而言，若有现象学的基础或能更加理解其深层次的意义所在。

作为教师的我，深切地感受与体验到当外部的要求变成自身无法躲避的压力时的痛苦与无奈。因此，唤醒教师的自我意识，启迪他们的思维，为已疲惫不堪的他们指一条新的、幸福的发展之路，是本书的要旨。然而，此善意却让某些人感到不适，视其为"异己"要打入"冷宫"。在当今学术界，学术有了"守门人"，由他们把守着学术的"大门"——制定进门的规则和分配说话的权力，凡与规则不符就无法发声。学术的一言堂背离的是学术正派，占据了学术统治地位的某些人蜕变为保守和僵化的力量，开始阻碍学术的争鸣，容不得不同的观点，如同一道无形的学术之"窗"，让你看得见，进不去，把争鸣与活力"隔"在"窗外"，保守与僵化却"洋洋得意"地引领着所谓的主流。由此，本书的"不入流"观点就属于要"隔离"之类。

"一项新的科学真理获胜的方式，不是把它的反对者说服了，让他们看到了光明所在，而是因为反对它的人最后都一个个死去，而熟悉它的新一代人成长起来了。"德国著名物理学家麦克斯·普朗克如是说。这其实是真理的悲哀——要看谁长寿，拥有真理的人必须长寿，否则，拥有的真理之言就变为了其事业的讣告。作者无意自诩掌握了真理，但却知道学术失去争鸣，便是死路一条。可喜的是教育科学出版社不以好恶论英雄，只以学术为本真，为生长在巨石边的小草留了一丝缝隙，允许作者在此"发声"。不谙人事和"潜规则"的知识分子往往只能在这样的夹缝中维持自己的学术思想，是悲？是喜？吾已不甚分明。

伍叶琴

2013 年 4 月 17 日

目 录

导　论

一、研究的缘起

（一）"蝶化"模型①的启示

记得儿童时代一个非常有趣的活动——养蚕。每当看见一条条的幼虫最后变成了美丽的"蝴蝶"，总是那样的惊叹！又是那样的不解——虫怎么能够变成"蝶"？直到前不久偶遇一个蚕学专家，在闲聊之中向他请教才明白其中之生物演变过程（见图0-1）。蚕的一生经过蚕卵—蚁蚕—蚕宝宝—蚕茧—蚕蛾。蚕卵大约经过40天羽化成为蚕蛾，破茧而出。出茧后，雌蛾尾部发出一种气味引诱雄蛾来交尾，交尾后雄蛾即死亡。雌蛾约花一个晚上可产下约500个卵，然后也会慢慢死去。原来，蚕拼命"化蝶"是为了繁殖后代的需要——后代不止一条，而是许多。从生物的角度看，"化蝶"是牺牲生命以维持种的延续。而在文学的视野中，"化蝶"是为了追求自由与解放。《梁山伯与祝英台》的故事不正是挣脱压迫，自由追求美好爱情的喻示吗？在得以化解儿时困惑的同时，更重要的是它照亮了困扰我许久的课题——教师到底是谁？他们有什么样的发展？他们发展的终极目标又是什么？纵观教师发展的轨迹，完全可以用这个"蝶化"模型来表述。

把教师的发展过程比作"从蚕到茧，从茧到'蝶'，从'蝶'到蚕"的

---

① 此模型是笔者根据隐喻的方法所自创的。后在阅读金吾伦的《感悟科学——科学哲学探询》一书时，发现该作者也有一个类似的"蚕茧"模型。这说明，在科学研究领域，不同的研究者可能形成相同或相似的一些思想或理论，就如牛顿与莱布尼茨几乎同时建立了微积分、尼尔·麦考密克和奥塔·魏因伯格同时创立制度法理学一样。

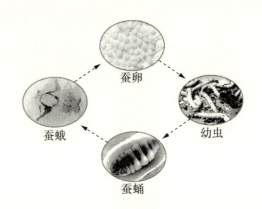

蚕卵

蚕蛾

幼虫

蚕蛹

图 0 - 1 蚕的一生

过程，这就是本研究所指的教师发展的"蝶化"模型。从这个模型出发看教师的发展过程则一目了然。教师入职之初，还只是"蚕的幼虫"，待经历一段时期长大成熟，形成自己一套完整的教学风格后，走入"高原期"，就基本上做成了一个自我封闭的"茧"。而后，通过他们自身的努力，从过去的经验中走出来，羽化为蝶，达到生命的理想境界并由此孵化出自己的"传人"——成长中的学生。在自然界，蚕的整个"蝶化"过程表面上是一个自然生长的过程，然而却是一个不断吃食桑叶，吸取大自然提供的各种养分逐渐成熟的过程。从生物机制看，蚕的每个不同的发育阶段是由它体内的激素水平的高低决定的。在教师的职业生涯中，教师的"蝶化"过程也是一个不断学习，汲取各种知识、锻炼各种能力的生长过程。而教师能否最后"化蝶"，走向最高的境界，其中最为关键的一种因素则是质变学习。只有质变学习才是教师获得蝶化发展的"激素"。

本书运用隐喻的科学模型，将教师根植于成人学习的视域中，借助后殖民理论的视角厘清当代教师的文化身份，在质变学习理论的观照下，探讨教师发展的意义向度，探索教师的蝶化发展之路。

（二）教师教育应根植于成人学习视域中

关于教师教育的概念定义众多，且这个概念的范畴在通常情况下包括了教师的职前教育（师范教育）和职后教育（教师在职教育）。本书认为这样的分类有重大缺陷。因为所谓的师范教育是培养未来的教师，严格来讲师范生的身份是学生而不是教师。所以，师范教育与教师教育分属不同的教育类型。教师职前教育使用"师范教育"这个概念更为贴切。由此逻辑推理，教师教育在本论中专指具有现实的教师身份的在职教师的教育，教师发展也指在职教师的发展问题。教师是成人（实际上师范生也是成人），由此教师教育理应属于成人教育的范畴，这也是笔者取成人教育视域进行教师教育研究的理由之一。

教师是成年人，对成年人所实施的教育有其自身的特性。虽然关于成人与成人教育的定义众多且并不在本书探讨之列，但成人教育的清晰概念有助于深刻理解教师的学习。到目前为止，从国际范围来看，成人教育还没有形成一个能够为更多的国家、更多的人所共同接受，比较充分显示"全面性""权威性"乃至"国际通用性"意义的有关其自身概念的定义表述。笔者曾经就此问题在《终身教育视野下成人教育的本质与范畴》①一文中做过较为深入的专门探讨。根据逻辑学的理论，给某个概念下定义的方法有多种，其中最常用、最能揭示其内涵和本质的方法是：先找出被定义项的属词项，然后找出它与同一个属下的其他物种之间的区别种差，并以"被定义项＝种差＋属"的形式予以操作。因而，这里的被定义项是"成人教育"，种差是"年龄达到并超过了18周岁的人"，属是"实施有助其不断发展和完善，促进其人生完满与充盈的社会存在"。通过逻辑检验后，成人教育的概念就可以清楚地表述为：对年龄达到并超过了18周岁的人所实施的有助其不断发展和完善，促进其人生完满与充盈的社会存在。根据这个定义可知：首先，成人教育的目的是促进作为人的主体发展，使成人通过学习，获得自我概念的更新，从而修正作为人的"模样"。这也是成人教育区别于儿童教育之所在。其次，成人教育的价值取向是帮助成人取得完满、充盈的人生。可见，成人教育是为了成人充分、自由的发展，这也是成人教育所追求的根本。通过如此解构，不难看出教师教育的根本所在不仅是使其得到专业发展，而且更应是帮助教师通过有效的学习寻求完满而充盈的人生。

---

① 伍叶琴，戴宏才. 终身教育视野下成人教育的本质与范畴［J］. 中国成人教育，2011（1）.

把教师教育置于成人学习的视域中去，教师的学习就成了一个特别值得关注的"田野"。根据传统的学习观，教师的学习是一种"身体学习"①——知识的积累与技能的增长。即便是以诺尔斯的"自我导向学习"成人学习观去看教师的学习，也仍然没有逃离"身体学习"的框架。但是如果从蝶化发展的角度去审视教师的学习就会发现，教师还应该有另外一种学习——"精神学习"②。教师只有通过这种"精神学习"才能获得蝶化发展。教师教育的终极目标也因此发生改变：由"关注教师的教书"转向"关注教书的教师"。即由关注教师的专业发展转而关注教师的生命发展。

（三）从后殖民理论的视角重新审视教师文化身份

首先，需要对"后殖民主义"和"后殖民理论"两个重要概念进行诠释。

后殖民主义（postcolonialism）是指在二战之后的冷战和后冷战时期，欧美资本主义国家对"落后"民族和国家所实施的以文化围剿和文化渗透为主的一种新的侵略政策。这种侵略政策在理论上主要表现为文化殖民主义、文化帝国主义和文化霸权主义。在后殖民主义者看来，西方先进国家和民族的文化应该是世界文化的中心和楷模，"落后"的非西方民族的文化则是边缘文化或愚昧文化。在这个所谓"落后"文化不断他者化的时代，西方开始以文化霸权代替以往对第三世界经济和政治的直接控制。可见，后殖民主义所主张的是西方文化主流应该对被"殖民"的民族与地区具有强制力。

后殖民理论则是站在后殖民主义的对立面，采用文化分析的范式，从东西方文化的"断裂"处去解读殖民，其要旨在于考察昔日帝国殖民地文化与原宗主国文化间的殖民与被殖民的关系，在此基础上探讨西方帝国主义是如何"建构"与"解构"东方殖民地文化的，由此而揭示帝国主义对第三世界文化霸权的实质，并期望东西方文化之间建立由对抗到对话的新型关系。实际上，后

---

① "身体学习"是通过个体身体的感官体验去认知周围世界，因为人的认知更多的是在心灵与情感的基础上产生的，而不是由理性来决定。

② "精神学习"是与"身体学习"相对应的概念，是通过个体的反思与理解在文化的基础上去解构与重构周围的世界从而建构自己的精神家园，因此，这样的学习具有内在性、主体性特征。

殖民理论是以批判东方主义和文化霸权主义的立场去分析西方国家通过文化侵略控制东方民族的实质，是一种新的殖民"变种"。其提示东方民族不仅在当今不平等的国际政治、经济与文化关系中要积极地"拥抱"世界，而且要注意保持自己的民族性和独立性，提升自身的"话语权"。

在关于西方主义与东方主义、文化认同与阐释焦虑、文化霸权与文化身份、跨文化经验与历史记忆、文化殖民与语言殖民等问题的后殖民理论研究中，"主体文化身份认同"和"主体地位与处境"是后殖民语境中的关键词。因此，后殖民理论的一个重要话题就是文化身份问题。

在后殖民理论看来，文化身份是某一特定的文化所特有的，同时也是某一具体的民族与生俱来的一系列特征。因此，研究具有某个民族的文化背景的人在另一民族的土壤中如何维系自己的文化身份，是文化研究语境下不可忽视的理论问题。根据后殖民理论的观点，文化身份有一种结构主义的特征——某种特定的文化都有着一系列彼此相互关联的特征。故此，文化身份既体现了一系列独特的或有着结构特征的"身份"，同时也隐含了具有主观能动性的个人所寻求的"认同"之深层含义。显然，无论将其视为特征还是结构，都显示了文化身份问题在当今时代的不可回避性。它存在于我们周围，渗入到我们的生活中，因而也就进入了我们的研究视野中。教师作为一个教书育人的主体，其所生存的文化环境与被要求的文化结构特征都让他们去寻求并认同自己的文化身份。

发展的问题归根结底不是"该做什么"而是怎么去"度过生命"。专业发展所探究的是"教师应当做什么"。其实，这个问题本身就很不妥，因为没有任何的规则可以替代教师决定在什么样的具体境况中应当做什么。与其探究这样无用的问题，不如提出"教师的生命该如何度过"这样的问题去追寻教师的发展。因为只有弄清楚了这个问题，才会深刻地影响到教师自身的行为。教师不同于他人，他的处境决定了我们去看教师的发展不能单纯从知识出发而要从教师本身出发才能说明教师的发展，否则就会陷入笛卡儿的"理智实体"、富兰克林的"制造工具"、达尔文的"生物本能"、尼采的"权力意志"或弗洛伊德的"心理能量"中。从教师出发就是要从教师的文化身份出发。教师的发展问题不是一个认识论的问题而是处境问题。认识的问题需要的是解答，但处境问题则是一个生存的问题，它要求被解决。正如一把锁所需要的不是关于锁的构造原理而是需要一把能与之匹配的钥匙一样，现实中，人们往往用一堆抽象概念和理论编织出美丽的花环去掩饰教师所真正需要的是什么，似乎只要教师得到了专业的发展就得到了一生的幸福。然而，他们却忘记了教师的文化身份这个重要事实。教师是谁？只有解答了这个问题，才能触摸到教师的文化身份，也才能看清楚教师所要求的不仅仅是专业发展而是蝶化发展。

"蝶化"暗喻一种生命的意义。教师的蝶化发展是生命意义的追求。这种内在的发展历程正是从"蚕"到"蝶"的过程。教育是直面生命的，是一个成熟中的生命去引领另一个成长中的生命。教师所从事的这种生命性的事业决定了教师的文化身份——学生生命成长的引领者。这样的身份也决定了教师是用自己灿烂的生命去孕育另一个生命的辉煌！

（四）通过质变学习把教师从专业发展的局限中解放出来

目前，教师的专业发展是一个非常炙热的话题，不仅在理论研究方面是一个热门领域，在教育第一线也是一个耳熟能详的词语。似乎教师的专业发展是一个包治百病的"处方"。笔者一直以来对此颇有微词：第一，教师是人不是工具，他们所需要的不仅仅是专业上的发展，更需要作为"人"的发展；第二，就教师的职业生涯来看，教师所需要的也不局限在专业的发展中，更渴求的是生命的完整发展；第三，即便是教师的专业发展也不只是某种知识与技能的获得，而是一个内在过程。有鉴于此，笔者主张将教师从工具理性主义的枷锁中解放出来。

工具理性主义是理性主义的一种，主要是以理性的视角将对象工具化。工具理性的主要目的是控制。自然、社会和个人，甚至连个人的生活方式和思想方式都要加以全面控制。理性主义认为人是理性思维的存在物，人只有运用理性，才能认识自然和改造自然，从而理性代替宗教成了衡量和判断一切的标准。由于这种理性主义观念对破除宗教神学的束缚，促进科学技术和生产力的发展，使政治结构更加"理性化"起到了正面作用，所以，从笛卡尔以后，人的理性逐渐被捧为至高无上的权威。然而，理性也并非圣贤，它自身也带有先天的缺陷。首先，理性主义具有片面性。理性是以压抑和贬斥人的感觉、情感和意志为代价的，过度追求理性会导致人的非理性的泯灭。其次，理性主义具有单一性。理性成为社会和其他文化的奠基石，人完全被工具理性所控制，导致人的精神、文化也被科学化和理性化，人成了理性的奴隶。阿多诺在《启蒙辩证法》中就深刻地指出，现代启蒙理性试图以计算、规范去度量和厘定世界并驯服自然、规训人，其实质是单一的"工具理性"。由此，工具理性排斥旨在创造和确立人的精神价值，改变人的"工具"状态，实现人的自由和幸福的"人文理性"。实际上，工具理性和人文理性最初并不是对立的。在初期的资产阶级启蒙思想家那里是表现为对理性和自由、自然秩序和社会正义的追求的统一。可是，随着工业文明的迅猛发展，工具理性和人文理性的和谐状态被打破，以科技理性为核心的工具理性战胜了人文理性而逐渐取得了霸权地位。连天赋人权和自由理想都被工具化、标准化和操作化，使得整个人类生活和社会事务进入技术统治的非人化状态，出现了社会和人的物化的严重后果。由此，启蒙主义最初关于通过理性阶梯达到自由和幸福的承诺就完全失效。

教师专业发展正是出于工具理性主义的"爱好"，不仅把教师的发展割离得支离破碎，而且把教师的视线全部集中在职业的专业化进程中，以急功近利、唯利是图的偏好去消解教师的文化身份和对他们人生的终极关怀，从而试图将教师引入本体论的歧途而产生工具性的服从。声势浩大的"教师专业发展"所追求的仅仅是把教师变成一个教学的"熟练工人""技术工人"。于是，在这场前所未有的、震耳欲聋的教师教育运动中，教师变成了"他者"，她①得了失语症而"无法开口说话"，因为包括所有的人——教师教育者、教师管理者、教师教育研究者都在替她说话。即便她想说话，她的话却不能被那些替她说话的人听到，因此，她只能沉默。而当她习惯了这种被迫的沉默，连她自己也忘记了作为有一定文化身份的教师的主体性，也就坚定

---

① "他"指一般意义上的教师，"她"则指得了"失语症"的教师。

地相信"专业发展"是她们的必由之路。笔者曾就"你喜欢参加各种教师专业发展的培训吗?"向100名中小学教师做了调查,结果是95%以上的教师都选择了"喜欢"。从此选择中可见一斑。事实上,在近十年来,国外在教师发展的观念和态度上已经发生了比较显著的变化,其中之一就是越来越试图以"教师终生学习"① 一词来代替"教师专业发展"。加拿大著名学者、国际教育变革权威迈克尔·富兰(Michael Fullan)在批评教师专业发展时指出:"这种单纯依靠外部知识来影响课堂和学校变革的观念是这种行动理论的根本毛病。……这些活动不是没有作用,而是不够有力,不够具体,不够持久,以至于无法改变课堂和学校的文化。"②

蚕的生物递进过程是一个发展的过程,更是一个质变的过程。它的质变主要体现为身体内激素水平的降低。同理,教师的发展不仅仅是专业水平的推进,更是一个发展的完美状态——"化蝶"的演化过程。教师的"蝶化"不是体现为生物性变化而是社会性改变——文化身份的认同。

蚕蛹要自己咬破茧才能"化蝶",同理,教师要自己领悟、突破自我才能破"茧"成"蝶"。质变学习正是这样一种学习,它促进学习者打破元认知的平衡状态,使其处于不平衡状态,而认知的不平衡会形成一种新的张力促使学习者通过改变而达到新的平衡,建构出新的分析体系以重建自我(见图0-2)。

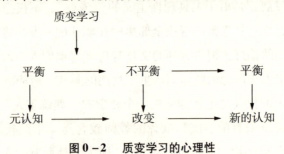

图0-2 质变学习的心理性

① 根据维特根斯坦的后期语言哲学观,词的意义不在于词的字典上的意义(定义),而在于词的用法。用法即是语境。从教育这个语境出发,笔者认为"终生学习""终生教育"才能真正体现终生学习和终生教育的理念与深刻内涵。因此,本书使用"终生学习""终生教育"的概念,而非学界通常使用的"终身学习""终身教育"。出于尊重,高志敏教授的序言及直接引用的文字保持原状。

② Fullan, M. Change The terms for Teacher Learning [J]. National Staff Development Council, 2007, 28 (3).

因此，要清醒地认识到这种把教师局限在专业发展中的危害，尽力帮助他们从质变学习中厘清自身的文化身份，在发展和改变对外部世界的感知、体验、欣赏和创造能力时也不断丰富和完善自己的内在世界，在体验多彩的学习过程的同时，显现出自己的价值，寻求生命的意义，满足生命成长的需要。

（五）教师的文化身份决定了他们应该有诗意般的教育生活

现代社会不仅是在时间上不同于"原始社会""古代社会"，更重要的是人的生存方式与生活理念得以更新。当现代社会的"理想主义"把人类的物质文明推向巨大进步的同时，又使人类感到了莫大的沮丧与困惑：我们幸福吗？笔者由于工作的原因接触了许多中小学教师，与他们有过关于教师发展与教师教育幸福感的讨论。通过交谈发现，教师的工作幸福感普遍较低。"被安排""被要求""服从"等是他们的生存状态，完全找不到从事教育工作的幸福感。

教师是受过一定教育的知识阶层，他们在思想上相对不受约束，对社会事务保持了解与同情，并总是"朝向他人"。即便他们可能脱离现实生活更远一点，但也正是这种疏离使他们能够超越职业眼界的局限而有了自己诗意般的幸福感。然而，专业发展却把他们紧紧地束缚在狭小的空间里，用不平等、不承认差异和标准化的发展模式彻底毁灭了他们教育生活的诗意，竞争、压力、厌倦成了教师的代名词，不仅找不到幸福感，更多的是无奈、沮丧、矛盾与困惑。因此，他们需要从专业发展与蝶化发展的"断裂"处，从迷失的生活轨迹中重新找回诗意的生命历程。

（六）过去研究的延续性需要以及自身发展的切身感受

笔者在自己的硕士学位论文《基于 SECI 理论模型的分层校本培训研究》的结束语中写道："对研究中的某些问题的认识尚不够深入，或尚未涉及，有待做后续的研究。"因此笔者在博士论文选题时希望秉承过去未完成的研究，继续思考相关的问题。通过一年多的学习与思考，笔者对教师发展问题有了一个超越过去的突变观念：教师发展的根本需要不仅仅是专业的发展而是蝶化发展；对于教师的文化身份而言，知识与技能的掌握学习是远远不够的，他们需要一种新的学习——质变学习去帮助他们实现自身的蝶化发展，过上诗意般的教育生活。

笔者在本科阶段的学习目的纯粹是为了满足寻求一个好的职业的需要。时隔 20 年后，发现自己如果不再学习，那么，无论是知识还是研究都将落后于时代。因此在不惑之年开始攻读硕士学位。通过硕士阶段的学习，不仅以优异的成绩在两年内完成了学业，并且对继续攻读博士学位有了浓厚的兴趣。在博士阶段的学习，其目的完全抛开了功利性而转向了学习与研究本身。更为重要的是，通过学习也发现自己不仅在专业上取得了长足的进步，而且人生观、价值观、职业观与人际关系观彻底质变。为什么会变？为什么与过去的自己如此的不同？由此，产生了一个强烈的念头——研究自己！本研究即是通过对自己与他人的成长故事的阐释去解剖学习对生活、对成长的影响作用。

二、相关文献综述

（一）国外相关研究

1. 关于成人学习

国外关于成人学习问题的研究可以说是成人教育研究中的重头戏。

（1）关于成人学习的研究阶段

第一个阶段是 20 世纪头 50 年。这一时期人们开始对成人学习进行比较系统的研究。研究之初所关注的焦点是"成人是否能够学习"。这个问题形成了早期成人学习研究的主要框架。1925 年，以美国心理学家桑代克（E. L. Thorndike）为代表的研究者们对成人的学习能力进行了实验研究，桑氏在其《成人的学习》（1928）一书中指出，"成人的可教性仍大，25 岁之后仍可继续学习"[1]。美国成人教育集大成者诺尔斯也认为，"成人学习的研究

---

① E. L. Thorndike. 成人的学习 [M]. 杜佐周，朱君毅，译. 北京：商务印书馆，1928：3.

证明，学习的一般能力在人生整个阶段基本是不变的"①。洛奇（Lorge，1944，1947）通过对成人学习能力的测验发现，即使是 70 岁的老人也可以做得和年轻的成人一样好。在这一时期，关于成人智力测验的研究也得到了发展，并促成了一个相当稳定的综合智力测验方法的产生。

第二个阶段是从 20 世纪的 50 年代至 70 年代。这一时期研究的重点是成人学习与儿童学习的区别。许多成人教育家主要依赖心理学和教育心理学的研究理解成人学习。1968 年，诺尔斯提议用成人学习的"一个新标志和新技术"来区别成人学习与儿童学习。而这个"新标志和新技术"就是他关于成人教育学（andragogy）与普通教育学的定义。诺尔斯认为，"儿童教育学是教儿童的艺术和科学……把成人教育学定义为帮助成人学习的艺术和科学"②。这样，成人教育学就成为成人学习的理论支柱。

第三个阶段是从 20 世纪的 70 年代至 80 年代早期。这一时期的研究主要是围绕成人教育学作为成人学习的理论支柱是否有效来展开的。有的学者称赞成人教育学，认为成人教育学是成人学习的一种理论。而有的学者则质疑成人教育学是否是一种理论。有的学者还对诺尔斯提出的成人学习者的特征提出了批判，认为儿童也可能具有成人学习者的某些特征，而成人学习者也可能有儿童学习的特征。在这样一些批判的声音的影响下，诺尔斯本人也对自己的观点进行了反思。因此，诺尔斯在 1970 年至 1980 年间，转向把儿童教育与成人教育表述为一个整体，在这个连续体中，是从以教师为导向转向以学生为导向。当然，以谁为导向还要视具体情境而论。成人在某些方面也会依赖教师，那些天生就有好奇心的儿童却有着很强的自我导向学习倾向。诺尔斯的这种转变实际上代表了关于学习观念的转变——从学习情境而不从学习者本身来考虑学习问题。

第四个阶段就是从 20 世纪 90 年代开始，其研究的重心放在了教与学的情境问题上。诺尔斯的导师，成人教育家赛瑞尔·霍尔（Cyeil Houle，1996）认为，无论教育在何时何地发生，其本质都是一样的，它都必然要涉

① 诺尔斯. 现代成人教育实践 [M]. 蔺延梓，译. 北京：人民教育出版社，1989：59.
② 诺尔斯. 现代成人教育实践 [M]. 蔺延梓，译. 北京：人民教育出版社，1989：40.

及诸如学习者的特性、教育的目标、教学发生的背景、教学技术等要素，且强调成人教育要尽可能多地让成人学习者参与到教育过程中来，并尽力为他们创造最适宜的学习环境。

（2）关于成人学习的研究内容

费希尔（Dorothy Canfield Fisher）（1927）在其著作《为什么停止学习?》中，对美国的各种成人学习形式进行了介绍，并呼吁成人要利用各种途径自我充实与提高。1930 年，她在其著作《不学习，毋宁死》中通过她自己的故事阐述了学习对生活的影响作用。

桑代克（1928）通过心理学的实验研究证明了成人能够进行有效学习的问题。他在其著作《成人的学习》中指出，成人仍然有学习能力。

霍尔（G. O. Houl）在《教育设计》一书中对成人终生学习模式给予了专注的研究。

赫钦斯（R. B. Hutchins, 1968）在《学习社会》一书中不仅首次提出了"学习社会"的概念，而且非常强调学习的意义。

享有"成人教育学之父"美誉的诺尔斯通过儿童与成人学习行为的比照，分别从"学习的准备""学习者自身""学习者的经验""学习者的时间观"和"学习的组织"五个方面对成人学习的主要特征进行了概括。他认为，成人学习与儿童学习具有较大的差异，表现为成人的学习具有独立自主的自我概念；成人的学习以丰富多样且人格化了的经验为基础；成人的学习意向与其承担的社会角色及其发展任务紧密相关；成人的学习活动主要以解决实际问题为中心；成人的学习动机主要受内在驱力的推动。

在成人学习理论研究上，主要有诺尔斯的自我导向学习理论、克罗丝（Crose）的成人即学习者特性模式、麦克鲁斯基（Howard Yale Mcclusky）的余力理论、诺克斯（Knox）的熟练理论、贾维斯（Jarvis）的学习历程理论、麦基罗（Mezirow）的质变学习理论等。这些理论从不同的角度来研究成人学习问题。例如，诺尔斯和克罗丝是依据成人学习的特征来建立理论；麦克鲁斯基、诺克斯和贾维斯是从分析成人的社会角色与责任等生活情景因素入手来探讨成人学习的内在规律；麦基罗则另辟蹊径，从成人的社会认知角度去分析成人学习的规律。在学习理论中，自我导向学习理论和质变学习理论研究方面取得了很多的成果。

第一，自我导向学习理论的产生与研究。

1966 年，霍尔的学生塔夫（Tough）正式提出了"自我导向学习"（self-directed learning）一词并对此做了比较全面的论述。塔夫认为，自我导向学习实际就是一种由学习者自己制订学习计划并进行自我引导学习活动的自我学习。如果学习者具备了选择和表现出适宜的准备步骤、诊断何种协助是必要的、选择和使用有益的资源、分析整个学习计划的四种能力就能够进行自我导向学习。由于塔夫在提出"自我导向学习"概念的同时还主导了50 多个后续相关研究而被视为自我导向学习研究的标志性人物。

诺尔斯是自我导向学习研究中的另一主要代表人物。他在 1975 年出版的《自我导向学习》一书中对自我导向学习提出了一个基础性的界定和假设。关于自我导向学习的历程，诺尔斯设计了七个步骤：营造气氛、学习者参与学习设计、学习者确认其学习需求、学习者形成学习目标、学习者设计学习计划、帮助学习者实施学习计划、学习者评价其学习结果。诺尔斯在自我导向学习研究方面所取得的成就为后来的许多相关研究起到了引导作用。正如梅里安（S. B. Merriam）所言："基于霍尔、塔夫、诺尔斯等人的先导性工作，早期自我导向学习领域的研究多是描述性的，它们证实了自我导向学习在成人中的广泛存在性，并试图说明进行自我导向学习的过程。"①

自 20 世纪 70 年代后期到 90 年代中期，关于自我导向学习的研究，无论是研究的数量、质量、内容还是研究方法都获得了快速发展。如吉本斯（Gibbons）等人的《走向自我导向学习理论：对未受过正规训练的专家的研究》（1980）、斯皮尔（Spear）和默克（Mocker）的《组织情况：自我导向学习中的环境因素》（1984）、布鲁克特（Brockett）的《自我导向学习准备测量中的方法和主要问题》（1985）、凯芙瑞拉（Caffarella）的《成人自我导向学习：重要案例再访》（1987）、戈瑞森（Garrison）的《成人教育中的

---

① 雪伦·B. 梅里安. 成人学习理论的新进展 [M]. 黄健，等，译. 北京：中国人民大学出版社，2006：12.

批判性思维与自我导向学习：责任与控制问题的分析》（1992）、布鲁克菲尔德（Brookfield）的《自我导向学习、政治透明度与成人教育发展实践的批判》（1993）、格罗姆（Grom）的《阶段自我导向学习模式的辩护》（1994）等等。仅 20 世纪 90 年代初期就出版了一系列自我导向学习研究方面的著作。有坎迪（Candy）的《终生学习中的自我导向：对于理论与实践的综合指导》、布鲁克特和海姆斯特拉（Hiemstra）的《成人自我导向学习——理论、研究与实践的观点》、哈蒙特（Hammond）和考林斯（Collins）的《自我导向学习：批判性实践》等。1986 年，朗（Long）及其同事首创了国际自我导向学习研讨会。该研讨会至今都是自我导向学习研究的成果交流与传播的重要平台。①

在研究的主题方面主要集中在自我导向学习的目的、自我导向学习的本质、自我导向学习的模式、自我导向学习的过程以及自我导向学习的测评等。

布鲁克菲尔德认为，培养成人的自我导向学习能力是成人教育最为明确的目标。加格利米诺（Gugliemino，1977）等人以"个人取向"研究开辟了自我导向学习理论研究的新视野，从而实现了研究视角的转向。同时，加格利米诺还制定了自我导向学习倾向的量表，成为测量自我导向学习的重要工具。

在自我导向学习模式的研究方面，布鲁克特和海姆斯特拉提出了自我导向学习的个人责任导向模式。该模式抓住个人责任、自我导向学习、学习者自我导向、学习中的自我导向和社会情境五个主要概念并使学习者、学习情境、学习的性质等内外因素有机统一和良性互动起来。格罗姆认为，每个人都具有自我导向学习倾向，只是自我导向学习倾向有高低之分，因此，自我导向学习的发展分为低自我导向学习者、适度自我导向学习者、中间自我导向学习者和高自我导向学习者四个阶段。这就是他的阶段自我导向学习模式。

在研究方法上，从描述性研究到解释与应用性研究。早期的自我导向学

---

① 何爱霞. 国外自我导向学习研究的过去、现在和未来 [J]. 成人教育，2009（12）.

习研究主要集中在对自我导向学习的理解上。后来格罗姆等人运用解释学的方法来研究自我导向学习理论。从加格利米诺开始则转向自我导向学习理论的运用。

第二，质变学习理论的产生与研究。

质变学习理论是在战后美国大规模的教育改革运动之中形成的。这一时期的美国，其传统文化和精神受到了一定的冲击，各种社会问题接连不断发生，促使人们开始更多地关注教育的社会功能，期望教育能够改良和改造社会。尤其是在20世纪70年代妇女运动高潮的影响下，许多妇女纷纷重回校园和回归课堂。麦基罗的妻子埃迪也决定重回大学。但他发现埃迪重返学校后在诸多方面都发生了深刻的变化。妻子的变化开始使他把研究的注意力转向妇女返回学校及工作岗位的现象，并由此进行了一个全国性的调查研究。他在调查研究中发现：由于一些女性重新返回学校或工作岗位后，她们理解了社会中的各种因素是如何对自己产生影响的，也就开始修正过去对生活的设想和期望。麦基罗认为妇女的这种转变是由学习引起的。据此，他提出了"质变学习"概念，开创了质变学习的早期理论并使其迅速成为成人学习领域备受关注的焦点之一。

麦基罗认为，"同其他类型的学习相比，质变学习可以引发学习者更深刻、更持久的个人变化，尤其可能引发塑造学习者并对之产生重要影响的学习经验。当这些经验发生迁移时，还可能影响学习者的后继经验"。①

自1978年麦基罗提出质变学习以来，成人教育领域对此话题进行了大量的讨论。在经过长时间妇女回归学校这个话题研究之后，麦基罗提出的质变学习概念代表了成人学习的综合理论建构。麦基罗把质变学习界定为：使用先前的解释，分析一个新的或者修订某一经验意义上的解释并作为未来行动向导的过程。在这个理论框架下，意义生成过程得以形成，且意义生成依赖于意义结构——构建个人世界观的一种广义的心理文化假设。此后，基于麦基罗理论的讨论主要涉及权力、社会行为、批判教育学、语境与缘由、反思以及成人发展。这些争论的主要兴趣点集中在质变学习理论作为成人学习

---

① http：//www. indiana. edu/ − I506/theoryframe/transform. html.

实证研究的变体模式，而很少有人从理论架构来对此进行研究。

表 0 - 1 是一个从 1983 年到 1996 年间国外基于麦基罗质变学习理论的相关研究的大致统计①：

表 0 - 1 1983 年到 1996 年间国外基于麦基罗质变学习理论的相关研究

作　者	发表年份	研究目的	发　现
Boyd	1983	探究意义转化相关的反思过程	六个阶段与麦基罗的质变学习模式相似
Broks	1989	核实批判性反思与机构变化的相互关系	验证麦基罗的批判反思，但是研究发现批判性反思不仅仅依靠于理性，也依赖直觉、情感及其他知识
Clark	1991	检视语境对透视变换过程的影响	描述即时和历史语境对质变学习的影响。区分两类质变学习：综合环境与无序困境。区别三个层面的质变学习诠释：心理、信念以及行为
Clevinger	1993	探究家庭变故引起质变学习的可能性	危机不一定引发质变，主要是已建意义发生问题解决的功能缺失时变故才可能成为无序困境，批判反思是质变的中心，社会文化容忍可以促成质变学习

---

① Edward W. Taylor. Building upon the Theoretical Debate: A Critical Review of the Empirical of Mezirow's Transformative Learning Theory [J]. Adult Education Quarterly, 1997 (48).

续表

作　者	发表年份	研究目的	发　现
Cochrance	1981	检视成人近期和以前的挫折历史对个人意义建构的影响	心甘情愿接受的知识、批判反思、关系实质与质变学习有显性相关
Coffmam	1989	探讨在熟悉语言习惯的环境中，接受模式、情感抱怨对质变学习的改变	建议改变模式的步骤，批判第二、第三和第四步，建议采用新的模式，该模式应该可以循环递归，并充分考验情感因素，而不是进行批判反思
Courtenay	1998	分析如何进行意义建构	区分三个既相联系又有区别的反思阶段，重新诠释麦基罗的无序困境和新角色尝试
Cusack	1990	分析从机制到机体的世界观是否会助推透视变换的发生	没有证据表明理解质变学习后对形成质变学习观有显著相关
D'Andrea	1986	梳理教师如何用反思帮助他们通过经验学习	反思往往由不愉快的事件引发，语境为反思和对话提供媒介，情绪与直觉对反思很重要，准备是转化学习的先决条件
Dewane	1993	分析自主团体中成人学习的本质	通过自主团体学习表明十步模式能解释认知过程和知识产出
Egan	1985	研究成人家庭疗法视野下的学习过程	无序困境下反思对于学习过程具有重要作用，当情感发生变化时容易产生复杂学习

续表

作 者	发表年份	研究目的	发 现
Elias	1993	探究社会转化领导的发展以及教育项目对他们成长方式的影响	找出潜意识和下意识的作用，信任度对质变学习具有重要的作用，建议通过促进悟性和元认知培养对质变学习实践的作用
First	1995	通过个性经验关注和检视家长教育的效果	发现妇女家庭教育项目对于解释个性化质变学习有促进作用
Gehrel	1984	对质变学习和社会行为进行再定义，理解关系学习和全人学习	在全人学习和人际关系好的环境下学习可以促进质变学习
Harper	1994	过程转化与国际移民的研究	质变学习为移民在新的文化环境下学习提供了一个蓝本，批判性反思了学习过程，再次界定了包括认知灵活性的透视变换
Holt	1994	把 Taylor（1993）的研究运用到学科教育	质变学习为移民在新的文化环境下学习提供了一个蓝本，讨论了转化学习的关键以及跨文化能力的培养等
Hunter	1980	分析那些经常改变信念和实践的成人的学习过程	找出了质变学习的准备心态，发现了情感态度的转变、对信念的理解、接受死亡和精神成长过程对学习的影响

续表

作　者	发表年份	研究目的	发　现
Kennedy	1994	开发旅居他国成人跨文化质变学习的模式	质变学习与自我发展没有显著性相关，与个性类型、学习风格和转化学习经验无关。研究发现不管何种原因或待在国外多久，质变学习均会发生
Laswell	1994	调查失业等相关生活变故与学习发展的关系	研究发现失业等生活变故与无序困境具有高度相关性，还发现这种无序困境不会使学习者变聪明，反而会重蹈覆辙，如果类似事件发生，会使人产生怀疑，容易生气、绝望
Ludwig	1994	开发质变学习手册，包括学习原则、评估，以备成人培训项目借鉴	提炼出质变学习培训项目最凸显的因素，开发指导手册、评价机制等
Lytle	1989	跟踪调查一些护士重返学校再次进行十步基于BSN经验培训后发生的质变学习	发现十步法无效，定量分析显示实验组和对比组无显著差异
Matusicky	1982	为家庭生命教育开发教育模式	为成人家庭生命教育开发环境教育模式，让成人在家庭环境中有机会理解质变学习

续表

作　者	发表年份	研究目的	发　现
Morgan	1987	研究离异或年老无夫妇女如何从家庭主妇转变为独立生活的人	发现这些人的质变过程与质变学习过程相似，大致为经历外界支持、挚友帮助、自我认识（决心改变、适应生活、积极态度、信念改变、认识之前生活），对之前生活的批判性反思是转变的开始
Olson	1993	探究触发性事件、转化观念与学习的关系	触发性事件的积极和消极态度以及文化异域感对质变学习乃至个人转变都有一定的影响
Pierce	1986	从管理学视角辨析凸显范式及其要素对质变学习的促进作用	个人观念转变对学习动力的强化，内部控制的加强，与他人关系更加密切，自我和他人接受与理解更加全面，这些都有助于质变学习的发生
Pope	1996	检视高等教育对于各民族女性工薪阶层在大学毕业后参加工作后的改变的渗透力	质变学习是一个长期的、复杂的、基于语境的学习过程。质变学习不会因为大学毕业走向工作岗位，或者社会权力的增加而有所改变，然而无序困境却会致使改变

续表

作 者	发表年份	研究目的	发 现
Saavedra	1983	探究教师在内部学习团体的合作中其质变学习过程的转变	意义图式、新意义图式以及质变学习图式的发展将促进学习的发展，当学习者进行反思批判时容易促进学习的发生
Schlesinger	1983	分析犹太女性参加工作后的转变过程	对前转化阶段进行再定义，揭示出语境转化对质变学习过程的影响
Scott	1991	探究社区组织领导经验转化的属性	区别自信心、赋权、精神以及权力的透明度对领导经验转化的作用。揭示出鼓励、冒险、创新对学习过程的影响
Sveinunggaard	1993	通过社会语境的角色探索，全面理解质变学习及情感学习	行动与批判反思依赖情感学习，该研究还区分出质变学习的社会属性
Taylor	1993	调查跨文化能力的学习过程，以及转换诠释回归模式的运用	该研究的回归模式与麦基罗的模式在某种程度上一致，准备、文化失衡以及情感维度对质变学习过程尤为重要
Turner	1992	辨析医生社会责任组织如何发展与解释它们的目标	该研究把质变学习的结果看作权力的释放

续表

作　者	发表年份	研究目的	发　现
Vam	1992	检验质变学习的综合模式，为吸烟和非吸烟女士的生活方式转变提供一个相关准备模式	探究了质变学习的内在因素如状态（生活不如意的理解、社会支持、批判分析）、相关因素（知识概念、生活经验）以及持续转变
Vogelang	1993	探究大学生活与职后转化	职后转化与生活不如意具有高度相关，而与大学学习相关度相对较小；个人心理调整与职后转化具有高度相关，而与社会文化相关度较小
Whalley	1995	把质变学习模式引入文化学习	通过意义图式和新意义图式学习可以习得一种新文化，发现过程反思是质变学习的核心
Weisberger	1995	探索高等教育对回到男性成人社区职后学习的影响	研究发现男性质变学习对于增进信心、提高能力有很大的帮助，同时生活历史如社会生活环境、文化以及生活史对质变学习有促进作用
William	1985	构建质变学习的理论框架，探索成人行为不当的原因	质变学习与行为不当相关，但不是最显著相关因素；质变学习变化越大，行为就越符合规范，且原因策略就越明显；角色参照与质变学习不相关

　　以上研究既有定性研究，也有定量研究，其中有两项主要使用的定量研

究方法。这两项定量研究都倾向于优化质变学习，其中威廉（William，1985）探究了男性学习行为不当的纠正，范（Van，1992）探索了南方女士戒烟行为。总之，定量研究很少有重大发现。但是，这些研究透视了质变学习的过程及最终结果。

在这些研究中，大多都探究了质变学习的模式和不同语境下的学习事件的差异。很多研究采用了回视法，即回顾学习者过去的学习经历，记录现在学习情况，展望未来学习。而对于研究设计，很多研究者都是把自己置身于被研究者的学习事件之中，且他们均认同质变学习。只有三项研究是在被试对质变学习具有批判或抵触情绪的基础上加以研究的，这样的研究应该加强。因此，质变学习研究应该涉及更全面一些，只有这样才能全面反映其全貌。有少数研究期望把参与者文化平衡作为质变学习的一个影响因子，特别是研究被试者文化改变以后对质变学习的影响。

以上研究主要是将个人植根于学习环境中来进行关系思维的质变学习理解。本研究认为有四个因素与质变学习息息相关：情感学习、潜意识学习（自然环境下习得）、关系以及集体潜意识。当然麦基罗也不是没有涉及情感因素，只是他没有把这些因素作为最重要的因素加以考察而已。有的研究也试图从情感、同情、直觉等层面解读质变学习，也有研究认为批判反思本身就起源于情感波动。本研究认为今后的研究可以聚焦于批判反思何时以及在何种程度上对质变学习起关键作用、批判反思与情感学习的关系等方面。这些方面的研究可能与神经学等学科相关，因此，进行跨学科合作研究也是今后质变学习研究的趋势。

除此之外，质变学习还应该关注语境（学习环境）的作用。从相关研究分析可以看出，语境对于质变学习的发生具有至关重要的作用。无视学习环境，学习者也是不会发生任何转化的。

最后，质变学习研究最应该关注质变学习的培养。质变学习培养的实践受到关注但没有相关实证研究。

尽管这么多学者深度研究了生活变动等对质变学习的影响，但很少有人进行原因审视。例如：什么因素能触发内心转化？为什么有些事件，如配偶离世或个人受伤并不一定激发人的质变学习，但一个小事件，如一场动人的讲座却能激发人的质变学习？伊莱亚斯（Elias，1993）的研究区分了八项容易引起质变的缘由，如多元智力、批判反思、语音语调以及对权力的向往等。克莱温格（Clevinger，1993）在研究脾气不好家庭孩子质变学习时发现，社会文化容忍度高的社会有利于性子急的人进行质变学习。

麦基罗对无序困境的描述也招致了部分批判。因为部分学者认为生活中所有的危机都可引发质变学习。因此，无序困境导致的质变学习也可以理解为周遭生活危机的结果。

通过文献分析发现：以往所有质变学习乃至质变学习范式的实证研究均停留在成人教学的表面，没有触及其深层缘由。这些研究揭示出各个阶段的成人学习，以及各种语境下的学习经历均能引起学习转化。这些研究在一定程度上也验证了麦基罗过去15年所做的相关研究及其研究结论。同时，这些研究也揭示了质变学习的局限。因此，本研究认为今后的研究应根植于质变学习的具体语境进行成人教育质变学习的综合研究。

第三，其他学习理论。

国外关于成人学习的研究不仅异常活跃、成果颇丰，而且研究还在不断深入与广泛开展，许多新的理论加入了成人学习理论研究的行列：非正式学习、偶发学习、女性学习、情境学习、批判主义学习、后现代主义学习、肢体学习、叙事学习等纳入了成人学习研究的视野。可以说，成人学习的研究是丰富多彩的，成人学习理论是层出不穷的。

2. 关于教师学习

近二三十年来，在终生教育与终生学习思潮影响下，教师的学习与发展越来越受到人们重视。在国外的教师教育研究领域，关于教师学习的研究已经越来越受到研究者的关注。

对"教师学习"的研究最早兴起于美国。由美国教育部教育研究与发展办公室（Office of Educational Research and Improvement，OERI）资助的密歇根州立大学"美国教师学习研究中心"经过长达五年的研究发现，教师教育研究必须重视"教师学习"的研究。该研究中心主任肯尼迪（Kennedy）在

1991 年发表的一篇题为《教师学习研究日程》的特别报告中表明，"将通过运用自己的研究理清这个领域所要研究的问题，来为这个领域的发展提供智力引领"，"它所提出的假设和问题将有助于形成教师学习这一新兴领域"。①

在美国，教师学习的研究从一定意义上讲受学习论尤其是建构主义学说的影响，强调学习者的主动建构而不是教育者的简单传递。

在欧洲尤其是英国和芬兰，教师学习也同样受到了研究者的关注。不过他们对于教师学习的研究主要受"社会文化活动理论"的影响。社会文化活动理论认为，学习并非是直接传递和接受知识的过程，而是通过一定中介（mediation）进行的间接过程。根据中介的不同，该理论又形成了以文化（尤其是语言）为中介的"社会文化理论"和以活动为中介的"活动理论"两个分支。前者由爱德华（Edward）和哈里·丹尼尔斯（Harry Daniels）等人引入英国的教师教育实践，形成了以"资源型学习"为特点的教师学习形式；后者由英乔斯姆（Yrjo Engest rom）引入芬兰并进行重要改进，形成了以"拓展型学习"为特点的教师学习形式。这两种学习形式的支撑点不同。资源型学习以"资源"和"智慧"为支撑点，即教师作为学习者要有资源意识，并具有解读这些资源而作出智慧型反应的能力。"学会成为教师意味着发展能够解读和改造学校情境的能力以及质询该情境所蕴含的意义和社会实践的能力。"② 拓展型学习则以"活动"为支撑点，"是将一个简单的观念拓展成为一个复杂的活动目标或者形成一种新的实践形式"。③ 所谓的拓展是要求学习者经历一个循环。该循环要求从学习者个体对业已存在的实践进行质疑开始，然后逐渐发展成为集体行为或制度。可见，拓展型学习强调的是存在于个体和社会情境之间的动态关系，尤其强调学习者改变实践和重构活动的能力。

在澳大利亚，教师学习研究中较具代表性的是霍伯恩（Hoban）的基于系统理论的研究。霍伯恩根据系统理论，主张研究教师的学习要从关系入

---

① Marry，M M. An Agenda for Research on Teacher Learning [R]. 2009.

② Edwards，A. How can Chat Help Us to Understandand Develop Teacher Education [Z]. 2008.

③ Engestrom，Y. From Teams to Knots：Activity Theoretical Studies of Collaboration and Learning at Work [M]. Cambridge：Cambridge University Press. 2008：101.

手，以"关系行动中的个体"（individual in related action）为分析单位，注重教师个人、社会和情境条件之间的关系研究。他的研究是将情境理论和认知理论的主要精神整合起来，既克服了情境理论对个体先前的知识和学习动机等因素的忽视，也避免了认知理论轻视情境和社会影响对于学习的重要性。在此基础上，霍伯恩提出以"教师学习系统"替代"教师发展项目"的设想。因为在他看来，"学习"比"发展"要好，学习的本质是非线性的，而发展则是一个线性的过程；"系统"比"计划/项目"好，系统包含着对教师学习的各种支持条件的整合；"教师学习系统"术语比"教师发展项目"要好，后者只是教师发展的一些短期的有限条件。在"教师学习系统"这个框架下，只需满足以下三个条件，教师就可以进行有效的学习。这三个条件是：教师要建立一个基于了解、分享、体验、拓展和反馈的学习系统；教师必须把教学看作一种实践的艺术；学校必须以某种固定的形式建立起教师的长效学习机制。

在加拿大出现了基于复杂思维的教师学习研究模式。英属哥伦比亚大学（UBC）教育系的研究者在该校复杂性教学研究者布伦特·戴维丝（Brent Davis）等人的影响下，将复杂性思维的分析框架融入教师学习的研究中，并提出了有关教师学习的六项主张：①允许即席创作，探索能导致创造性涌现的差异。②阐述未知的东西，通过反思发掘潜在的可知空间。③享受不确定性，正视问题解决中的不确定性。④关注既定情境中各种可能性的相互作用，充分认识学习环境。⑤重视慢速教学过程中的可能性，让学习系统中的教育成分发挥出来。⑥注重团队认知，发挥集体认知相对于个体认知的优势。由此，学习具有"非线性""自组织""涌现""互相嵌套"等复杂性特点。

另外，以加拿大的迈克尔·富兰和美国的安迪·哈格瑞夫斯（Andy Hargreaves）等为首的一批学者共同开创了学校变革中的教师学习研究。自1988年以来，他们一直致力于一个由大学与中小学校共同参与的长达数年的"学习共同体"的项目研究。在该项目研究中，除了加拿大多伦多市内及周边地区四个学区和两所高等教育机构的参与外，还有500所中小学和13700

位教师的参与。他们的研究第一是重视教师日常学习，第二是重视合作文化，第三是注重通过"教师作为学习者"这一框架把"课堂变革"与"学校变革"结合起来。

3. 关于教师发展

国外教师发展的研究始于20世纪60年代末的美国，兴盛于70—80年代的欧美。这是由于随着教育改革浪潮的兴起，人们逐渐认识到教师在教育、教学中起着至关重要的主导作用。而教师作为从事教育教学工作的专业人员，通常要经历由不成熟到相对成熟的发展过程，需要通过不断的学习与实践来提高专业水平。因此，只有研究教师职业的专业发展特点，才能改进教师的培养与培训，才能促进教师的专业发展，进而提高教育质量。研究的主题主要体现在如下几方面。

（1）关于教师发展的阶段

1969年，美国得克萨斯大学的学者弗兰西丝·富勒（Frances Fuller）编制了一个教师关注问卷，主要研究教师在其职业发展过程中所关注事物的更迭。富勒在总结自己的研究的基础上，提出了教师关注的阶段发展模式。她认为教师发展历程是经由关注自身、关注教学任务、关注学生的学习、关注自身对学生的影响而逐渐递进的。也就是说，教师的发展包括四个阶段：教学前关注、早期生存关注、教学情境关注和学生关注。在20世纪70年代，美国学者卡茨（Katz）采用问卷法和访谈法研究了学前教师的培训和发展，提出教师的发展分为四个阶段：求生存时期、巩固时期、更新时期和成熟时期。在20世纪70年代末，以伯登（Burden）为首的美国俄亥俄州立大学的一批学者，对处于不同教学生涯时期的教师做了大样本、严密有序的访谈研究，在此基础上提出了教师生涯发展理论。他们认为教师的生涯发展一般要经历三个阶段：求生存阶段、调整阶段和成熟阶段。费斯勒（Fessler）运用观察、访谈和典型调查方法，结合文献分析，提出了教师生涯循环论。他将教师的发展分为八个阶段：职前教育阶段、引导阶段、能力建立阶段、热心和成长阶段、生涯挫折阶段、稳定和停滞阶段、生涯低落阶段、生涯退出阶段。

（2）关于教师发展的内涵

教师发展的内涵研究关注的是教师在专业性上有哪些方面发生变化。有的学者认为，教师专业发展不仅仅是可观察到的现象的变化，更是教师内在的质的变化。也有学者认为教师发展是教师通过积累经验，构建职业知识、技能及行为与态度的过程。

（二）国内相关研究

1. 关于成人学习

国内关于成人学习的研究主要集中在成人学习的特性、成人学习心理、成人学习策略以及国外成人学习理论的介绍等方面。

（1）关于成人学习的特性

成人学习与儿童的学习相比较有着较大的差异，那么，成人学习有哪些特性，这些特性对于成人教育教学有何意义？这是国内成人学习研究的一个关注点。

孔倩（2004）认为，成人的身心发展特征以及他们的社会角色与社会责任都不同于儿童，因此探讨成人学习的基本特性对于成人教学有着十分重要的价值。孔倩进一步指出，成人的学习具有如下特性：一是学习动机的强烈性。"成人学习的目的性明确，有为改善就业环境、获得工作成就或解决生活问题而学习的紧迫感，并容易转化为内在的稳定的学习动力。"[1] 二是学习时间的终生性。孔倩从两个层面来分析这一特性：从社会层面看，无论是人的社会化需要还是知识经济时代的需要，终生学习成为人的发展的客观需求；从个体层面看，由于人的未完成性，"追求个体价值的实现，向往人格的完善与个性的健全是人之固有的特性，人将为之奋斗终生"。[2] 三是学习内容的职业性。由于成人所承担的社会生产责任与自身的职业发展需要决定了成人的学习必然要和职业发展联系起来。四是学习方式的主体性。成人更愿意按照自己的方式去学习。五是学习效果的速成性。由于成人的心理基本成

---

① 孔倩. 成人的基本学习特性初探［J］. 中国成人教育，2004（10）.

② 孔倩. 成人的基本学习特性初探［J］. 中国成人教育，2004（10）.

熟,加之具有一定的工作与社会经验以及学习目的的明确性,使成人的学习呈现出快捷、高效的特点。六是丰富而多样化的经验。成人的学习是以自己过去的知识与生活经验为基础的。这些经验不仅可以导向成人的学习,而且本身也是成人学习的一种资源。当然,经验也可能对成人学习造成负面影响。

喻朝善(2003)是从成人的生理和心理特点、成人学习的先决条件特征、成人学习动机多元性的特点、成人学习能力发展的特点四个方面分析了成人学习的基本特点。

刘宇(2005)认为,成人的学习呈现以下特点,第一,成人学习是功利性的学习,并追求速成性的学习效果;第二,成人学习在内容上注重职业性、实用性;第三,成人学习是自我导向性的学习;第四,成人学习注重不断改进认知策略;第五,成人学习是注重合作、交往的学习。

都荣胜(2003)是从不同的视角对成人学习的特点进行了扫描。他认为,从教学过程来看,成人学习具有学习准备的充分性、学习目的的明确性、学习主体的主动性、学习内容的多层次性、学习过程的计划性、学习材料的有意义性、学习知识技能的非系统性、学习效果反馈的及时性、学习工具的智能化和现代化等特点;从个体行为来看,成人学习又具有生活(先前)经验的基础性、学习进度的非均衡性、学习时间的非固定性、学习任务的阶段性、身心健康的辅助性等特点;而从心理过程出发,成人学习还具有学习需要的现实性、学习动机的强烈性、学习动机的社会制约性、学习自我观念的强烈性、学习思维方式的迁移性、抽象逻辑思维的主导性、知识掌握的同化性等特征;如果从社会行业的角度去认识,成人学习风格的多样性、学习机会的终生性、学习障碍的多因素性、学习场所的开放性、学习个体的相互合作性、学习环境的宽松自由性、学习行为的社会性、学习形式的多样性等特征也相当突出。

(2)关于成人学习心理

关于成人学习心理的研究主要集中在成人学习兴趣、成人学习动机、成人的人格特征与学习等方面。

姚念章（2000）认为，首先，成人的学习兴趣是以间接兴趣为主的，因此需要在帮助成人明确学习对自身发展的目的和意义的引导下，强化间接兴趣；其次，通过帮助成人掌握学习的规律和方法以增进直接兴趣；最后，通过帮助成人培养广泛的兴趣以促进创造性的发展。

张桂香、王传永（2000）认为，成人学习动机的培养与激发需要通过以下几种途径进行：第一，提供多样化的教学活动；第二，创设良好的学习环境；第三，改善"教"法，教给"学"法；第四，构建科学的教学评价体系；第五，培养成人对教育的积极态度，达成其个体需要与社会需要的平衡一致。

莫春姣（2006）对成人的学习动机取向及其激发问题进行了研究并指出，我国成人学习动机取向主要表现为：求知兴趣、职业发展、服务社会、外界期望四个方面。而影响成人学习动机的因素主要是年龄、职业、婚姻状况、受教育程度、自我效能感等。因此，成人学习动机的培养与激发就可以着重在这几方面：培养成人学习的自信与乐趣、采用贴近成人实际的多样化的教学、多渠道调动成人学习的积极性和自觉性、及时反馈、不断强化、坚持学以致用原则、创设良好环境。

王伟杰、崔彦（2000）运用奥苏贝尔（Ausubel）的成就动机理论来分析成人的学习动机。他们分析认为，奥苏贝尔的三种成就动机——认知内驱力、自我提高内驱力和附属内驱力与成人学习有一定的关联性。当成人进入社会后所面临的新问题都有可能激发他们的探究心理，使其力图通过自己的学习与研究去认识与解决问题，这是成人学习者最深层次的学习动机；许多成人学习者参与学习是出于提高自己的目的，期望通过学习取得更好的成绩以获得提升的机会，所以，自我提高的内驱力也是成人学习的强烈动机之一；得到别人的赞许与认可也是成人学习的动机，虽然它只是一种外部动机，但由于成人也具有一定的社会评价需求，因此，通过这种附属内驱力来维持成人的学习动机也是有效的方式。

张冀生（1994）采取问卷调查法对北京市电大和职大的 726 名在校生进行了学习动机调查，发现成人学习的动机主要是：取得学历证书、适应工作需要、知识更新和换工作等。

蔺延梓（1987）根据与学生的交谈、观察以及从不同渠道获得的材料认为，我国成人学习动机分为社会动机、个人动机和认识动机。

冯喜珍（1998）采用作业调查方式对 154 名成人大学生学习动机进行了调查，通过对数据统计整理和分析，发现成人大学生的学习动机主要表现在适应工作需要、取得文凭、提高素质、适应社会发展和自尊需要等方面。

黄彩娥（1996）根据马斯洛（Maslow）的需要层次理论，结合我国具体情况，提出函授学员学习的主要动机包括：时代、社会需要性动机，追求个人在社会中的价值，单纯追求文凭，随大流。

李慧玲（2005）以"成人的人格发展特征及其对成人学习的影响"为题展开了对成人的人格与学习的研究。其提出在成人的不同发展时期其人格特征也具有比较明显的差异，因此对成人学习的影响也是不同的。例如成年初期自我意识的发展使得这一时期成人的学习有着较强的实用性与功利性。在成年中期，由于他们心理发展倾向的内外一体性，因此使自我导向学习成为这一时期成人学习的主要方式。而老年期消极而稳定的情绪决定了老年学习的内容、组织形式等都要符合他们的兴趣、爱好。

（3）关于成人学习策略

秦发盈（2005）从成人学习与发展角度，通过对成人学习概念、成人学习性质的界定研究了成人学习策略问题。他指出，成人学习策略需要从以下四个方面来养成：第一，成人学习伦理道德品质的培养；第二，成人学习动机的激发、保持与再生；第三，成人元认知能力的开发；第四，社会期望的良性引导。

何爱霞（2000）以建构主义理论来探讨成人学习策略问题。她认为，"由于成人学习者比青少年儿童拥有更丰富的经验背景和更强的自主性，因此，建构主义应该也可以为成人学习提供更科学的理论支持"。[1] 在此观点的支持下，她提出了几种成人学习的策略。一是问题定向学习策略。即"在问

---

[1] 何爱霞. 从构建主义学习观论成人学习策略 [J]. 河北大学成人教育学院学报，2000(12).

题解决中并通过问题解决进行学习"。① 二是自我监控学习策略。即"学习者在学习中必须进行自我监控、自我检查等活动，以判断自己学习的进展以及与目标之间的差距"。② 它包括六个方面的任务：学习的准备、学习步骤、学习控制、反馈和评价、保持高度的注意力和动机。三是情境化学习策略，这种策略要求成人学习者充分利用工作、学习、生活中的现实情境并将之作为极其有效的学习资源，包括认知学徒学习和抛锚式学习两种。四是合作学习策略。即通过学习者之间的合作和讨论进行学习。

（4）关于国外成人学习理论的介绍

我国成人学习研究领域的一个重要方面是学习与介绍国外的成人学习理论，并在此基础之上探索我国成人学习中的若干问题。

杜佐周、朱君毅（1933）翻译出版了桑代克的《成人的学习》一书，将桑代克的学习理论介绍给了国内的学者。

王传永（2002）对国外的自我导向学习理论进行了梳理。首先，他介绍了关于自我导向学习的三种观点：一是诺尔斯的自我导向学习观；二是加格利米诺的自我导向学习观；三是塔夫的自我导向学习观。其次，他把自我导向学习模式归纳为自我导向学习与批判性思维相结合的模式和阶段自我导向学习模式两种。

高志敏、李珺（2005）在对质变学习理论进行理论诠释的基础上举了四个例证来说明质变学习的内涵与价值。

黄健（2006）等人通过翻译梅里安的《成人学习理论的新进展》一书把质变学习理论介绍给了国内学者。

柳士彬（2007）关于质变学习有自己的理论诠释。首先，他认为"成人转换学习，是指承担着一定社会责任的成年人，通过某种方式和途径检视、质疑和修正原有的世界观、人生观或价值观，以适应新情境，学习新经验的

① 何爱霞. 从构建主义学习观论成人学习策略 [J]. 河北大学成人教育学院学报，2000 (12).
② 何爱霞. 从构建主义学习观论成人学习策略 [J]. 河北大学成人教育学院学报，2000 (12).

过程"。① 其次，他指出，成人质变学习的本质主要表现在以下几方面：第一，质疑原有的观念是转换学习过程的起点。第二，批判性反思是促进转换学习的根本动力。第三，转换学习是一种基于人生经验的学习。第四，转换学习是一种解放的学习。

米占敏（2008）在介绍美国成人教育学家马席克和瓦特金斯（V. J. Marsick and K. E. Watkins，1990）所提出的非正式和偶发学习理论的内涵、形式、模型的基础上提出五个观点：一是在成人学习中开展非正式和偶发学习有助于提高学习效率。二是成人教育在本质上是非正式、偶发学习与正式学习的整合。三是促进"搭桥"学习，优化非正式和偶发学习过程。四是优化网络学习、行动学习和实践团体学习。五是成人教育机构和教育工作者应帮助学习者辨别社会情境中坚持学习的条件及自我学习偏好。

2. 关于教师学习

国内关于教师学习的研究范围比较广泛。首先，从研究的视角看，有终生教育与终生学习的视角、心理学视角、管理学视角、法律视角和哲学视角等。其次，从研究的内容看，有关于教师学习与专业发展的关系研究，有对基于网络和数字技术的教师学习的研究，有对国外教师学习的思想与研究的述评，有关于教师学习的特征、内容、方式的研究。最后，从研究的对象看，有关于幼儿教师、中小学教师、大学教师和职业学校教师的学习研究，有关于教师个体学习的研究，也有关于教师学习共同体的研究。

岳淑丽（2010）从教师职业发展阶段视角提出，教师学习应该从规范性走向享受性。她认为，在教师成为一种职业之前，教师学习是自我养成——不是经历正规的教师培训，而是在先辈及老师的影响下，在教育实践中经过自己的摸索逐渐成长起来的。当教师成为一种职业之后，教师学习走向了规范性——"为教而学"。而在教师专业化时期，教师学习演绎为享受——学会享受生活、享受职业、享受关心与自由。

王芳、马云鹏（2010）在对国外教师学习研究进行梳理的基础上提出了职前教师教育的建议。他们认为，国外的教师学习研究可以归纳为三条线

---

① 柳士彬. 成人转换学习及其教学策略 [J]. 教育研究，2007（10）.

索：关注教师以前做学生时的经验；实践——反思的学习途径；教师学习的理论架构——影响因素和发展阶段。由此，他们提出在职前教师教育中要注意三个方面：一是要统整理论知识和教学实践的学习；二是要把培养学生的专业反思能力贯穿于整个教师教育阶段；三是要充分发挥教师教育工作者自身的榜样作用。

孙德芳（2010）认为教师学习方式是从外源到内生。外源式学习追求的是工具价值，主要受外在诱因的引导与驱动；任务导向是外源学习的有效方式。内生式学习却是指向生命体验的内在自觉，主要受学习的幸福与愉悦的支配；主动自觉是内生学习的有效方式。

毛齐明（2005）指出，现代主义世界观支配下的教师学习是一个线性的"学习—应用"过程，而后现代视野中的教师学习既是对动态的"经验实在"的追求，也是对复杂教学关系的把握，是一个非线性的回归过程。因此，他在批判现代主义教师学习观的基础之上倡导"教师学习不仅是对系统知识的掌握，更重要的是对复杂教学情景中各要素及其动态关系的深入了解。在教师培养的过程中，也很难将它们直接传授给新教师，它依赖于教师在实践中的理解和领悟"。"教师学习所追求的不应只是一种知识的积累，而更应是一种内在的能力、思想和情感的变化。"①

蔡平胜、李萧（2010）认为，VCT（虚拟教室漫游模型）作为教师知识共享和交流的有效工具，可以为教师学习共同体的创建带来新的途径。基于VCT的教师学习共同体模式有：以网络为平台的教师学习共同体模式、以学科专业为平台的教师学习共同体模式和以家校合作为平台的教师学习共同体模式。

孙洋洋（2010）通过对教师学习概念的梳理与反思和教师学习的理论基础的分析，指出了教师学习有利于促进教师的专业知识的增长、促进教师专业能力的提高、增强教师的专业自主和教师的终生教育。同时，他也对促进教师学习提出了自己的建议：在转变教师的学习观念的基础上，探索多样化的教师学习模式和途径，并通过制度保障促进教师学习。

---

① 毛齐明. 后现代视野中的教师学习［J］. 咸宁学院学报，2005（10）.

徐文彬（2010）对教师的学习及其内容与特征进行了研究。他认为，教师学习就是对与人沟通、数字应用、信息处理、与人合作、解决问题、自我提高、革新创新和外语应用等八项"通用能力"进行学习。教师学习的内容包括十个方面：学科内容及其教法、学生发展、学习者的个体差异、多元化的教学策略、动机和管理、沟通技巧、教学设计、评估或评价、反思性实践和专业化发展、学校和社区的参与。教师学习的特征是实践性、问题性、反思性、关联性和整体性。

张敏（2008）应用自行研制的教师学习策略调查问卷，在对523名中小学教师调查的基础上，对教师学习策略结构维度进行了实证研究。张敏通过探索性因素分析和验证性因素分析证明了教师学习策略是由七个具体的学习行为构成的，即反思实践、专业对话、阅读规划、观摩学习、拜师学艺、记录研思和批判性思维。

刘学惠、申继亮（2006）在《教师学习的分析维度与研究现状》一文中从心理学角度指出，教师学习研究的分析框架应该是三个维度：教师学习的产品/结果、教师学习的外部条件和教师学习的内在过程。

邓友超（2006）对教师学习的性质与机会质量进行了研究。他认为教师学习是由经验性学习、基于问题的学习、自我导向的学习、同伴互助式学习、职场学习等组成的综合体。学校为教师学习提供的机会日渐增多，但校本学习和在做课题中学习这样的机会更有质量。

陈恩伦（2003）基于法律的角度从学习权产生的历史背景、学习权的概念和特征等方面就学习权问题展开了研究。

3. 关于教师发展

从20世纪90年代开始，我国教师教育界明确提出教师专业发展问题并加以介绍和研究。随后，教师发展问题中的专业发展问题迅速成为教育学与心理学理论工作者、教育决策者和广大教师关注的焦点。林崇德、申继亮等人最先在国外认知心理学新进展的基础上，通过实验，对教师观念、教师知识、教师监控能力等的形成过程与结构进行了深入研究，形成了教师素质结构理论，从而为教师专业发展的研究提供了心理学基础。叶澜等人则从教育学、伦理学角度对教师专业发展进行了探索，试图建立一个教师专业化的理论框架。

在近十年中，国内关于教师发展的研究主题是比较广泛的，对从不同类型学校教师的发展到不同学科教师的发展问题，从公办学校到民办学校的教师发展问题，从城市教师到农村教师的发展问题，从教师发展的途径、模式、方法到教师发展的影响因素等都给予了一定的关注。尤其是从不同的视角对教师发展问题进行了研究。

（1）哲学视野下的教师发展

姜勇、华爱华（2010）从柏格森（H. Bergson）的生命哲学出发，对教师的发展问题进行了研究。他认为"教师的成长不是各种知识与技能的简单集合，教师的发展并不是预先设定的，而是内在生成的。教师不是'先验预成'的，而是在教育的'生活世界'中走向无限可能的，是在学校的真实场景中不断实现发展的'共可能'过程。教师成长不仅是其理性内省能力的提升，而且更是其'生命直观'精神的不断生成"。[①]

张伟（2009）指出，"中小学教师的发展，是在教师职业内的类生命发展，其对生命的超越与控制，必须建立在自主与自为的生命意识基础之上"。[②] 由此认为教师的发展应该把握如下几个方面：第一，通过自我认识来增强教师的职业意识；第二，在自我把握的基础上规划好生活中的每一天；第三，通过自我塑造不断修炼和提升自己。

（2）管理视角的教师发展

李春玲（2006）指出，从学校管理视角看，目前教师发展的旁落与迷失主要表现为：关注教师的工具性价值而忽视教师自身的发展；关注教师的专业发展却忽视教师的全面发展；关注少数骨干教师或优秀教师的发展而忽略教师群体的成长与发展；关注教师发展的制度化约束却丧失了教师发展的主体精神。

钟建春（2010）的研究指出，在学校管理中，以管理促教师发展应该做

---

① 姜勇，华爱华. 柏格森"生命哲学"视野中的教师发展观 [J]. 外国教育研究，2010（1）.
② 张伟. 自主自为：中小学教师发展的生命哲思 [J]. 中国教育学刊，2009（11）.

到以下几点：首先是要创新机制，让教师在规范中发展自己；其次是要树立榜样，让教师在学习中发展自己；再次是要搭建平台，让教师在实践中发展自己；最后是要组织培训，让教师在反思中发展自己。

（3）比较视域中的教师发展

徐磊（2010）通过对新加坡与中国中小学教师发展的比较，指出国内中小学教师发展应注意的十大问题：一是要加大对社会上招聘人员的培训力度；二是要适当加大教师教育实习课程比重；三是要逐步提高教育投入占国家 GDP 的比例，加快教育发展；四要呼吁更多的义工妈妈对教育做贡献；五是要有一套激励机制让教师乐意地、主动地接受培训；六是要有相对固定的校群（或片学校），积极发挥片内学校的相互影响和辐射作用；七是要对教师信息化使用率提出更高的标准和要求；八是要将信息化学习与学科学习有机结合起来；九是要将教师年终考核转变为教师发展性考核；十是要有一套相对固定系统化的定性和定量兼有的教师发展考核体系。

李文英、陈君（2010）对日本大学的教师发展制度化进行了探析并指出，日本大学教师发展制度化呈现的是以法规等强制手段推进制度化、按社会和大学发展的实际逐步推进制度化、将市场化与制度化合理结合等特点。由此，我国大学教师的发展一是要使教师发展制度化和具体化，二是要保持大学教师发展制度的均衡发展，三是要确保大学教师发展的质量，四是要妥善处理行政干预与大学自主发展的关系。

（4）专业化进程中的教师发展

姜勇（2010）认为，教师的专业发展不是走"实体论"之路，而应该走"存在"之路。"实体论"之路关注的是教师发展的结果，而不关心教师发展本身。"存在"之路则关心教师发展的自我超越，在实践"人文伦理"之路、感悟"个人境遇"之路、摆脱"常人束缚"之路的基础上走向"精神自由"之路。

宋广文、魏淑华（2005）在《论教师专业发展》一文中强调，教师专业发展有别于教师专业化，教师专业发展应以教师为本位，既要实现教师的人生价值，又要实现其人格价值；并强调教师自我在教师专业发展中的主体价值。

(5) 文化视角的教师发展

折延东、龙宝新（2010）提出，"教师发展的实质不是专业人员身份的赋予、专业知能的增长、专业素质的建构、接受专业标准的'裁剪'，而是教师教育生活方式的现实转变，是教师个体文化的点滴创生，是教师接受群体文化、教育文化的润泽。教师发展不是为了在资格博弈机制中实现业内生存，而是为了在教育生活中实现自然、自由地发展。从单纯关注教师的自主发展、专业发展走向全面关注教师教育生活方式的形成、教师文化的成长，是当代教师教育变革的重要方向"。①

毛齐明（2006）在《试论教师文化与教师发展》一文中强调，"教师文化对于教师，尤其是新教师的发展具有强烈而持久的影响。许多教师把他们在教学中的最初体验称为'接触现实'，而这种'现实'在一定程度上而言，其实就是他们对其所在群体的文化所进行的建构和理解"。②

三、已有研究的不足与本研究的创新

（一）已有研究的不足

1. 研究范式不断转换但缺乏针对性

我国教师学习与发展研究范式经历了从理性思辨、实证主义到生态 - 生活 - 生命取向再到实践认识取向的转换过程。并且从这些研究范式的转换中可以看出，我国教师学习与发展的研究受发达国家的影响较大。然而，这些范式的转换并不具有针对性。教师的学习与发展是处于一定场域中的，因此是动态变化的，是具有个体性的。动态、个体性事件需要的是解释而不是事实和数据。

2. 研究内容丰富但高质量的研究成果较少

国内在教师学习、教师发展方面的研究可谓"汗牛充栋"，无论是研究

① 折延东，龙宝新. 专业化视野中的教师发展观追问——基于教师文化的视角 [J]. 陕西理工学院学报：社会科学版，2010 (5).
② 毛齐明. 试论教师文化与教师发展 [J]. 教师教育研究，2006 (3).

的视角还是研究的内容与方法等都十分丰富，然而高质量的研究成果却是"凤毛麟角"，缺乏使人眼前一亮的研究成果。

3. 研究方法多样但创新不足

研究方法主要有文献法、调查法等，这些方法主要还是描述性的。方法上采用个案研究、行动研究尤其是叙事研究的较少。

4. 从各种视角看教师学习与发展的研究较多，但是把教师教育根植于成人教育、成人学习的视域中进行研究的很少

可以说，大部分的相关研究都比较重视研究视角的选取，有着比较明显的研究取向。而教师教育从根本上说是一种成人教育，而当前从成人教育、成人学习的视角来诠释与看待教师教育的研究成果非常贫乏。纵观国内外对质变学习的研究可以发现：第一，质变学习研究有一些成果但仍需进一步深入，尤其是教师的质变学习问题；第二，关于教师质变学习研究要注重理解突发事件（如无序困境）对质变学习过程影响的原因，了解社会语境对教师质变学习的显著性差异何在，明确批判反思和其他获取知识的途径对教师质变学习发生的具体作用以及进一步明确质变学习的图式等；第三，在今后的质变学习研究中要加强实证研究，并在实证研究中明确于选择参与者和被试者时，应充分考虑社会阶层、民族、性别等因素在质变学习发生过程中的影响；第四，今后需要进一步进行质变学习培养方面的实证研究，以进一步推导出促进质变学习发生的限制因素；第五，质变学习实证研究应该超越现象学范式，进而在相关历时研究中引入其他研究范式，从而更好地促进质变学习的发生；第六，今后的研究成果应该尽可能地给国内外学术刊物投稿，而不仅停留在会议论文或研究报告阶段，使大家有机会分享各项研究的成果。

5. 研究教师专业化发展的成果异彩纷呈但关于教师的终极发展研究是空白

近年来在教师教育领域，关于教师发展研究方面的成果可以说是异彩纷呈。学者们从不同角度、在不同视野中就教师发展问题做了大量的卓有成效的研究。然而对教师发展的顶层研究是比较少的，尤其是关于教师的终极发

展研究却是空白。几乎所有的研究都是指向教师发展的过程或者某个节点，几乎很少关注教师发展的终极目标问题。

（二）本研究的创新

基于以上分析，本研究试图将教师教育根植于成人教育、成人学习的视域中，选取质变学习理论为切入点，运用哲学解释学的观点解构教师发展的叙事，在突破教师专业发展局限的基础上展现教师蝶化发展的图景。

教师是谁？对这一问题的追问实质上是对教师文化身份的一个考量。本研究在对教师文化身份的考量与确定的基础上提出教师发展的新思路——蝶化发展。蝶化发展是比专业发展更为宽泛也更适宜于教师文化身份的发展理念。以往，教育学术界仅仅注意教师作为一种职业的专业发展。专业发展专注的是职业知识、技能的获得与提高，呈现的是获得性发展的特征——更为专业。而蝶化发展关注的是教师作为人的发展的改变，凸显的是教师发展的质变——生命的"蝶化"。

教师的"蝶化"过程是一个不断完善自我的、渐变的、浪漫的旅程。质变学习是这个旅程中必备的"交通工具"。借助质变学习，教师可以不间断地改变自己直至"蝶化"，达到发展的顶层——意义人生！从而实现教师的文化身份——学生生命成长的引领者。

如此，笔者试图在对教师文化身份考量与确定的基础上把质变学习作为教师蝶化发展的一个重要向度，在构建教师质变学习框架的同时建构教师蝶化发展的目标、内容与路径，从而建立起文化身份、质变学习及蝶化发展的三维关系（见图0-3）。

首先，此三维关系表现为在成人教育的视域中，运用科学哲学的隐喻对教师的学习与蝶化发展进行扫描，用诠释学的理论对其进行梳理，在文化身份的考量中研究教师的学习与蝶化发展问题。

其次，教师的学习是教师蝶化发展的逻辑起点。教师需要学习，更需要质变学习。因而，有必要在社会发展的语境中去凸显和认识教师质变学习的价值诉求，追问教师质变学习的核心价值。由于传统的教师学习是获得性的

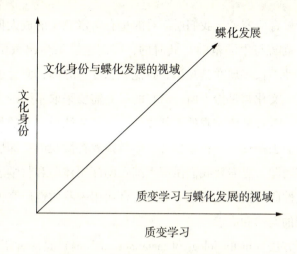

图0-3　教师蝶化发展的三维关系

"信息学习"，是"为教而学"，其目的是帮助教师掌握专业发展的知识与技能。而质变学习旨在"改变人们看待自己或看待世界的方式"。① 所以，质变学习是改变性学习——改变教师获取知识与技能的价值与态度的取向。因此，本研究以哲学解释学的思想与方法为基础，在发生学与存在主义分析框架下，通过叙事研究的支持，运用隐喻的"黑箱"原理去分析教师质变学习的存在与结果并推断其过程，以寻找教师质变学习的可能与模式，同时借助文献分析与思考去建构教师质变学习的理论框架并以此重建教师的学习，使其最终获得生命存在的价值与意义。

再次，拓展教师发展的概念、范围、动力和目标，将教师从专业发展引导到蝶化发展，使教师在成为学生生命发展的引领者的同时自己也获得一个充盈而完满的人生。

最后，在教师蝶化发展内部特定的结构中，用解构的策略厘清教师质变学习、蝶化发展与文化身份之间既相互依存、相互促进，又相互破解、相互否定的复杂的互动关系，建立一个从生物隐喻到叙事解构的教师发展的"情感-价值"逻辑体系。

---

　　① 雪伦·B. 梅里安. 成人学习理论的新进展 [M]. 黄健，等，译. 北京：中国人民大学出版社，2006：24.

作为教师教育研究者，我们所面对的是有丰富意义的成人世界。在这个世界中，科学范畴与生活范畴是共时的，因而也就衍生出教师教育的复杂性。这种复杂性不仅表现在其知识、技能、态度等方面，而且还充分地体现在学习与发展、文化与身份方面。对它的研究需要采取不同的方法，从不同的角度去探讨。教师教育宏观的、外显的、与其他社会实在的种种联系和相互关系值得我们去描述、分析和整合，而教师教育微观的、深层的和关乎生命价值的静态问题，更需要我们做深入细致的深层体验和哲学思考。在本研究中，遵循质性研究范式的规范，通过综合运用一些质性研究方法以考察教师学习与发展的实然和应然。

隐喻分析方法（methodology of metaphor analysis）是一种语言分析方法。隐喻存在于语言之中，任何陈述都必然存在隐喻的分析问题。隐喻可作为一种方便的语言工具去"逼近"和交流那些复杂的或难以明确表达的概念与陈述。本研究正是运用教师发展的"蝶化"这样一个生物隐喻去揭示与表达对教师发展的情感与期望。

20世纪七八十年代以来，隐喻成了一个热门话题，不仅在语言学、语言哲学上如此，在其他很多领域亦然。在语言中，隐喻是比较常见的一种表达方式。隐喻最开始是作为一种修辞现象出现。《韦伯斯特词典》（第三版）的解释就认为隐喻是一种辞格，"通常通过一个词或词组以一事物替代另一事物，并以此来暗示两者之间存在一种相似性或类推性；是一种凝练的明喻，明确揭示一种隐含的比较"。① 《大英百科全书》也把隐喻看成是一种辞格，是两个不同事物之间的对比，并认为语言中的隐喻概念可以派生出新的隐喻等。② 在英语中，隐喻是和明喻不同的，不用 like 或 as 表示出来，而是进行隐蔽的比较的一种修辞手段。隐喻又称暗喻，是用一种事物暗喻另一种事物，表达方式为：A 是 B。隐喻是在彼类事物的暗示之下感知、体验、想象、理解、谈论此类事物的心理行为、语言行为和文化行为。亚里士多德将隐喻定义为："把一个事物的名称转用于另一个事物，

---

① 束定芳. 隐喻学研究 ［M］. 上海：上海外语教育出版社，2000：20.
② 束定芳. 隐喻学研究 ［M］. 上海：上海外语教育出版社，2000：28.

要么种转向类或由类转向种，要么根据类比关系从种转向种。"显然，无论是词典还是亚里士多德，对隐喻的理解都是建立在修辞学意义上的，主要用于修饰语言。但是，随着西方哲学的语言学、解释学转向，隐喻开始从修辞现象转向为一种思维方式，认为隐喻普遍存在于我们的语言、思维和行动中。从本质上讲，人类的思维是隐喻性的：隐喻不仅是一种语言现象，还是人类的一种思维方式。实际上，无论是作为一种修辞形式还是思维方式，隐喻的发生机制是基本一致的：隐喻是在两种事物之间进行的。隐喻是将某类事物或范畴的意义替代另一类事物或范畴，实质是通过一类事物去理解和经历另一类事物。

在当今的科学哲学中，隐喻是一个重要论题。科学哲学认为，隐喻不再是在科学发现中起启发的作用，而是认为"隐喻是科学的理论化所必不可少的要素，隐喻在科学证明或辩护中发挥重要的认知功能，甚至科学理论的推理和理论性解释中也充满了隐喻"。[1] 在本研究中，主要是利用作为一种思维方式的隐喻抓住教师的发展与蚕的"蝶化"过程的相似性，借助生物自然现象的发生过程去隐喻人类的主观能动性——教师蝶化发展。即便看不见教师的"羽化"过程，但是可以根据"黑箱"理论从他们的开始与结果去推理与解释其发展过程。

解释学倡导通过对文本的理解性解读达到"视域融合"。本研究选取有代表性的故事文本，将故事中主人公"抛入"过去、现在与未来的社会历史情境，从而找寻实现教师蝶化发展的要素。

叙事解构是将叙事研究与德里达的解构方法结合起来，通过对叙事文本的一番解构去寻找文本背后所蕴藏着的经验，在故事所表现的历时性实然中获取共时性的应然。

在质性研究中，叙事研究是一种比较有影响的研究方法，是"研究者通过收集和讲述个体的生活故事，描述个体的日常生活，进而对个体的行为和经验建构获得解释性理解的一种活动"。[2] 与许多传统的研究方法不同的是，

---

① 阎莉. 整体论视域中的科学模型观 [M]. 北京：科学出版社，2008：206.
② 傅敏，田慧生. 课堂教学叙事研究：理论与实践 [M]. 北京：教育科学出版社，2009：2.

叙事研究去捕捉那些在个人和社会维度中以一般的事实和数据难以定量的东西。作为教育叙事研究的实践者和理论先驱，加拿大学者康纳利和克兰迪宁（M. Connelly & J. Clandinin，1990）的理解非常有代表性，他们认为"叙事"是这样一种研究：它让人们不断地讲述和复述他们的生活故事，既描绘过去，又创设未来，通过这种方式来研究如何使经验有意义。可见康纳利和克兰迪宁非常重视对教育叙事的现场经验的解读和重构，通过讲故事，人们把过去、现在和未来连接起来，意义也就得以显现。所以这种观点强调的是讲故事的人也就是叙说者对自身经验的理解和重构，研究者在其中起着倾听和引导的作用，更多的时候，教师本身既是叙说者又是研究者。本研究将通过对笔者自身"生活史"和他人的故事、经历的解构与重构以追寻事件背后的意义。

本研究还力图通过对教师质变学习与蝶化发展的某些在场"事理"推想背后隐藏着的不在场的"事理"，使教师质变学习的价值理想通过现实的不断生成而渐渐地凝聚和固化成推动教师蝶化发展的内在动力，从而实现质变学习与蝶化发展的良性循环。

教师学习与发展是一个复杂系统。在对这个复杂系统存在的基础及其与这个系统的相互关系有所认识的同时，还得对这个系统的内部进行解剖，逐渐分析，找出组成或影响教师学习与发展的元素并掌握它们的个别特征。因此，本书将对叙事文本进行一番德里达式的解构，进而探寻出质变学习是如何成为教师蝶化发展的一个内在主体向度的。

第一章　教师走向蝶化发展：一个引论

教师发展问题是教育的头等问题。教师的良好发展是学生应然发展的前提。教育的完整性不仅要在学生发展上体现出来，也要在教师发展上体现出来。教师专业发展不是教师发展的全部而仅仅是教师发展的冰山一角，完整的教师发展应该是全景式的蝶化发展。

一、教师发展的历时性异化与回归

发展（develop）是什么？对这个问题的回答乃是认识事物本质的关键。发展的基本解释是"事物由小到大、由简单到复杂、由低级到高级的变化"。① 这是一种哲学解释。从这个解释中我们至少可以抓住两个要点：第一，发展可以是横向水平的。"由小到大、由简单到复杂"指的就是事物的扩展、扩大。第二，发展也可以是纵向水平的。"由低级到高级"则指的是事物的提升。因此，发展既可以是量的水平上的变化也可以是质的水平上的变化。无论量与质，归根结底在于变化，即不同于过去。这样，我们是不是就可以把发展理解为是事物量与质的变化？如果据此逻辑，那么是不是可以说凡是有变化的都是发展？就"变化"一词来看，指的是"事物在形态上或本质上产生新的状况"。② 而新的状况包括好的状况和坏的状况，变化也就有好的变化与坏的变化。由此推理，发展也就有好的发展与坏的发展。显

---

① 中国社会科学院语言研究所词典编辑室. 现代汉语词典［M］. 5 版. 北京：商务印书馆，2005：369.

② 中国社会科学院语言研究所词典编辑室. 现代汉语词典［M］. 5 版. 北京：商务印书馆，2005：83.

然，这又违背了"事物由小到大、由简单到复杂、由低级到高级"的论断。由此，当我们把关于"发展"的解释解构下去就发现它其实是一个悖论："由小到大、由简单到复杂、由低级到高级"是量与质的增加与提升，是好的变化。而"变化"既有好的方面又有坏的方面。可见，关于发展的解释是不成立的。那么，我们应该如何去认识"发展"的本质呢？

任何陈述都有字面意义与隐喻意义的区分。我们只抓住字面意义去分析，往往可能造成误解与歧义而无法理解。隐喻的意义不在于语词本身的逻辑原则而在于"实践的"（praktische）理解——"不带有任何我们自行支配的专门知识"。① "这种'实践的'（praktische）理解，海德格尔称之为'生存的'（existential）理解（领悟），因为它是一种生存的方式，一种存在的基本方式，依靠它的力量我们处理并力图熟悉我们的周围世界。"② 由此，我们在理解"发展"这个词语时，更多地需要我们"理解的前结构"（Vorstruktur des Verstehens）③ ——从生存处境中取得方向。如果我们把发展作为一种生存方式，那么我们的生存处境就是必须向好的方向——社会、政府、管理者所倡导的方向去发生变化。

发展的最基本的隐喻是"历程"（process）。这是一种生物隐喻。从生物的演变来看，个体的生存是一个从生到死、从无到有的历程。历程是生物此在的各个阶段之延续性的结合，生物个体的整个生存历程也就成为它自身的目的。生物自身的存在不应该再有一个外在的目的。从传统的语言学分析，一个动词往往不是固定的，而总是与活动和过程相联系。发展具有变动成分。要发展就得从事各种活动：做发展计划、采取发展的手段、实践发展路径等，这些都是活动，是一个历程。

至此，我们对发展问题有了一个比较清晰的认识，那么教师发展就不难理解。根据发展是一个历程的论断，教师发展就是个体作为教师为了适应处

---

① 让·格朗丹. 哲学解释学导论 [M]. 何卫平，译. 北京：商务印书馆，2009：153.
② 让·格朗丹. 哲学解释学导论 [M]. 何卫平，译. 北京：商务印书馆，2009：153.
③ 让·格朗丹. 哲学解释学导论 [M]. 何卫平，译. 北京：商务印书馆，2009：151.

境所经历的过程。①

（一）教师发展的客体性异化——教师专业发展

按照发展是生物个体自身目的的观点，发展应该是教师生存的目的与基本方式，也是教师自为、自觉的历程。然而，现实中把教师发展作为一个问题提出并大加渲染与推进时，它就有了一个外在的目的——社会的客观要求，也就必然导致教师发展从原本的主体性转变为客体性。教师专业发展就成为这种客体性的突出表现。

1. 教师专业发展提出的背景是教师专业化

教师专业发展的背景是教师专业化的提出。教师专业化并不是一个非常明晰的概念。《辞海》中对专业的解释仅为高等或中等学校的一个专业分类。在《现代汉语词典》中，增加了一个解释，即专业是"产业部门中根据产品生产的不同过程而分成的各业务部分"。② 而"化"的概念在《辞海》和《现代汉语词典》中与"专业化"最为相关的解释是："表示转变成某种性质或状态。"③ "专业化是指专门从事某种工作或职业。"④ 可见，专业化是指一种工作或职业成为某种专门性质或状态的过程。因此，教师专业化是将教育教学工作视为一种职业，并逐步区别于其他职业由专门从事教育工作的人员来承担的过程，是将一个"普通人"变成专门的"教育工作者"的过程。教师职业具有自己独特的职业要求和职业条件，有专门的培养制度和管理制度，教师应该而且可以专业化。关于教师专业化的定义汗牛充栋，在此略举一二。如百度百科认为："教师专业化是指教师在整个职业生涯中，通过专门训练和终身学习，逐步习得教育专业的知识与技能并在教育专业实践中不

---

① 关于教师发展的概念与内涵在学术界本身就颇具争议性。本研究并不打算在此讨论这个问题。就笔者的认识来看，教师发展是教师作为"人"与作为"师"的发展的综合。作为"人"的发展是生命的发展，作为"师"的发展是专业的发展。

② 中国社会科学院语言研究所词典编辑室. 现代汉语词典［M］. 5 版. 北京：商务印书馆，2005：1788.

③ 辞海编辑委员会. 辞海（缩印本）［M］. 上海：上海辞书出版社，1998：208.

④ 中国社会科学院语言研究所词典编辑室. 现代汉语词典［M］. 5 版. 北京：商务印书馆，2005：1788.

断提高自身的从教素质，从而成为一名合格的专业教育工作者的过程。它包含双层意义：既指教师个体通过职前培养，从一名新手逐渐成长为具备专业知识、专业技能和专业态度的成熟教师及其可持续的专业发展过程，也指教师职业整体从非专业职业、准专业职业向专业性质进步的过程。"① 金忠明依据终生教育理念认为，"教师专业化是指教师在整个专业生涯中，依托专业组织，通过终身的教育专业训练，习得教育专业知识和技能，实现专业自主，表现专业道德，逐步提高自身从教素质，成为一个良好的教育专业工作者的专业成长的过程"。② 宋广文、魏淑华认为"教师专业化是指教师职业专业化的过程"。③

以上关于教师专业化的解释是从不同的角度去认识的。本研究并不打算去评价这些解释。但是，我们从这些解释中可以看出，对教师专业化的认识归根结底是要求教师成为一个有着专门的教育教学知识与技能的专业人员。这些专业人员需要有独特的培养标准、机构、制度、方式等。

实际上，早在 1955 年，世界教师专业组织会议就率先研讨了教师专业问题，并由此推动了教师专业组织的形成和发展。1966 年，国际劳工组织和联合国教科文组织在《关于教师地位的建议》中首次提出了教师专业化问题，并以官方文件形式对教师专业化做出了说明，提出"应把教育工作视为专门的职业，这种职业要求教师经过严格地、持续地学习，获得并保持专门的知识和特别的技术"。日本于 1971 年在《关于今后学校教育的综合扩充与调整的基本措施》中指出，"教师职业本来就需要极高的专门性"，强调应当确认和加强教师的专业化。1997 年，日本再次强调了对教师职业专业化的认识。英国在 20 世纪 80 年代末建立了旨在促进教师专业化的校本培训模式，1998 年教育与就业部颁发了新的教师教育专业性认可标准——"教师教育课程要求"。我国香港和台湾地区均从 20 世纪 80 年代后期开始加大教师专业化教育制度改革。1986 年，美国卡内基小组、霍姆斯小组相继发表

---

① 百度百科"教师专业化"词条，http://baike.baidu.com/link?url=Liow0lblq8hl93nY_VdyWlwpXciKudJ34zxpwt4z8Scg18Mro5gcBGwgRG3zToDt。

② 金忠明. 教师教育的历史、理论与实践 [M]. 上海：上海教育出版社，2008：215.

③ 宋广文，魏淑华. 论教师专业发展 [J]. 教育研究，2005 (7).

《国家为培养 21 世纪的教师做准备》《明天的教师》两个重要报告，同时强调以确立教师专业性为教师改革和教师职业发展的目标。卡内基基金组织的"美国教师专业标准委员会"还专门编制了明确界定教师职业专业性的文件——《教师专业标准大纲》。从 1989 年至 1992 年，经济合作与发展组织（OECD）相继发表了一系列有关教师及教师专业化改革的报告，如《教师培训》《学校质量》《今日之教师》《教师质量》等，对教师专业化问题进行了专门的论述。1996 年，联合国教科文组织召开了以"加强在变化着的世界中教师的作用之教育"为主题的第 45 届国际教育大会，提出"在提高教师地位的整体政策中，专业化是最有前途的中长期策略"。1998 年，在北京召开的"面向 21 世纪师范教育国际研讨会"明确"当前师范教育改革的核心是教师专业化问题"。从以上教师专业化运动的展开可窥见教师专业化的观念已经成为全世界的共识，教师专业化被提到了世界教育领域所关注的中心，培养具有专业化水平的教师已然成为国际教师教育改革与发展的目标。越来越多的学者对教师专业化问题进行了大量的研究，提出了众多的教师专业化理论。自 20 世纪 80 年代以来，教师专业发展作为促进教师专业化的必由之路被提出来。经过 20 多年的理论研究和实践探索，教师专业发展已经成为世界许多国家教师教育研究所共同关注的焦点，并成为当今教师教育改革的主流话语之一。

专业发展意指非专业人员成为专业人员的过程。教师专业发展也就是把一个缺乏教育的专业性教师变成从事教育的专业人员的历程。目前，世界上形成了众多的教师专业发展范式，学者们对其中六种范式达成了共识：①知识范式，以重视文化知识的传授为核心；②能力范式，以综合教学能力训练为基本；③情感范式，强调教师对学生的情感；④建构范式，强调教师需要不断地建构自己的知识体系并完全个人化；⑤批判范式，强调教师应当对课程之外、学校制度之外的整个社会保持一种关心、兴趣和审视的眼光并主动地介入社会生活，因而主张培养教师的独立思考能力；⑥反思范式，主张应该培植教师的反思意识。目前，反思范式正在成为国际教师教育的主流。

2. 教师专业发展的文化基础是工具理性主义

工具理性主义是理性主义的一种，主要是以理性的态度将对象工具化。

工具理性的目的是控制。控制的对象包括自然界、社会和个人，甚至个人的生活方式和思想方式也在全面控制之列。从笛卡儿以来，人的理性逐渐被人们捧为至高无上的权威。理性主义认为人是理性思维的存在物，人只有运用理性，才能认识自然和改造自然，从而理性代替宗教成了衡量和判断一切的标准。这种理性主义观念对破除宗教神学的束缚，促进科学技术和生产力的发展，使政治结构更加"理性化"起到了正面作用。但它本身也带有先天的缺陷。首先，理性主义具有片面性，它是以贬斥、压抑人的非理性、情感和意志为代价的。其次，理性主义具有单一性，用理性去为社会和其他文化奠定基础，使人完全置身于工具理性的控制之下，人的精神文化也被科学化和理性化，人成了理性的奴隶。正如阿多诺（T. W. Adorno）在《启蒙辩证法》中深刻指出的那样，现代启蒙理性实质上是一种片面的"工具理性"，它试图计算和规范、度量和厘定世界并驯服自然、规训人，从而排斥旨在创造和确立人的精神价值，改变人的受奴役状态，实现人的自由和幸福的"人文理性"。实际上，这两种理性在最初的资产阶级启蒙思想家那里曾是统一的，表现为对理性和自由、自然秩序和社会正义的追求。然而，随着工业文明的迅猛发展，工具理性和人文理性的和谐状态被打破，以科技理性为核心的工具理性逐渐取得了霸权地位。天赋人权和自由理想被标准化、工具化、操作化、整体化所替代，造成对整个人类生活和社会事务进行技术统治的非人化状态，出现了社会和人的物化的严重后果。由此，启蒙主义关于通过理性阶梯达到自由和幸福的承诺完全失效。

工具理性主义的蓬勃发展催生了近代工业文明的发展，科学技术在众多领域日益显示出其巨大的影响力，实用主义不断深入扩张到学校课程之中，对人文主义教育的价值观产生了巨大的冲击与侵蚀，教育开始逐步走向功利主义。不仅教育沦为实用工具，教师亦成为教学的工具——教书匠，甚至在国内几乎沦为考试与分数的"机器人"。教师专业化的本意是一种提升教师的社会地位的策略，但由于缺乏对教师专业化的完整、准确、全面的理解，以至于许多教师与教师教育研究者都误认为教师专业化就是教师在教育、教学和学科知识方面的丰富和提升，而教师的德性涵养、精神修炼、领袖职责、人格品位以及作为公共知识分子的勇气等通通被淡化，大量缺乏信念的"专业技术"人员被炮制出来。如此不完整的教师不仅在肢解着学生的人生，也使自己的人生破碎。

从20世纪开始，教育研究者们开始以科学为榜样，在"教育科学研究院"里研究教育的理性、教学的技术和教学的效率问题，力图使之成为科学。在教师教育领域，也同样希冀将教师按照所谓科学的原理去培育、训练，使之符合科学标准，以达到教育的高效率。科学就必然包含着理性、技术和效率，而理性、技术和效率的必由之路就是专业化。

教师专业发展首先就意味教学熟练度的提高。每天都打铁，能打不好吗？因而，只要训练是有效的，教师工作的熟练程度就能得到提高，教师就能成为优秀教师。但是，优秀教师＝幸福的教师吗？显然，这个等式不能成立！教师技能不能等于教师幸福感，教师是鲜活的生命个体。教师的幸福感是教师在从事教师职业的过程中产生的一种心理体验和感受，并不是掌握了职业技能就能产生的。

教师专业发展还意味着教学的标准化。教师要专业发展就要制定一些教学的目标标准、操作流程标准、教学结果标准等以便教师能够教得更"专业"。所谓的教学标准也不过是一些教师教育专家在书斋里的"想象"，或以某个优秀教师个案为范本，构造出一个标准的教师形象，通过对这个形象的解析，找出其素质结构单元，然后形成教师教育的专业训练项目，再以之为蓝本对教师进行实际的分项训练，最后通过教师的教育实践活动来对分项训练结果进行重新拼接、组合。如此这般，一个标准的专业化教师就被制作出来了。这样的教师教育是典型的还原论思想在教师教育模式上的翻版，其不仅把一个完整的教师肢解得支离破碎，还把教师教育拖入了程序化的泥潭。

教师专业发展也意味着教师的标准化。教师的专业发展就是要用尺子去量人：在教师的选拔上，首先就是要用"学历证书"与《教师资格条例》两把尺子来度量一个人是否符合教师资格；在教师的培养上，"继续教育学分"是一把衡量教师受过多少专业训练的尺子；在教师能力的评价上，学生分数的高低与发表学术论文的级别和数量是两个很硬的尺度。

从 20 世纪初开始，教育研究者们就在尝试设计对教师的教学能力进行测量，希冀能够找到统一的基本能力测验鉴定标准并以此去选择、训练、指导、考核教师。例如，1992 年，美国州际初任教师评价与支持联合会（IN-TASC）编制了一套教师专业素养指标。这套指标包括了教师十项核心能力：了解任教学科；了解并协助学生的个体发展；了解个别差异并创造教学机会；善用教学策略引导学习；创造有益于学习的环境；运用不同媒介创造积极的班级互动；安排教学计划；善用评价技术；是反思实践者；与同事、家长、社区保持良好互动关系。[①] 上述指标确实为探讨教师专业成长提供了科学的依据。然而，这些素养指标更多考察的是工具性的专业技能，而未能关注教师内在、核心的精神层面品质。这样的努力不但至今未见明显的效果，而且成功的希望如同寻觅长生不老药一样渺茫。

3. 教师专业发展的价值取向是工具主义

尼采在《查拉图斯特拉如是说》中宣告："上帝死了！"这既宣告着绝对价值的死亡，也昭示着人们对永恒真理及存在的信仰成为不可能。"没什么是真的，一切都是允许的"。[②] 于是，从文艺复兴到启蒙运动再到近代科技理性影响下所发生的社会变革、知识制度的形成以及技术飞跃等都明示了现代性价值产生了位移。既然"上帝死了"，那么，人通过自身的感觉、情感以及其整个存在所认识的世界就成了唯一真实的世界，人类也就理所当然地把目光从天上转到地下，并试图为自己建立一个新的精神家园——一个新的普遍的价值标准。可是，当"没什么是真的，一切都是允许的"的理论在为人类带来无限创造性与可能性的同时，也传递了一个信息：价值的多元性是正当的，只要不有害于他人，个人可以拥有自己的真理和价值。由此也就出现了众多迥然相异甚至截然对立的价值标准，并不可避免地导致了价值冲突：至善与至恶、卓越与低劣都可能被认为是有价值的。怀疑与否定充满了

---

① 黄嘉莉. 教师素质管理与教师证照制度 [M]. 台北：台北学富文化事业有限公司，2008：125.

② 列奥·施特劳斯，约瑟夫·克罗波西. 政治哲学史 [M]. 李天然，等，译. 石家庄：河北人民出版社，1993：966.

各个方面。于是，工具主义（instrumentalism）作为一种伦理思想在人类的生活中就这样出现了。

工具主义是由美国哲学家杜威发展起来的哲学理论，从广义上讲就是杜威实用主义哲学的别称，从狭义上讲是杜威对其实用主义理论的一种表述。根据工具主义的观点，哲学应该是解决社会实践问题的一种工具。没有绝对真理，真理不过是用来衡量事物有用程度的标准。由此，杜威强调，思想、观念、理论都是人行为的工具，真理性的标准不在于先天的理性概念或绝对观念的属性以及逻辑原则的先天性，而在于能否指引人们的行动取得成功。因此，在他看来每一个有关真理的命题，分析到最后实际上都是假设和暂时的。任何思想、概念都只能被看作运用的假设，是人们为了达到预期目的而设计的工具。工具就无所谓真假，只有有效或无效、适当或不适当、经济或不经济之分。

当实用主义被杜威发展成为一个成熟的哲学流派之后，几乎成为美国的官方哲学。它对整个西方国家产生了深刻的社会影响。尤其是进入20世纪以来，由于科学技术的迅猛发展所造就的辉煌的物质成就带给了人类前所未有的身体快感，使得人们愈加相信工具主义的合理性，从而引致它在社会各个领域中更加肆意渗透。这也必定给作为社会重要组成部分的教育理论和实践带来深刻的影响，使得启蒙之后世俗化的教育更是远离了教育的终极价值，取而代之的是实用主义的教育目的，教育本身于是发生了现实异化。

工具主义主导下的价值是追求功效和利益，教育异化为国家和个人追逐利益的工具。

首先，工具主义的教育价值不在教育之中，而在教育之外。由于工具主义主张效果论，即一个行为正当与否，其标准在于它的效果。一旦教育目的被外化，教育就只为其效果而存在，并且导向外在的快乐与利益，而教育实践中很多内在价值如知识、德性等统统被忽视。教育只是一味地追求有利于国家和个人利益并最终能满足人的欲望的目的。教育自身的价值只有依附它外在的目的才能得以体现。教育沦落为实现个人利益、满足社会需求的手段。教育行为的正当与否，不是建立在教育的内在价值及其实现程度之上，而是落在了个人的偏好之上。教育最终成为需求与偏好的奴隶。

其次，工具主义的教育目的是以教育结果所带来的利益大小为标准来评价教育。工具主义不仅主张效果论，而且以行为结果的满足程度来作为衡量行为的标准。这样，行为本身就只是外在于它的目的的实现手段。这就意味着一个行为只要能带来好的结果，就是合乎道德的行为，而所谓好的结果就是这个行为能给人带来个人利益，利益实现得越多，行为就越是有价值，却全然不管实现此结果的手段是否正当。如此这般，工具主义教育目的就意味着教育评价的标准是以教育结果所带来的经济和物质利益的多寡为尺度而并非依据教育自身的内在价值。由于此标准只是执着于利益的最大化，其必然忽视甚至牺牲少部分人或者弱势群体的利益。教育是为人的，并且是为了每一个人的，而工具主义的教育却以效率来遮蔽公正。这种以牺牲一部分人受教育权利为基础的效率是教育不正义的一个侧面。现今的精英教育、流动儿童教育问题等都与此不无关联。

在胡适等人的有力传播下，杜威的实用主义哲学就成为在我国传入最早、流传最广、影响最大的现代西方哲学流派之一。从五四时期至今，杜威的学说对中国的思想、政治、教育等社会领域发生了巨大的影响。尤其是在经历了长达几十年的畸形的"教育政治化"后，中国教育界又完全走向了另一个极端：唯科学主义、技术主义、工具主义和经济主义为"圣经"。"数量""效益""效率"成为事实上支配我国教育所有方面的主导价值观。高校扩招、教育产业化、分数至上等已成为工具主义教育目的的"胜利成果"，对我国的教育实践造成了事实上的严重后果。其最直接、最有危害的后果即是造成了人的工具化。

教育的本意是引导人追求美好生活。然而工具主义的教育价值观却给教育活动预设了一个明确且有待追求的目的——功利，同时也提供实现其欲望的手段，再加之教育自身的媚俗和随波逐流，在现代大工业的催促下，它日益成为经济的附庸、实利的婢女和追逐欲望的工具。教育由此变成了一种适应性的培训和就业指导，其对人的整体精神的培养已难觅踪影。教育丧失了其内在价值和品行，丧失了自身的尊严。教育也不再完整，被割裂为日渐远离自身精神性的存在。教育中的人——无论是教育者还是受教育者均进入了机器大工业时代新的被奴役状态，被降格为工具性职能的存在。人一旦被异化为工具，教育也就只有在它自身以外即它所生产的产品满足社会的需求之中来衡量自身的价值。人的价值隶属于机器工具，人就不再拥有自己独立的人格，而只能是实现自身欲望的手段；人也不再是康德意义上的"人"——一个自在的作为目的而实存着的人。教育也因过分注重人的物质层次的发展，严重偏向于实用的知识和技术的传授及培训而忽视了人之为人的精神性发展，完全割裂了作为一个完整的人的精神与肉体的统一性。同时，更为可怕的是，受教育者也日益接受并内化了这种教育价值观，把追求自身利益当作唯一受教育的目的——为了个人的谋生和为未来做准备，以获得更多更好的实际利益。现实中众多的教师在专业发展中难道不是抱着这样的目的吗？他们认为接受继续教育，学习教育知识与技能无非就是将其运用到社会交换中，以对自身专业发展的付出去换取金钱、权力、好的工作。他们不再关注自身的生活理念问题，也因此而有了"我已经有高级职称和舒适的生活了，还要那么辛苦地写论文拿学位干吗"这样的话语。许多教师参加工作培训就只是为了增加评职称、得荣誉的砝码，研习是因为可能为他们将来带来物质幸福，教师的德性修养和教育反思、批判性的精神培养等统统被抛诸脑后。因此，工具主义教育目的之下的教师专业发展，不再对现代社会中价值层面的东西予以关注，只是习惯性地接受单向传递的工业社会特定的价值观，教师只被要求学会专业领域的知识、技能。大多数教师被当成专业劳动力来培训，并且用"专业化"这一有效的考核标准来控制教师的自主性和批判思维的发展。

工具主义教育在我国教师专业发展中最大的体现，就是从制度、机构到内容都建立起了一套保证教师专业发展的保障系统。从制度层面来看，《教育法》《教师法》《教师资格条例》都对教师的专业发展有严格的规定。1995 年国务院颁布《教师资格条例》，2000 年教育部颁布《〈教师资格条例〉实施办法》，教师资格制度便在全国开始全面实施。2000 年，《中华人民共和国职业分类大典》首次将教师归并为"专业技术人员"一类。2001 年

4月1日起，国家首次开展全面实施教师资格认定工作并进入实际操作阶段。从机构层面来看，地方各级政府都建立了教师进修学校（学院）以保证教师专业发展的教育与训练。从内容层面来看，无论是教师的全员培训还是骨干教师培训，以至专家教师培训都无一例外地着眼于教师的专业意识、专业技能的改变或提高。无疑，这一保障系统对教师的专业化水平的提高起到了很大作用，也成为促使教师成为"专业技术"人员和名副其实的"工程师"的工具，从而也使教师专业发展成为社会所设计的去提高教育质量的工具。然而，中国现代大学的缔造者蔡元培先生曾经告诫过我们，不要把被教育的人造成一种特别器具，给抱有他种目的的人去应用。教师教育也不是把我们的教师锻造成教育的工具，利用这些工具再去制造一堆"活"的器具为社会所用。人的生命价值不在于"可用"，而在于完善。教育的价值也不在于"制造"，而在于培育完整的人。教师专业发展虽然造就了一大批所谓合格的教师，但是也造就了许许多多精神"悬置"的教师。他们可能懂得众多的教育教学的知识，也熟悉许多教育教学的技能、技巧，更有可能积累了相当丰富的教育教学的经验，然而，他们在课堂上可能只是身体在场而精神缺席，成为教育教学的工具而非教育的主体——没有自己的教育教学思想。就像弥尔顿离开了床不能创作、济慈一定要穿上最好的衣服才能写诗、五四青年一定要着长衫围巾、不去看小剧场话剧不算小资、没有200平方米住宅不是中产阶级一样，教师不会上合作学习、探究学习的课，不会写反思就不算是获得专业发展的教师。所以，当专业发展成为一种教师的行为规范，而这些规范又直截了当地被工具化以后，教育就被抽空了——合作学习、探究学习、对话教学除了作为教师教学的专业范式外，无任何意义可言。得到专业发展的教师充其量也就是一个"工匠"。教育教学除了成为教师谋生的手段以外，无其他生命意义而言。

如此这般，教师发展的外在价值——手段价值（谋生）被完全地凸显出来，而教师发展的内在价值——目的价值（人的精神充实与自我的发展）则被基本遮蔽。

所以，当人们不遗余力在为提高教师专业素养、专业技能竭尽全力的同时，却发现教师的人格魅力、道德声望等似乎无法挽回地衰落着、消失着。问题在哪里？是教师的问题还是教师教育的问题？笔者认为，问题不在教师，也不在教师专业发展，问题在于教师发展的价值取向出现了偏差——以专业实践取代意义建构，以研究者的声音替代教师的发声。结果是，在教师发展问题上教师教育者、教师教育研究者、教师管理者臆断教师的思想与愿望，这实质是在某种程度上形成了一种共谋关系，从而使教师变成工具，教师的教育生活丧失了乐趣，教师失去了幸福。这不仅是教师的痛苦，也是笔者的痛苦。

综上所述，教师专业发展的最终目标与结果是让教师获得一个特殊的职业身份。这种身份一方面为教师树立起一个掌握了丰富学科知识、教育知识、教育概念的"知识人"形象，另一方面也通过教师资格制度的构建赋予了教师一种特殊的、常人无法代替的"专业人"资格。显然，对教师而言，这是一种源自他们教育生活之外的、"强加"于他们的一种身份，至多只能算是社会对教师角色的又一次重新定位与人为限定罢了。如果认为这种"专业人员"的资格、身份就是"教师之为教师"的根源的话，那么，这就无形中消解了"教师"这一身份的基质或本性的东西——文化性。由此，教师在教育生活中所承负的职责与使命也随之被简约和表面化了。

（二）教师发展的主体性回归——教师蝶化发展

1. 教师蝶化发展提出的背景是教师主体性存在

所谓主体性就是主体的本性或属性。"主体"一词并非完全专属于人。但是，当以人的活动的发出与指向为尺度的话，活动着的人就一定是主体。因此，这里所说的主体性是指人的主体性。"主体性实质上指的是人的自我认识、自我理解、自我确信、自我塑造、自我实现、自我超越的生命运动，及其表现出来的种种特性，如自主性、选择性和创造性等等；它是人通过实践和反思而达到的存在状态和生命境界，展现了人的生命运动的深度和广度，是人的生命自觉的一种哲学表达。"[①] 由此，我们可以把主体性看作人在

---

① 郭湛. 主体性哲学 [M]. 北京：中国人民大学出版社，2011：29.

实践过程中表现出来的自主、主动、能动、自由、有目的地活动的地位和特性。

人在与万物的关系中是作为主体而存在的。主体和主体性的问题是哲学研究的最核心的问题之一。主体与主体性并不完全统一。人是主体，但人在社会实践活动中并不都能表现其主体性。只有当人表现出主体性，主体与主体性便统一起来，这时的人也才能真正成为一个有主体性的主体。人是一个历史发展的过程，对人的主体性认识也是一个历史的过程。在古代社会，由于人的能力发展有限，外在力量统治着人，人与人是处在相互依赖的群体活动方式的社会关系之中。人作为主体的地位以及人的主体性都没有得到充分的展现。由此，在第一个使用主体范畴的亚里士多德那里，主体并不是专指人的，任何实体都可以作为主体而存在。所以，古希腊哲学中也就没有专门指人的主体性的概念，主体和主体性的关系往往是被实体和属性的关系所涵盖。随着西方近代工业文明和科学技术的发展，人类增强了自己改造自然的能力，人对自然的隶属关系也由此改变，人逐渐成为自然界的主体。尤其是在商品经济平等、自由本性的催生下，自然经济时期的人的血缘联系和服从的统治联系被逐步消除，个体不仅日益独立、自主而且还被赋予了主体的内涵，出现了专用于表达人的能动创造性的主体性范畴。近代哲学对主体和主体性的理解呈现这样几个特点：第一，对主体的理解是从理性和自我意识的角度出发，人的主体性被归于他的意识性。第二，对意识的理解也局限于实体形而上学的思维模式，主体及主体性被局限在认识论的范围内。第三，理性被逻辑化和技术理性化，进一步导致了理性和个体自由内在的分裂和冲突，人的主体性被泯灭价值的认知过程来说明。到了现代哲学，要求回归人的生活世界，寻求人生存的价值和意义的呼声日渐高涨，尤其是"生命主体性"概念的出现体现了现代哲学的主体性理论的特征。生命主体性彰显出人是包含了意识、信念、欲望、记忆、情感生活以及自主地去追求自己的目标等一系列特征的主体，强调个人生存的内在价值性。生命主体性意味着对自然主义和工具理性反抗，否定工具理性对个性、人格和自由的束缚，人的生命和生存是主体性的出发点。虽然叔本华、尼采、柏格森、克尔凯郭尔都对生命主体性理论起到了开拓、奠基的作用，但海德格尔的生存论转向则真正标志着生命主体性理论的最终确立。海德格尔的生存论转向具有重大意义。首先，海德格尔彻底瓦解了实体本体论的思维而基本确立了现代人本学的思维方式，开辟了理解人的新视角和理解哲学的新方向。其次，海德格尔实现了从认知主体性向生命主体性的嬗变。最后，海德格尔对于生命主体性的内容给予了充分的论证，使生命主体性有了创造、生成、超越、历史、自由、责任、孤独、畏惧等品性，从而突破了认知主体性的局限，增加了人的现实生存的内容，为理解人、主体、生命等现象奠定了基础。当然，对主体性的探索并没有至此而终结。在当代，哲学发展的最基本趋势是语言学转向，开始利用语言学转向的成果来对主体性进行理解，并由此而产生两种基本的倾向：一种是从现代性的视野来削弱和修正中心性主体，意在重建人本学的主体性理论；另一种是从后现代性的视域来主张差异和多元，反对霸权话语，确立读者的中心地位，从而根本否定人本学思维和中心性主体而主张离散的主体性。

　　本研究并非意在对主体性理论进行评断，而是以此肯定人的主体性的存在。也正是由于人的主体性存在，人的生命自觉的表达才有多种多样的形式，人的生命自觉达到什么程度，其主体性就可以高扬到什么程度。教师的生命是一种能动的对象性存在，因而也就是一种主体性的存在。教师，首先是"人"的存在。人的存在是一种生命的存在。生命的最大价值是"人"的丰富性——健康均衡的身体、博大高远的精神、充实圣洁的灵魂、虔诚温馨的情愫、完满人生的信念。其次，教师才是作为"师"的存在。师的存在是一种楷模的存在。楷模的最大价值是"示范性"——学高为师、身正为范。教师作为"人"与"师"的结合，天然地需要他们以生命主体的自我完善去引导学生生命的完整发展。所以，无论是"人"还是"师"，其通约在于主体性。"人"的主体性与"师"的主体性是统一的，包括能动性、自主性、独立性、自由性等。教师与学生由于都有生命发展的需要而具有了主体间性。提倡教师教育的主体性，就是主张师本教育，反对过去把教师当作与机器和物等同的物本教育；主张把教师培养成为人格健全、精神独立、活动自主的人，反对把教师进行工具化培养。"在本质上，它是把受教育者看成能动的、独立的主体，尊重其独立人格，唤醒其主体意识，培养其在自觉活动中的自主性、自为性、独立性和创造性。"① 由此，我们理应把教师发展植入教师的主体性视域中去理解、解构，从而呈现蝶化发展给教师带来的是狭窄的专业发展所不能企及的主体性的内涵与表现高度。

2. 教师蝶化发展的文化基础是幸福哲学

我们研究教师不能把教师仅局限在学校与课堂，要把他们放入一个更为广阔的视域——人的生存与幸福。

人的生命有三个层次：生存、生活、幸福。生存是人的生命本能，是生命延续的诉求，其基本特征是生理需要的满足。人首先是生物性的存在，需要维持生存。生存就需要人消耗自身的体力和智力与其他物质进行交换。然而，人又是一个未特定化的存在，生存的本能并不足以保证他在自然的生存竞争中占有优势，因此，人就需要依靠后天的创造来弥补其先天的不足。这个创造就是人类社会。人类社会的基本特征是文化。从这个角度说，人就是一个文化的动物，是依赖于社会生活而生存的动物。生活成为人的生命的社会建构，其基本特征是社会需求的满足；幸福则是人在社会文化的实践活动所创造的价值。在人这里，幸福不是事实世界的表现/再现，而是价值世界的创造。幸福成为人存在的最高追求，其基本特征是内在心灵的独立、自由、快乐。

"啊，幸福，我们生存的终点与目标！我们为了你而活下去，也因为你而敢于踏上死亡征途……"诗人蒲柏如是说。幸福有如此的魅力与动力，那么幸福是什么？人类思考幸福的历史就像尼罗河、黄河一样深远悠长，然而就如一千个人就有一千个哈姆雷特一样，人们对幸福的理解却不尽相同：在古希腊人那里，幸福就是诸神的特殊恩赐；而对古罗马人来讲，幸福意味着繁荣、丰产、权力、幸运；在基督教信仰中，幸福就是在天堂终结一切苦难；在中国传统观念里，幸福就是儿孙满堂；在有的人看来，吃穿不愁就是幸福；也有人认为，内心的满足才是幸福。但是无论如何，幸福过去是、现

---

① 李小鲁. 教育作为人的生存方式 [M]. 广州：广东教育出版社，2007：122.

在是、将来也永远是所有人一生追求的终极目标。

要难倒一个哲学家，最简单有效的办法就是问他："哲学是什么？"同样，要难倒一个伦理学家，最简单有效的办法就是问他："幸福是什么？"幸福确实是一个飘忽不定的东西，正如德国哲学家康德所说："幸福是如此不确定的一个概念，以至于尽管每一个人都希望获得幸福，然而他永远都不能够明确地、一贯地说出他真正希望和想要的东西究竟是什么。"①

然而，这又是一个必须回答的问题，不管回答这个问题有多么艰难，笔者认为仍然可以借鉴哲人们的观点去解答它。

西方的幸福论大致可以分为三个阶段。第一阶段是古希腊罗马时期。这个时代的幸福论基本上分为两类：自然主义幸福论和唯心主义幸福论。自然主义幸福论把幸福归结为能够使人快乐的行为方式，是与人的诸如金钱、健康、尊敬、公正等物质与精神的现实需求紧密关联，强调追求幸福是人的自然本性。唯心主义幸福论把幸福与人的现实生活剥离开来，认为幸福是与人的物质利益和经济生活毫不相干的精神实体。正如塞涅卡所说："最高的幸福在于精神上的无动于衷"。可见，唯心主义的幸福论就是在理念中追求幸福。第二阶段是中世纪时期。由于这个时期是宗教神学占统治地位，因此，把人的幸福问题统统都放到"上帝"那里去解释，因此，幸福只能在"天国"中才存在，尘世里除了苦难没有任何幸福可言。虽然宗教神学粗暴地剥夺了人们追求幸福、享受幸福的权利，然而却促进了幸福的精神性探讨，这是宗教神学家们所未料到的。第三阶段是近代资本主义时期。这个时期的幸福论主要是吸收前两个阶段的思想精髓，在批判宗教神学和唯心主义观的基础上大肆宣扬唯物主义的幸福观。他们指出，幸福不在"天国"而在人间，不在"上帝"而在自己。费尔巴哈说："生命本身就是幸福"。洛克说："一切含灵之物，本性都有追求幸福的倾向"。

当然，古代中国的统治者比西方的统治者要略显高明。他们知道，讨论幸福就可能使幸福去诱惑人，因此，他们根本不容许讨论幸福问题。他们使用一些封建教条把人的思想禁锢起来，不仅要"存天理"还要"灭人欲"。

---

① 达林·麦马翁. 幸福的历史［M］. 施忠连，徐志跃，译. 上海：上海三联书店，2011：5.

使得无数女性用青春的躯体去守着一块亡夫的灵牌了此一生；又使得无数烈妇为了所谓的"贞洁"而殉夫。

中国封建社会对幸福问题采取"禁锢"的做法当然不可取，而西方的幸福论无论在哪个时期，其主要思想也都没有脱离认识的片面性与绝对性：要么是现实的，要么是抽象的；要么是物质的，要么是精神的。然而，幸福不是认识论的，它是本体论的；幸福不是用来讨论的，而是用来体验；幸福不是可以用公式计算的，而是用心去感受的。

教师作为生命态的存在，追求幸福是理所当然。问题在于，教师的幸福是什么？教师的幸福该如何去追求？教师的幸福怎样才能实现？对这些问题的思考是教师发展的基础。离开教师的幸福谈发展是毫无意义的。

3. 教师蝶化发展的价值取向是生命发展

教师专业化既是教育发展的需要，也是理性技术主义在场的体现。将教师的专业发展置于其他一切发展之上，显而易见是将教师锁闭、限制在技术范畴之中。然而，教师不仅仅是专门的教育专业人员，更重要的是，教师是一个受过较多、较高教育的知识分子。知识分子本身的文化身份决定了他们所追求的不只是成为一个专家教师，一个教学上的"熟练技术工人"，而是他们存在的"个人意义"与"他人意义"——我的幸福与学生的生命成长。因此，教师发展就需要一个主体性转换，即从技术性转向生存意义性，从专业发展转向蝶化发展。

教育并不是科学，直接为教学实践服务的教育科学本身是不存在的。教育更多的是艺术。因此，教师教育的目的也不是把教师培养成教育的工具而是要把教师培养成完整发展的人。

黑格尔说过，一个民族有一些关注天空的人，他们才有希望；一个民族只是关心脚下的事情，那是没有未来的。如果我们培养的教师是一些"关注天空的人"，那么，他们一定能够造就出更多仰望星空的人；如果我们的教师教育是着眼于教师发展的完整性，那么他们也一定能够培养出许多完整的人来。民族的未来就是靠许许多多"关注天空的人"去延续、发展。

教师发展本身就是其在职业存在之中所不可或缺的一种历程，而不能把教师发展当作一种方式或把教师发展当作一种获得的成果。因此，我们要做的就是将教师发展从客体性社会需要转向主体性，即把教师发展从社会价值转向个人价值——人的生命意义。

人的生命存在具有两重意义：生存价值与人生价值。前者是指人自身的价值，后者是指个人对他人对社会的价值。相对而言，教师的存在价值包含教师的生存价值和人生价值。教师的生存价值是指教师行为对维持其生命与职业的生存、尊严以及自我实现等的价值。教师的人生价值是指教师对他人对社会的价值，强调的是教师如何使自己的一生有益于他人和社会。教师的生存价值和人生价值是统一的：生存价值是人生价值的基础，人生价值是生存价值的提升。从教师的生存价值和人生价值的统一性角度来理解教师的发展也具有双重意义：教师发展既要实现教师的生存价值，也要实现教师的人生价值。教师发展的生存价值实现的是发展的工具价值，即教师寻求知识更新、提高教育技能以求得职业的延续、职业的尊严和自我实现；教师发展的人生价值实现的是发展的本体价值，即教师把教育活动作为一种境界加以追求，以超越世俗功利、完善个体生命为目的。因此，教师发展既要重视实现教师生存价值的工具价值，又要重视实现教师人生价值的本体价值。

教师教育应该遵循其本来的真实使命，不能背离教师生命的统一性发展，更不可仅关注教师实用生存知识和技能的发展，还需要关注教师精神的丰满，因为精神性恰恰是教师之为教师的根本。教师是一个有限的存在，很容易被自身和外在的欲望所规约，但教师更重要的是他无限的存在——精神生活。可能有许多教师并未意识到这一点，但也有一部分教师是从"洞穴"中看到阳光并努力走出"洞穴"的人。实际上，教师本就是一种生命的整体性存在。不仅是一种客观存在（其自然结构），更是一种主体存在（其精神活动）。主体的存在可以帮助教师摆脱客观存在的束缚，从而超越自身，具有自主性。教师教育的根本是引导教师向善、过一种良善的生活（good life），从而实现教师的精神成长以战胜工具主义教育目的的异化，使教师教育回归到关注教师精神世界的成长上来。"教育非它，乃是心灵转向。"柏拉图如是说。

　　教师蝶化发展的最终目标是促使教师在参与教育生活的方式、图式等方面发生实质性的改变，从而使其获得一种特殊的文化身份以实现精神成长。因为"教师"不仅仅是一个"称谓"、一种"身份"、一种"实存"，更在于其独特的生活方式——独特的文化形态、文化归属、文化活动、文化习性和生活风格。他们在寻求教师群体文化和教育文化认同的同时，也更新与重塑着教师自己的个体文化、教育生活样式。这才是教师独特的发展轨道。教师也只有在富有文化特性的教育生活中才能彰显自身完整、唯美的形象和属性，只有在自身文化身份的确定过程中才能真正实现自己的职业使命。凭借一纸"资格证书"而无文化内涵的"专业人员"身份的教师发展充其量徒具"面具"意义，而对其教育活动效能的增长、活动方式的变革来说无丝毫意义。故此，教师身份的文化归属性才是教师作为一种此在使教师的发展与其文化身份之间具有了同步性。显然，教师的这种发展是专业发展所难以包容的。

二、教师蝶化发展的来源、内涵与意义

（一）教师蝶化发展的来源

　　"蝶化"首先是一个生物学概念，指的是蚕变"蝶"的生物变化过程。在本研究中，将"蝶化"概念引入到教师发展中是做一个隐喻，意指教师发展可以是一个不断变化且最终实现自己理想的过程。蝶化发展既是一种从新的视角去研究教师发展的领域，又是终生教育的基础，更是教师发展的助推器。

　　在以往的教师发展研究中，研究者们虽然认识到教师发展是从新手到专家教师的全过程，但是，在研究中多数学者所重视的是教师发展的某一方面——专业发展，尤其是对教师的专业知识、技能的关注较多，却很少研究发展的其他方面。而对教师发展的终极目标研究是很少涉及的，似乎"专家教师"就意味着发展的终点。本研究提出蝶化发展观是基于教师的发展不仅是一个前进的过程，贯穿于每个教师的整个职业人生历程，而且更是一个不

断变化与完善的过程，是一个追求最终的人生理想的过程。因此，教师的教育生存是一个无止境的完善和学习过程。

蝶化发展观认为：个体发展是整个人生的过程，包括成长、保持和调节。发展是延续一生的，成年不是发展的终结而且不存在发展的优势阶段；发展也是多维度的，包括生理、心理、社会性等；发展是多方向的，成长与衰退都是发展；发展更是可塑的，成长与衰退都能够采取一定的策略加以控制；发展也具有情境性，历史、社会、文化都构成发展的情境因素；当然，发展不是简单地变化而是朝着功能增长的方向螺旋式地运动。因此，蝶化发展观不仅有力修正了传统发展观，而且也为成人学习提供了强有力的科学依据。长期以来，许许多多成年人囿于"成熟就是发展的终点"的影响，总认为自己老了，错过了学习的良机，没有了学习能力，从而失去学习的信心，甚至放弃学习，退出发展的行列。因此，蝶化发展观的重大意义一是要清洗人们这些思维定式，告诫成人终止学习的危害，二是它适应了终生教育理念以及由此可能带来的教育上的一系列根本性变革。当然，人的蝶化发展是内因和外因动态结合的结果，即蝶化发展不仅需要发展的内因——人的发展需求，还需要外因的作用——接受合理科学的教师发展观，坚持终生学习。

从上述观点出发，笔者认为，蝶化发展从概念上解释应该是：人在终生教育引导下，在学习的基础上形成的旨在实现生命历程完美的持续上升运动历程。

教师作为教育者本身就应该是终生教育的实践者。终生教育是"从摇篮到坟墓"的教育，包括儿童期的教育与成人期的教育。教师教育属于终生教育中的成人教育，且教师作为教育者自身也需要不断接受教育。尤其是在现代信息社会的强力冲击下，持续不断的学习是教师立身的基础。

在成人阶段，终生教育的主要形式是成人的学习。成人学习是多方面的，包括在学校的学习和个人的自主学习。"人是未完成之人"，因此，成人学习的目的除了是维持生活的必需外，更重要的是达到成"人"的目的，是生命完美表演的不可或缺的"道具"。

教师的发展是生命尤其是精神的发展。生命是一个单程旅行。我们如何完成这个旅程，不仅是人生的书写，更是生命的体验。教师的生命旅程不单单是职业生涯的开始与结束，而是生命流动中的完美表演。

总而言之，教师应该是自觉的终生教育的实践者，是在不断学习的基础上使自己的生命得以完美表现的"行者"。

（二）教师蝶化发展的内涵

1. 教师蝶化发展的本质

本质的基本释义是本身的形体，本来的形体，意指事物本身所固有的根本的属性。根据亚里士多德的"本质"概念，"本质"的含义存在于如下几个方面。首先，本质是事物特有的属性，它决定着一个事物"你之所以为你"，也就是一个事物成为自己的原因。由于这种属性是事物自身特别"拥有的"，因此本质同时具有"内在"的性质，具有一定的客观性。其次，本质是一个关系概念，是一个事物与其他事物进行比较的结果，一个事物的本质不能脱离与其他事物的比较而存在。再次，本质是决定事物性质的那些属性，那么它必然区别于一般"特征"。由于对属性重要性的理解可能因人而异，因此，本质也必然具有一定的主观性。最后，事物的本质是同事物的定义紧密联系在一起的，如果要给事物下定义，该定义就应将该事物的"本质"包括在内，即是说，只要给出了一个或某类事物的定义，一般也就揭示了该事物的本质。因此，要认识教师蝶化发展的本质就必然要遵循以上关于本质的概念与内涵。

"教师蝶化发展是什么？"这样的追问是一种典型的西方思维方式。因为中国的先贤在说明一个概念时并不对其下定义，而是通过比喻的方式，如老子和庄子在说明"道"这个概念时，运用了大量的寓言和比喻，始终没有一个完整的定义，这样读者如果领悟了其中的一个寓言或比喻就能悟出"道"来，否则很难理解什么是"道"。反之，当西方的先哲要说明一个概念时往往给其下一个明确的定义，说明"某某是什么"。亚里士多德在《工具论》中将存在世界分成第一实体（个别的事物，如个别的人等）和第二实体（一般的事物，如人这个"种"和动物这个"类"等）。根据亚里士多德的看法，在一个由"是"构成的判断句里，第一实体不能被断言于第二实体，而只能是第二实体被断言于第一实体，也就是不能说"人是某人"，而只能说"某人是人"。所以，当主语和宾语、第一实体和第二实体等在一个由"是"构成的判断句里时，前后项都不是相互对等的关系，正是由于"是"（或存在 being）这一语词世界和思维运动导致了哲学认识论、存在论的诸多变化。

根据上面亚里士多德的理论，我们先看看"什么是教师蝶化发展"与"教师蝶化发展是什么"到底是两个什么样的问题。第一个问题中的教师蝶化发展是宾语，也就是将教师蝶化发展当作一个一般性的抽象概念，需要回答的是"哪些个别性的东西属于教师蝶化发展这个范畴"。第二个问题中的教师蝶化发展是主语，需要用更一般的抽象概念来对教师蝶化发展一词进行描述，也就是要对教师蝶化发展下定义，需要回答的是"教师蝶化发展的本质到底是什么"。前者是认识论问题，主要涉及教师蝶化发展的外延；后者是本体论问题，主要涉及教师蝶化发展的内涵。

基于此，笔者所言的"教师蝶化发展"基本上都是属于"教师蝶化发展是什么"这个问题，是试图对教师蝶化发展下一个严格的定义。而"什么是教师蝶化发展"这样一个问题，回答的往往都是属于"个别"的教师蝶化发展。这是一种典型的"中国式思维"，表明的是对教师蝶化发展的理解和领悟，往往不是一种严格的定义。教师蝶化发展的定义需要从它的上位概念——发展去追溯。关于发展的含义本研究在前面已做较为充分的论证，在此不再重复。根据"发展是一个历程"的论断和"蝶化发展是人在终生教育引导下，在学习的基础上形成的旨在实现生命历程完美的持续上升的运动历程"的定义，教师蝶化发展可以表述为：教师以终生教育为引导，在质变学习的基础上形成的旨在实现其生命历程完美的持续上升的运动历程。这个概念的本质属性表现在以下几个方面。

第一，教师蝶化发展是以终生教育为导向的，这是教师发展问题的根本基础；

第二，教师蝶化发展的目的是作为人的主体的生命发展；

第三，教师蝶化发展是教师通过质变学习获得自我概念的更新，从而修正作为师的"模样"——这是教师蝶化发展区别于教师专业发展之所在；

第四，教师蝶化发展的价值取向是帮助教师取得生存价值与人生价值的统一并获得完满、充盈的生命历程；

第五，教师蝶化发展是一个渐进的过程，是为了教师充分、自由地发展——这是教师蝶化发展所追求的根本。

2. 教师蝶化发展的范畴

范畴（希腊文为 κατηγορια）作为一个哲学用语，它既是人的思维对客观事物本质的概括和反映，也指事物的领域、范围。根据亚里士多德的范畴论，关于教师蝶化发展的范畴——什么是教师蝶化发展，我们必然要取关系范畴来认识。

教师的蝶化发展绝不是单一的存在，它是和与其关联的其他事物共生的。凡是有助于教师身心健康、文化修养、职业能力提升、专业成长、精神丰富或者闲暇生活质量提高的发展历程都属于教师蝶化发展之范畴。正因如此，教师蝶化发展才呈现出一幅异常丰富、色彩斑斓的图景（见图1-1）。

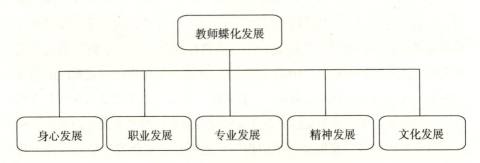

图1-1 教师蝶化发展的范畴

不言而喻，蝶化发展包含了专业发展，其与其他发展共同构成了整体的教师发展，它们都是教师发展不可或缺的组成部分。在终极的意义上，它们是一致的，都是发展。但如果教师蝶化发展不与其他发展区别开来，那么教师教育就永远缺乏有效性！笔者认为，它们最大的区别在于发展的终极目标的差异。蝶化发展的顶点是在文化身份认同基础上的生命的完满与充盈；专业发展的顶点是作为"专业人"的教育知识与技能的高峰状态；身心发展的顶点是人的"自然结构"的完善状态; 职业发展的顶点是作为生存需要的职业生涯的理想状态。精神发展的顶点是个体心灵的自由与快乐; 文化发展的顶点是文化品性的拥有。身心发展、职业发展、专业发展、精神发展、文化发展都是有着各自内涵的单一的发展形式, 只有蝶化发展是包含了身心、职业、专业、精神与文化的生命发展模式。可见, 教师的专业发展不能替代教师的其他发展, 而教师蝶化发展则涵盖了其他发展。

教师的专业发展与教师的其他发展构成了教师发展的全部。没有身体、心理、职业、专业、精神、文化等的发展会造成教师发展的缺失, 而没有蝶化发展会使教师发展不完全。身心发展、职业发展、专业发展是立足当下的发展, 而蝶化发展则是面向未来的发展。当下是重要的, 但未来绝不能被忽视。当下是未来的基础, 未来是当下的延续; 不关注当下一切都是空谈, 没有当下就没有未来! 教师蝶化发展只有在这样的层面得到了理解, 它的理念及其现实化才基本上算是有了进一步展开的基础与平台。

(三) 教师蝶化发展的意义

蚕的"蝶化"包含了身体外观的变化与身体内部结构的变化。同理, 教师的蝶化发展一方面是身体的改变, 另一方面则是灵魂的超越。这两方面的化合形成教师富有生命力的发展模式。

1. 身体意义

身体对于个体的存在具有重要意义。然而, 大多数成年人往往都严重丧失了对自己身体的觉知。这是因为现代人屈从于现代工业主义的目的, 身体由此受到抑制而成为毫无生气的机器。人们很少为自己的身体而感到自豪, 多数是将身体作为一个物体来操纵。人们给予身体的唯一关注就是在问候他人时说一句: 你身体还好吗? 意指你现在身体出毛病没有? 这就意味着许多人放弃了自己身体的主权, 使身体沦为工作的工具。实际上, 身体与自我是不可分割的统一体, 身体是自我的一部分, 自我是身体健康的中心。人生病了不是身体出现了意外, 而是自然在对人进行教育——你必须变成一个完整的自我, 否则你就要生病。教师蝶化发展的身体意义就是要让教师明白身体也是自我发展的一部分，缺乏这部分的发展是不完整的发展。

教师蝶化发展的身体意义主要表现在其体形、体态、体能和感官等生理发展的均衡。体形是指人的身高、体重；体态指人的身体的姿态，包括静态与动态。体能指人在活动时的力量、速度、灵活性与耐力；感官则指人的感觉器官的，包括灵敏度与感受性。一般而言，人的体形、体态、体能和感官等生理特征是与人的先天遗传和后天的饮食、生活习惯等有着较大的关联性。然而，蝶化发展的教师，由于其对生活的理想追求、精神的饱满、内心的真善美以及人格的完善，其生理也会发生较大的改变：匀称的体形、优美的体态、良好的体能和灵敏的感官。

孔子在《礼记·中庸》中说："故大德……必得其寿。"意思是道德崇高者可以长寿。这种德者寿（或仁者寿）的观点最能集中而典型地体现儒家的养生思想。儒家特别注重德性在养生中的作用，主张通过突出个人养德的主动性，来达到道德自我完善的境界，使人得以长寿。儒家有"天佑说""情志说"等解释德者寿的原因。一般认为"情志说"的解释较为科学。现代心身医学理论也证明，由于人是大脑皮层统率的完善生物体，心理因素对人的健康有着极其重要的作用。道德感是人的一种社会性高级情感。自我道德感的满足，可以缓解人的情感矛盾，减少心理冲突，并通过大脑皮层给生理机制带来良性影响，从而有益于人的健康。明代思想家吕坤在《呻吟语》中说："仁者寿，生理完也。"即"仁者"在形、神诸方面都完全具备了有利于生命延续的积极因素。

2. 精神意义

它涉及教师的生存方式、生存结构、生存意义、生存图景。而在目前的教师教育研究中，最薄弱的就是对教师发展的精神意义的探寻。教育的世界是如此的混沌、复杂和充满着矛盾，对于真正热爱教育的教师而言，其内心常常是充满困惑的，如何化解心灵的困境，是他们迫切的现实需求。或许教育的困境是常态，对教育，除了梦想，除了理论，我们还得心存敬畏，要允许和接受自己的不完美。教育问题的解决，绝不仅仅是技术层面的问题。越是望向教育的深处和教育的未来，我们就越是需要内心坚定的支撑。因而作为真正热爱教育并立志有所成就的人，内心是必须有强大的精神支撑的。蝶化发展有助于精神力量的强大。也许，精神并不能解决我们现实中的困境，但那些精神所包含的智慧和思想，足以支撑我们的心灵。教育既面临如此多的矛盾与困难，但同时也包含着许多的希望，因此，教师需要放下自己的痛苦，卸下心灵的浮躁，静下心来修炼，既不随波逐流，也不凌空虚蹈。

教师的职业特点决定了教师的生活是比较狭隘的，这种狭隘在促使教师远离社会的浮躁的同时也远离了丰富的社会生活。而教师的蝶化发展能够帮助教师的心灵世界不再狭隘。教师的职业特点也决定了教师的生活是重复的，这种重复在使教师熟练、成熟，甚至走向成功的同时，也易使教师对教育生活丧失新鲜感，产生惰性，久而久之，职业的倦怠就不可避免地出现了。重复生活是难免的，但又是必须改变的。改变重复生活的重要途径就是精神的丰满，建立起自己的精神家园，最终使自己站起来。

三、教师蝶化发展的体系

教育源于生命发展的需要，因此，生命是教育的原点。人的生命是一个生物生命（身体生命）和超生物生命（精神生命）的双重性存在。人的生命是身体生命和精神生命相互依存并统一的结果。精神生命以身体生命为载体，而身体生命的灵魂离不开精神生命，二者统一于一个完整的生命。教师的蝶化发展是生命的发展，并由此可以划分为两个既区别又统一的发展体系——外在体系与内在体系。如此分类并不是因为身体是外在于人而精神是人内在的东西，其依据主要是：对于一个完整的生命而言，身体是可触摸、可感知的感性存在；精神是不可触摸、不可感知的理性存在。由此身体发展与精神发展的路径就有着较大的区别。

（一）教师蝶化发展的外在体系

教师蝶化发展的外在体系主要包括教师生物生命的发展、职业发展和专业发展。

首先，生存是教师生物生命得以存在的基础。教师作为成人，虽然其身体发育基本成熟，然而其身体的承载力也是有限的。健康的身体是一切发展的前提和基础，教师的发展不能建立在牺牲其身体健康的代价之上，更不可运用一些简单、粗暴、专制的管制方式，如加班加点来消耗教师的生理能量。

某日，岳阳君山区濠河小学教师傅小荣连续上了两节课，在接着批改完了学生的作业后，已感身体不适，但她仍然坚持上第四节课。就在快要下课时，她猝然倒在了讲台上，右手还紧握着一支粉笔，学生们的哭叫声再也没有唤醒她。

宁晋县西城区中学教师曹丽红因积劳成疾，在给学生上课时倒在了讲台上，后经多方抢救无效而死亡，年仅 40 岁。

睢县白庙乡第一中学教师白海亭，由于表现突出，年年被评为先进典型，并被委以重任。他常年以工作为重、视教育事业如生命，工作起来常常忘我，加之过度的劳累，最终于 2009 年 3 月 12 日昏倒在讲台上，经抢救无效死亡，年仅 33 岁。

……

这样的例子不胜枚举。近年来，教师的职业状况是非常令人担忧的。2005 年，中国人民大学公共管理学院组织与人力资源研究所和新浪教育频道共同对近 9000 名教师的调查结果显示：有 34.6% 的教师感到压力非常大；47.6% 的教师感到压力比较大。两者的总和占了被调查人数的 82.2%。这是一个十分巨大的数字。① 而这样的状况呈现越来越严重的趋势。

因此，科学、合理的饮食和作息、劳逸结合的工作和生活对教师身体发展都是非常有益的。近年来在教师群体中普遍出现的"职业倦怠""职业焦虑"等无不是教师身体过度透支的表现。我们敬重教师的奉献精神，但是我们绝不能提倡以牺牲健康身体或生命为代价的做法。事实上，教师的身体和发展二者也并不是对立存在的：身体作为物质性存在是发展得以维系的基础，而发展就在于使教师超越物质性的存在而真正地成为人。因此，教育管

---

① 鲁海燕. 调查结果显示：八成教师感觉工作压力大 [N]. 竞报，2005 - 09 - 09.

理者要切实转变对教师的管理观念和管理态度，对待教师要从对待物的方式转到对待人的方式。教师不是工作的机器，教学的工具，对教师要以对待有思想、有感情的人的方式——不仅关心教师的工作成绩，还要关心他们在学校的生存状态，以多种方式发展教师的身体，使其具备蝶化的生理基础。

其次，职业发展是满足教师生存需要的必要条件。近年来，随着教师绩效工资的实现，许多教师的物质待遇得到一定的保证，然而，在升学竞争愈演愈烈的氛围中，学生的分数、成绩成了衡量教师价值的唯一标准，许多学校还采取所谓"末位淘汰制"，教师的职业保障则处于"摇摇欲坠"之中，使得许多教师不得不采取一些非常的手段以保住自己的饭碗。在许多高校，过高的教学工作量已经压得教师喘不过气来，再加上科研任务、研究生指导、职称升迁等超负荷的职业压力，使得教师们苦不堪言。本来是"太阳底下最光辉的职业"，却成了天底下最辛苦的职业。因此，教师管理部门与教师管理者千万不可以"职业威胁"的方式去激励教师。教师职业生涯的完善发展是教师整个生命发展的一部分，良好的绩效管理、终生学习的倡导才是促进教师职业生涯发展从而促使其蝶化发展的有效机制。

最后，专业发展是教师职业更加专业化的保证。教师职业的专业化是教师由合格到优秀再到卓越，最后获得蝶化发展的有机组成部分。教师专业化是教师蝶化发展的主要组成部分，是教师培养人、发展人的职业能力的专业化过程。教师蝶化的价值是自身价值与他人价值的统一。自身价值是指对教师生命发展的意义；他人价值主要是指对学生生命发展的价值。教师的专业发展不仅可以促使教师自身得到更多成功的体验，也能够促使教师的教学质量得以提升，从而使学生受益。

（二）教师蝶化发展的内在体系

教师蝶化发展的内在体系主要表现为教师的精神成长和文化品性的拥有。

教师专业发展与蝶化发展的关系并不是对立的。我们提倡的是教师在蝶化发展中找到自己的专业使命。然而在现实中，教师是选择专业发展还是蝶化发展成为一种博弈：若选择专业发展能够保住自己的"岗位"或者在业内产生"符号性"影响力，使自身在职业场域内的生存竞争力日益增强。如此，教师就把获取教育知识与技能视为自己谋求职业身份、实现业内生存的凭据和依托，教师的学习也就自然成为教师发展的外在而非教师的教育影响力。选择蝶化发展可能意味着放弃职称、头衔，但是这样的教师才是清楚自己特殊使命的教师。他们非常清楚地知道，教师之为教师的根本就在于为学生构建一种有丰富育人价值的教育生活。而这个构建的前提是教师自我的蝶化发展——视学习为应然。故此，从某种意义上说，单纯的教师专业发展只会"淹没"教师，而全面关注教师的蝶化发展才能"发现"教师。这样的教师教育才能使教师的精神属性、丰富品性和完整形貌得以充分彰显。可见，教师教育的任务不是向教师传授纯粹的教育知识与技能，而是传授使他们能够据以理解自己的地位与使命的文化，并帮助他们内在地参与教育生活；教师教育的方式也不是授予，理应以复杂性、生态学的思想去度量教师的发展，将教师发展视为一个完整、复杂的生态系统进行完善与提升。

黑格尔曾说过"人的本质是精神"。"精神"是对人的主观存在状态的描述与定位，它不仅是人之所以为人从而区别于其他生物的基本属性，也是人的生命发展过程的理想归属。人是一种客观存在，也是一种精神存在。人的精神存在与人的物质存在是相对而言的，表现出的是主观和意识特征，是对生命意义和价值的理解、感受、向往与追求。这不仅是人区别于物的根本标志，也是人不断超越物质世界、超越自身的动力特征。

教师的精神成长是教师"精神"的立足点和最终归宿，是教师的精神进化和满足。哲学家雅斯贝尔斯就宣称"教育过程首先是一个精神成长过程"。教师的精神成长不仅更深刻、更准确地反映了教师发展的意蕴，也体现了以人为本的教师教育理念，而且还是教师教育理念的现代转向。

所谓精神成长，是人在处理自我与他人与人类关系过程中的思想倾向、情感态度和价值意识。心理学理论证明了人的所有行为都是由需要驱动的。美国人本主义心理学家马斯洛指出，人的需要是从低级向高级发展的，其顺次排列为生理需要、安全需要、社交需要、尊重的需要、自我实现需要。物质和精神处于人的需要的两个极端。生理需要主要趋向于物质追求；尊重和自我实现需要趋向于精神追求。但是，人的精神需要是以物质需要的基本满足为条件的。当然，精神需要一旦产生，就可以改组、超越和压倒物质需要。教育的作用就是提升人的需要层次：由物质需要向精神需要发展，使人过上有尊严的生活。一般而言，人与人之间所体现出的差异往往不是表面的物质包装，而是内在的精神内涵的差异。这也是我们能够将身着同样服装、开同样汽车的人区分开来的依据。没有"精神"的身体是没有灵魂的物质空壳。教师，作为知识分子，一个教育者，若缺乏精神的追求，最多是一个教书的"匠人"；一个教师在发展中如果没有精神的成长，至多是一个"专业技术人员"。

教师的精神成长主要包含三个基本层面：一是心理层面，二是道德和意识层面，三是审美意识和信念水平层面。教师的精神成长就体现在这些基本层面不断从低级向高级方向发展。心理层面是教师精神成长的最基本层面。如果教师的精神成长出现问题，最基本的就应该是心理问题，表明教师缺乏控制自己心理的精神能力。道德和意识层面反映的是教师道德生活的和谐及自我意识的平衡程度，也是其精神是否处于良好状态的标志。这是教师精神成长的核心，表明的是教师的精神成长所达到的高度，是教师自我认识的升华和境界。审美意识和信念水平层面表明的是教师在审美意识水平上所达到的水准和他的精神成长所达到的程度，也是教师的个人自由所达到的状态。教师的信念与其理想是相联系的。如果教师的信念不是处于理想状态，那么我们只能说这是教师的一种需求。教师对精神世界的向往和追求是教师发展的最高水准，其本质标志就是教师个人的信念水平的提升。

教师的精神成长不仅是教师发展的需要也是劳动性质的体现：教师所从事的是以心育心、以德育德、以人格育人格的精神劳动。倘若教师本身在精神成长上有缺失，教师就无法对学生充满关怀、爱护的感情，也不能以精神关怀去培养学生的关怀精神。

教师的精神成长是一种终极关怀。终极关怀的基本含义就是强调人应该具有完美的人格、高尚的心灵、高远的理想、坚定的信念和稳定的信仰，从而超越一切世俗功利的束缚，达到真善美的崇高人生境界。所以，教师的精神成长不仅是精神生活的丰满，更是心灵的自由。

教师是知识分子。但是，"知识分子"不等于有"文化品性"。现实中，有知识无文化的知识分子大量存在。此处所指"文化"不包含知识，主要指人所拥有的一些认识世界、理解世界与解释世界的精神素养。素养是什么？美国物理学家劳厄说得非常深刻：素养就是把所学知识忘光后剩下的东西。他的论断包含两层意思：一是素养不等于知识；二是知识内化后才成为素养。教师，一个传递知识与文化的使者，不能够也不应该成为一个无文化的知识分子，而应该是一个拥有文化品性的知识分子。

教师文化品性是他们在所处的文化背景之下，在教育教学的文化框架中形成的某些独特质性，如文化意识、文化反思、文化理想、文化领悟等。

蝶化发展的教师应该是具有一定文化品性的人。他在教育教学中善于运用自己的文化意识与文化领悟去传承和挖掘知识的文化内涵，在与学生和他人的交往中具有文化理想，在参与社会和学校事务中具有文化批判与文化反思精神等。

四、叙事与解构

（一）叙事：一个教师蝶化发展的幸福故事

寻觅心中的辉煌

——A教师的自述

不管现实的处境如何，每个人都会有一种超越现实的理想追求。虽然个体的区别使得人们对这个问题反应的明晰和强烈程度各有不同，但他们都在用各自的方式，寻觅着自己的理想。

大家知道，决定一个人命运的重大问题从某种意义上讲莫过于婚姻和职业了。婚姻问题在此先不谈。对于职业问题，无论你是谁，也无论你正在从事什么职业，都不容回避诸如此类的问题："我干这事儿合适吗？最适合我干的是这事儿吗？"可能你有明确的答案，也可能仅仅只有朦朦胧胧的希冀。

甚至还有人会问："对于这个问题笔者有何高见？"作为一个普通人，本人也有着与同时代人大致相同的思想与行动轨迹。对职业问题的思考与实践，在不自主地"干"与自主地"求"相互交织的过程中才构成了一个现实的我。

一

还不到自主择业的年龄，一场史无前例的狂飙巨浪，把我卷到了一个远离现代文明的偏僻山乡。抬头所见的是与它远古的主人皋陶氏一样面对的峻岭崇山；低头所见的是不得其解的疑惑：父母怎么从老革命一下子变成了"叛徒"和"特务"？烈日下为改造好而拼命地干活，寒夜里常听的是北风呼豺狼嚎。日复一日，年复一年。当时只有一种出自本能的生存欲望，根本就不敢想今后还会有什么与此不同的活儿干。到现在算来已有30多年了，真可谓弹指一挥间啊。那时的许多事情都被时间的尘埃所湮没，但有一件事却使人记忆犹新：那一年为了躲避地震，一连许多天大家都生活在临时搭起的防震棚里，不用多说，生活上存在着诸多不便，加上等了许久地震也没有到来，思想上渐渐有些松懈。比如生产队长就开始偷偷跑回家去睡觉。有人问："是不是上边通知说地震不来啦？"队长这才向大家透露了心中的疑惑："我就不信，地震有果狠（这么厉害）"。他指着四周的大山说："果（这么）大的山谁能拱得动？"广大贫下中农茅塞顿开，极力称赞队长英明，"是呀，我们这里的山大，地震哪能拱得动啊！"众人如梦初醒般地一溜烟都跑回了各自的家中。此时的我尽管觉得可笑，但处于接受再教育的身份连跟着附和的份儿都轮不上，更不用说发表自己的见解了，应该做的就是跟着"教育者"一道卷起铺盖离开防震棚！尽管此时所接受的"教育"和所做的行为是以生命来冒险，但所幸的是苍天有眼，地震果然没有发生。就这样，我在实践中受到了一次毕生难忘的"再教育"，并第一次与广大的贫下中农做到了彻底的一致。其实，我从下乡的时候起，就与他们一致了，因为此时的我与他们都在从事着一样的职业，都是一样的面朝黄土背朝天的农民。

命运好像总在捉弄人。我最不愿意干的职业，除了农民就数教书匠了。原本我并没有当教师的思想准备，恢复高考那年我报考的是湖北艺术学院的作曲专业，因为在乡间我除了学哲学外，还花费了多年时间摆弄各种乐器，刻苦自学了较为系统的作曲理论，写出过上百首音乐作品。复试结束之后，主考老师高兴地拍着我的肩头说："小伙子不错，现在唯一要干的就是回去等录取通知了！"那句话一晃已有30多个年头了，仍时时在我心头萦绕，可不知何故直到今天都未能见到那张应该属于我的录取通知书。当然，除了我及家人之外，谁都不会可惜世界上因此而少了一个或许是非常卓越的职业作曲家！不过我当时也并没有傻傻地等待，紧接着就开始去追索成为一个哲学家的理想，报考了北京大学哲学系。结果又一次使我失望，北大与我无缘。而另一所据说是只招"二流货"的师范收留了我。虽然所学的政治专业与想学的哲学并不遥远，但从那个"教师的模子"里打磨了一番之后，我就不折不扣地变成了一个"教书匠"。

当行政干部本应是与我所学专业较为对口的职业，党对干部的要求也有"专业化"的字样，但不知怎么搞的，当我离开教书的职业并在行政机关干了几年后，又碰到了一股我们身在官场的小字辈无法避开的"下基层锻炼"的风潮。美其名曰培养，但给人的感觉却与二十年前的"上山下乡"异曲同工（不排除其他人真正地受到了栽培）。我又一次被"幸运"地、自主性被剥夺得一丝不挂地被派到了一个山上连树都长不大的山乡当上了一名副乡长。下乡、进城、再下乡的经历，使我的人生滑稽地画上了一个封闭的圆圈。这一次命运的"否定之否定"，虽然在体力上并不辛苦，但精神上的痛苦和郁闷却使人难以忍受。某些山乡的境况并不像当时一些宣传品上所说的"富得流油"。贫穷、落后和愚昧与从前并无二致，所不同的只是山更秃、树更少。凭着做人的良心，在自己的岗位上该做的工作我都尽心尽力地去做了，但结果是什么呢？结果就像一首歌里所唱的那样——"什么都没改变！"可以说，党政干部的队伍是我们时代和民族的智力水平最高的群体之一，虽其中屡有败类，但也不能否认仍有勤劳肯干之人在努力（起码笔者是如此）。可是为什么贫困地区的面貌仍然是一如既往的贫困？难道天生我才也必然要在这愚昧、落后的氛围中了此残生？

内心深处自主的择业意识，在这样的背景下不禁悄然地萌动了！

二

其实，在儿童时代玩打仗的游戏之中，一种自然的职业意识在心中已为自己做出了定位——当一名英勇善战的将军。这是我最早的向往，也是埋在心底的一种最持久的愿望。由于种种原因使得我至今未能走进军营，更难说去圆那遥远的将军梦了。也许是儿时"将军情结"的持续吧，当我研究政治并开始构建自己的政治学体系的时候，军事和战争问题始终是我关注的一个重要方面。偶然的机会我把研究的心得与现实问题相联系写出了几篇战略方面的文章，曾经拿出去的一篇还得了省级的大奖。都快40岁的人了，说来可笑，有时竟像小孩一样做着白日梦，常常想着自己像美国的约翰·科林斯那样，成为中国的军外战略家！

在乡下，当择业意识重新萌动的时候，我就把精力集中到了法学领域。于是乎，理论与实践齐头并进，到1986年司法部举行全国律师资格统一考试时，我以平均80分的好成绩顺利过关。尽管做律师的路并不平坦，但我总算以亲身的体验，理解了其中的甜酸苦辣。90年代初，我还与几位律师同行一起成立了鄂东第一家合伙制的律师事务所。在从事律师工作的活动中，我曾对此职业倾注了极大的热情，写出了多篇论文试图对相关问题进行探讨。其中《从一起"丢包悬赏案"说开去》《刑事辩护是律师实务的逻辑起点》和《关于律师职业及其从业方式的法哲学思考》等都起到了一定的积极作用，记录着当时的努力。

不安于现状、积极进取，可以说是我青年时代的显著特征。尽管失败常常伴随左右，但我行我素、义无反顾。现今挺时髦的"下海"，我在1987年就尝试过。从乡间走出后到广东"淘金"，干了不久就被一家澳大利亚热带作物公司派去北京任业务代表，可是工作刚走入正轨，不料未能完全"脱钩"的组织在书记的指示下将我急令召回。此后，我又去中国公共关系协会干过一段"部长助理"，在湖北省中英健身茶实业公司当过副总经理等等。包括在律师事务所干合伙人的经历在内，"下海"由于多方面因素的制约，对我来说都不算成功。正如为了去深造时一位曾是朋友的人所评论的，那是"华而不实"。的确，这是一句很贴切的评价，在我的参与下，以上那些单位和事业很多都是从无到有，在我的精心培植下开出了鲜艳的花朵，而在收获果实的时候，我却把它送给了别人，并还时时真诚地在为别人祝福！

此时的我并没有停下匆匆赶路的脚步。就在经商浪潮澎湃之时，在家人的支持和家父"丢掉幻想、打破坛坛罐罐"的教诲下，我冲破了重重阻力，否定了过去的一切，又回到了久违的校园。在一所名牌大学的哲学研究所开始了新的跋涉，重温了一场做一名职业哲学家的酣然美梦。

研究生毕业后，通过再三权衡，终于重操旧业——自觉地干起了教书这一行。

三

记得美国前总统理查德·尼克松在其名著《领导者》一书中，论述一个人成为伟人的条件时，列举了必须具备的三个条件：一是身处伟大的国家；二是具备伟人的素质；三是适逢伟大的事件。这几点只要换一种表述方式，对于我们选择职业并指望在某种职业中创造辉煌业绩的人就同样适用：第一条无非是一种先天的因素，你出生在一个什么样的家庭以及有何种社会背景作为支撑事业的后盾。第二条应该是你（在职业规划中）有意识地把自己培养成一个什么样的人，以及为投身某种职业而准备的充分程度和所居的层次。第三条说到底也就是人们通常所说的机遇问题。这三个方面作为一种择业时的参考，也可以看作一种自主择业的理性标准。尽管它只是几个远未量化的范畴，但正是由于其中包含着许许多多不确定的东西，才给人留下了考验自身判断能力高下优劣的自由空间。对自身条件和适当机遇的最准确的把握，才可能导致你最大的胜利与成功。

当然，一个人的条件在一生中不可能都是恒定不变的，除第一个方面的因素变动相对很小以外，第二个方面的因素则完全可以通过自身的奋斗、通过提高认识和把握社会的能力来改变。而机遇这个问题、实际上是最公平的。谁在一生中都会碰到它不止一次的降临，只不过就看你认识和把握它的能力如何了！从我自身的经历来看，刚步入社会时与现今比较，无论是客观条件还是主观心态，都存在明显的差异，不管是叫进步还是叫退化、不管是叫成功还是叫失败，反正是有较大的变化。尽管从教书这个职业出发，绕了一个大大的圈子之后又重新回到了教书的位置上，像是回到了原地一样，但用教科书常用的语言解释，这就不是一次简单的回复，而是人的生命进入到了一个新的层次与高度。完全可以说，我较为多彩的经历已经物化成了我自己本身，这些经验都成了自身不可缺少的组成部分。一个人难免会遇到那种不想干而又必须去干的事情，不管你当时是如何对待，但只要你经历过，它都可能成为你的财富。"读万卷书、行万里路"就是丰富自身阅历、提高自身素质的重要手段，因为较高的素质和丰富的阅历与一个人把握机遇的能力是紧密相关的。即使一个人先天的社会条件不算优越，但只要不断努力地丰富和提高自己，那么成功就不仅仅是一种抽象的奢望。一句话，阅历愈丰、知识愈多、素质愈高、能力愈强，成功的可能性就愈大。历史上，现实中出身低微的人在事业上获得极大成功的例子不是俯拾即是吗？

我还远远没有成功，但自信已经具备了一定成功的条件。我仍在继续努力、努力使自己不辜负心中的希望！

（二）解构：蝶化发展——精神幸福的源泉

叙事研究是一种质性研究。叙事是为了研究，研究是为了剖析所叙事件的质，解释故事现象背后的真实。叙事研究有不同的方法：既可以由研究者对叙事者进行生活故事的"叙事研究"，也可以由研究者对叙事者所撰写的各种文本的"叙事"进行研究。本研究采取后一种方法：由教师提供他们自己撰写的人生经历与教育生活事件，笔者进行深入的解构以找到他们生活背后的生命印迹，从而佐证笔者的假设与观点。

A教师的叙事使人们看到一个从教师到行政官员到商人到律师到硕士研究生再到教师的鲜活人生。A教师丰富的人生经验和独特的生活故事更使我们能够强烈地感受到一个教师在自己的人生进程中，不断地追求，孜孜不倦地"寻觅"，寻觅着他心中的那份"辉煌"——精神的幸福。

大哲学家罗素说过："选择职业是人生的大事，因为职业决定了一个人的未来……选择职业，就是在选择将来的自己。"我们正在从事的教师职业，也许是我们自己主动的选择，但也可能是被迫的无奈的选择，问题在于我们如何走好自己的职业生涯之路。D 教师的经历证明了这一点。

然而，自己最不喜欢的就是当老师（源于何故，至今自己也无法求解）。命运总是与人开玩笑。当我以优异的成绩并成为学校当年唯一的一个考上大学的学生后，我却高兴不起来，因为我被师范录取——而且还是学前教育！我拿到录取通知书，整个人都傻了！尤其是当我到学校去报到以后，第二天，就下定决心要退学回家，第二年再考。可是，我的父母、哥哥姐姐、亲朋好友不允许我这样做。因为，那时候，家里有小孩考上了大学无异于古时中了状元。他们怎么会允许我放弃呢?! 没有办法，我只好又回到学校，乖乖地读这个我极不喜欢的师范。

......

又一个四年过去了，我站上了三尺讲台。由于所教的学科并不是在大学里所学的，而且是原本没有接触过的，更麻烦的是，系里没有一个老师教过这门课，也就没有派资深教师来"传帮带"——连想做"助教"的机会都没有。由此我不得不下很大的功夫去学习和钻研。可能是本性使然吧，虽然不喜欢做老师，也没有学过所教专业，可还是很努力地把讲台稳稳地站住了——得到同事与学生的认可。……这近 20 年的时间，从发展的角度看，实实在在是得到了专业上的长足进步：从新教师到熟手教师；从学科门外汉到行家里手；从助教到副教授。也许，如果不是后来攻读硕士学位，我的人生境界也就定格于此——一个倍儿棒的"教书匠"。

我们可以把握住现在所从事的教师职业，不断向上，达到职业发展的顶峰，当然，我们也可以不断变换工作岗位，在职业岗位的变换中丰富自己、发展自己、展示自己。也就是说，我们可以选择不同的职业生涯轨迹。然而，职业的选择是个人的生存选择，也是对幸福的选择。A 教师丰富的经历似乎在诠释着幸福是什么、幸福的公式是什么。A 教师的人生选择形成了一个封闭的圆圈，而这个圆圈的中心是教育：教师是他人生的一个"职业锚"；教育研究与实践是他人生价值的终极释放。而这在 A 教师看来"就不是一次简单的回复，而是人的生命进入到了一个新的层次与高度"。

那一年为了躲避地震，一连许多天大家都生活在临时搭起的防震棚里，不用多说，生活上存在着诸多不便，加上等了许久地震也没有到来，思想上渐渐有些松懈。比如生产队长就开始偷偷跑回家去睡觉。有人问："是不是上边通知说地震不来啦？"队长这才向大家透露了心中的疑惑："我就不信，地震有果狠（这么厉害）"。他指着四周的大山说："果（这么）大的山谁能拱得动？"广大贫下中农茅塞顿开，极力称赞队长英明，"是呀，我们这里的山大，地震哪能拱得动啊！"众人如梦初醒般地一溜烟都跑回了各自的家中。此时的我尽管觉得可笑，但处于接受再教育的身份连跟着附和的份儿都轮不上，更不用说发表自己的见解了，应该做的就是跟着"教育者"一道卷起铺盖离开防震棚！尽管此时所接受的"教育"和所做的行为是以生命来冒险，但所幸的是苍天有眼，地震果然没有发生。就这样，我在实践中受到了一次毕生难忘的"再教育"。

A 教师的这次人生经历让他明白了没有知识的人生是一种多么可怕的愚昧。由此，当高考恢复，A 教师选择了参加高考去读书。那时，A 教师最初的职业理想是做一名作曲家。

恢复高考那年我报考的是湖北艺术学院的作曲专业，因为在乡间我除了学哲学外，还花费了多年时间摆弄各种乐器，刻苦自学了较为系统的作曲理论，写出过上百首音乐作品。复试结束之后，主考老师高兴地拍着我的肩头说："小伙子不错，现在唯一要干的就是回去等录取通知了！"那句话一晃已有 30 多个年头了，仍时时在我心头萦绕，可不知何故直到今天都未能见到那张应该属于我的录取通知书。

当 A 教师成为一名作曲家的梦想被某个不负责任的人所粉碎之后，他并未就此放弃。他开始追求另一个梦想——成为一名职业哲学家。结果也未能如愿。不得已他只好选择了"师范"。这样的选择是他最不愿意的，因为对他而言"命运好像总在捉弄人。我最不愿意干的职业，除了农民就数教书匠了"。这是 A 教师第一次的人生职业。而后，可能是不喜欢教师这个职业的缘故，他选择了跳槽，去做了一名行政干部。从此，A 教师不断地变换职业：行政干部、商人、律师、学生。当 A 教师经历了许多的职业选择之后，又回到了教师这个职业。然而，这一次的选择却是自觉的。

此时的我并没有停下匆匆赶路的脚步。就在经商浪潮澎湃之时，在家人的支持和家父"丢掉幻想、打破坛坛罐罐"的教诲下，我冲破了重重阻力，否定了过去的一切，又回到了久违的校园。在一所名牌大学的哲学研究所开始了新的跋涉，重温了一场做一名职业哲学家的酣然美梦。

研究生毕业后，通过再三权衡，终于重操旧业——自觉地干起了教书这一行。

每个人都有自身成长发展的轨迹，有自己的典型特征。因为典型特征与可复制性是二律背反的，是悖论。典型特征不可复制，可复制的就不是典型特征。况且发展只有外在可复制性而没有内在可复制性。因此，一个人的发展的典型特征不能复制但可以学习。A 教师的发展历程是比较典型的，然而他的体验却非常明确地给了我们一个答案：人生最高的目的是幸福，而幸福的源泉正是不断地有所追求。正如费尔巴哈在《幸福论》中所指出的那样："一切有生命和爱的动物，一切生存着和希望生存的生物之最根本的和最原始的活动就是对幸福的追求。""生活和幸福原来就是一个东西。一切的追求，至少一切健全的追求都是对于幸福的追求。"[①] 教师教育的根本和终极追求也在于教师的幸福——精神的幸福。精神幸福似乎是抽象、空洞的概念，然而它本身却具有丰富的内涵与要素，涵盖了教师生命、品格、思维、智能等诸方面。幸福也不是漂亮的果实，而是持续追求的永恒的意义。赵汀阳在

---

① 费尔巴哈. 费尔巴哈哲学史著作选：第三卷 [M]. 涂纪亮，译. 北京：商务印书馆，1984：543.

其著作《论可能生活———一种关于幸福和公正的理论》中说："幸福是拥有健全生活的经验，是全部生活行为所追求的持续性状态而不是一个漂亮的大结局，幸福必须是能够留下永恒意义的事情。"① 从这个意义上讲，与生理的幸福感相比，精神的幸福是没有边界的。有着强烈精神幸福感的人往往是有着丰富的精神追求的人。我们看看 A 教师的人生轨迹就会发现，人的幸福不在于物质的多寡，而在于始终有着自己的精神追求。有着精神追求的人，其内心充满了愉悦与快乐。精神幸福感作为超越物质世界的体验，能够帮助我们摆脱束缚，创造属于自己的自由生活；同时也能够使我们对美好有着更多的追求，促使我们更加真实地进行自我认知与自我批判。

"教师"这个伴随着人类社会始终且永远也不会消亡的职业需要讨论这个颇有意义的话题："幸福指数"。从某种意义上说，观照教师的职业幸福感，就是观照我们人类自身的文明。因为一方面，教师职业幸福感是教师职业生活的重要内容，也是衡量其工作生活质量的重要指标。另一方面，从事教书育人的工作，需要激情、关爱与生命体验。假如"身在其中"的教师没有身心俱佳的职业幸福感，势必会殃及受教育者——学生的健康发展，从而间接地影响到中国社会未来的和谐发展。所以，关注和了解教师的职业幸福感，不仅有利于教师自身的发展和生命质量的提高、学生的健康成长与发展，而且有利于整个教育质量的提高及和谐社会目标的最终实现。

"得天下英才而教育之"和"太阳底下最光辉的职业"映射出的是教师这一职业应该是令人快乐和幸福的。然而，无论是教学成绩平平的普通教师还是获得过各种荣誉称号的、教学业绩突出的优秀教师，都或多或少地缺乏甚至根本没有这种职业幸福感。例如，北京一所重点中学的一位全国特级教师在从教的近 20 年里，兢兢业业，取得了众人瞩目的教学成果，其教学业绩深为其他教师羡慕。但是，当有人对这位教师进行访谈时说："您找到一份自己喜欢的工作，又取得这么好的成绩，真是很幸福！"她却在沉默了一会儿后说："其实这个工作我不太喜欢，没什么幸福的。"那么是谁弄丢了教

---

① 赵汀阳. 论可能生活——一种关于幸福和公正的理论 [M]. 北京：中国人民大学出版社，2004：23.

师的职业幸福感？这是一个看似简单却包含着对教师人生关怀的问题。

从我自身的经历来看，刚步入社会时与现今比较，无论是客观条件还是主观心态，都存在明显的差异，不管是叫进步还是叫退化、不管是叫成功还是叫失败，反正是有较大的变化。尽管从教书这个职业出发，绕了一个大大的圈子之后又重新回到了教书的位置上，像是回到了原地一样，但用教科书常用的语言解释，这就不是一次简单的回复，而是人的生命进入到了一个新的层次与高度。完全可以说，我较为多彩的经历已经物化成了我自己本身，这些经验都成了自身不可缺少的组成部分。一个人难免会遇到那种不想干而又必须去干的事情，不管你当时是如何对待，但只要你经历过，它都可能成为你的财富。"读万卷书、行万里路"就是丰富自身阅历、提高自身素质的重要手段，因为较高的素质和丰富的阅历与一个人把握机遇的能力是紧密相关的。即使一个人先天的社会条件不算优越，但只要不断努力地丰富和提高自己，那么成功就不仅仅是一种抽象的奢望。一句话，阅历愈丰、知识愈多、素质愈高、能力愈强，成功的可能性就愈大。

A 教师的自白无疑在告诉我们：一个人无论做什么，人生的经历本身就是一笔财富——精神的享受。要拥有这笔财富，学习是第一要义——在学习中选择最适合自己的职业，在学习中唤醒自我意识，在学习中从"自在"走向"自为"。

第二章　教师蝶化发展研究的理论基础

任何研究都有自身的理论基础，以便支撑整个的研究大厦。哲学是所有科学的理论基础，没有哲学根基的科学研究是缺乏严谨性的。教育与人有关，因此心理学自然是教育研究的理论基础。而后殖民理论则是本研究所选取的一个对问题的认识视角，也就进入了本研究的理论基础序列。

一、哲学基础

（一）伽达默尔的哲学解释学

解释学，又称诠释学（hermeneutik），最初是一个解释和理解文本的技术与理论，是一门关于理解和解释的学科，由 19 世纪德国哲学家 F. E. D. 施莱尔马赫和 W. 狄尔泰在前人研究的基础上开创。它的创立对哲学、历史学、文学、美学、语言学甚至自然科学都产生了革命性影响，尤其是对人文和社会科学中的一些基本命题所带来的冲击更是意义深远。被看作西方传统解释学集大成者的狄尔泰，在仿效康德的"纯粹理性批判"的基础上提出了"历史理性批判"的解释学。他的解释学主要关心的是处于具体历史情境中的解释学如何能客观地理解其他历史性的表现。在他看来，文化现象中的"理解"是一个生命（作品解释者）"进入"另一个生命（作品创作者）的过程。也就是说，一切社会文化现象都是以符号形式固化了的生命表现。理解这些社会文化现象就相当于去把握符号创造者的主观精神世界。在西方，狄尔泰以前的各种解释学研究往往统称为古典解释学，基本上属于方法论。当德国哲学家 M. 海德格尔把传统解释学从方法论和认识论性质的研究转变为本体论性质的研究时，解释学便转变为一种哲学，开创了现代解释学。海德格尔的解释学主要是通过对"此在"的分析达到对一般"存在"的理解，并认为理解是一种本体论的活动。在他的"解释学循环"这一著名理论中，他认为解释者对被解释对象的"认识预期"本身就是一个待解释的部分。理解活动的完成必须依赖理解的"前结构"——某些在理解之前就已存在的决定理解的因素群。这一基本"循环性"就始终存在于"前结构"和解释者的"情境"之间。当然这肯定不是一个解释的"恶性循环"，而是"此在"操纵认识活动的基本条件。

从严格意义上讲，当代哲学解释学是由德国著名哲学家伽达默尔在其导师海德格尔的生存论哲学基础上，运用胡塞尔的现象学方法，以其代表作《真理与方法》为标志而创立的。正如海德格尔所说："'解释哲学'（hermeneutische philosophie）——那是伽达默尔的事"。① 伽达默尔关于解释学的基本看法是：人文学科不可避免地具有文化差距性和历史相对性。人是局限于传统之中的存在，其认识会不可避免地带有"偏见"。人类历史是由各种传统力量积累而成，他将之称为"效果史"。"效果史"中的过去与现在是相互作用的，当前的认识必然受制于传统因素。因此，真实的理解不过是不同主体间在"视界"上相互"融合"的结果。

伽达默尔的基本思想主要体现在其最重要的著作《真理与方法》中。这是一部西方当代哲学解释学的经典，内容极为丰富。贯穿全书的基本精神主要是通过一系列概念史的分析展现出来的。他认为，整体和部分存在着内在的统一，人们必须在文本的总体精神框架下去理解细节。当然，人们也需要通过细节去把握其背后的总体精神框架。借用胡塞尔的话来讲，这里的每一细节都是其总体精神的"侧显"。

哲学解释学在西方如今已成为一门显学，尽管它晚至20世纪80年代以后才被引入中国，但以旺盛的生命力在较短的时间里得到长足的发展。许多国内学者认为，这门关于理解和解释的学科与我国有着深厚基础的传统的经典诠释学有异曲同工之妙。因此，希望借助西方解释学的方法来展开对中国

---

① O. Poggeler. Heidegger und die hermenutische Philosophie [M]. Freiburg/Munchen, 1983: 395.

思想史的新研究。然而学者们可能忘记了这样一个问题：西方的解释学概念与中国经典诠释学中的解释概念是否一致？显然，当解释学发展到海德格尔和伽达默尔时期，西方的解释学已从如何理解和解释的方法论的技艺转向为哲学的本体论，"正如哈贝马斯所称，乃是一种'批判的反思知识'"。①

叙事研究是一种解释，解释的过程具有丰富的主观性。不同的读者从故事中所读出的意义是有较大差异的。任何理解都有历史社会性，能否与故事达成"视界融合"是意义生成的关键。任何叙事都是作者与读者的对话，而作者和读者都以自己的一定生存方式处于一定的社会历史中。对叙事的真正理解不是要去除社会历史性，而是正确地评论和适应社会历史性。任何理解都不是一个对社会历史的复制，而是理解者的参与，正是这种参与才构成了叙事研究的基础和前提。因此，理解本研究中所出现的叙事必须以一种走进叙事者生命历程的姿态去努力理解叙事者的"内在话语"②，在与叙事者的对话过程中去诠释他们生活的意义，在叙事语言的分析、解构中生成意义的溪流。

伽达默尔指出："这种普遍性由'内在言说'（inneren Sprache）所构成，因为一个人不能说出一切，一个人不能表达他心中所想的一切，即内在逻各斯。"③ 因此，如何才能理解一个教师关于他自身成长故事背后所蕴藏的真实存在，这就需要运用哲学解释学的思想与原理去追溯潜藏在故事背后的"内在话语"——教师在言说中努力要表达出来的那种话语，才能理解它。

（二）弗莱雷的"解放教育"哲学思想

保罗·弗莱雷（Paulo Freire）是巴西著名的激进主义成人教育哲学家，同时还是一位倡议教育革命的理论家和实践家。他的教育革命的哲学思想深刻地着色于他的"解放教育"的思想中。1970 年，他完成了标志着其哲学思想重大转折的《被压迫者教育学》一书。这本书使他从一个社会民主的辩

---

① 让·格朗丹. 哲学解释学导论 [M]. 何卫平，译. 北京：商务印书馆，2009：3.
② "内在话语"是伽达默尔关于解释学的普遍要求的一个术语，指在言说中所努力要表达的话语。
③ 让·格朗丹. 哲学解释学导论 [M]. 何卫平，译. 北京：商务印书馆，2009：5.

士变成了被压迫世界中马克思主义－社会主义的忠实卫士。弗莱雷认为，真正的教育实际就是一种政治活动，不可能存在中性教育。教育的目的要么是驯服人要么是解放人，两者必居其一。他主张教育应该是解放人而不是压迫人。他的解放教育理论包含了如下几方面。

1. 解放教育的目的是唤醒人的批判性意识

解放教育是弗莱雷基于自己的"教育即政治"观点提出的思想。弗莱雷认为，人们对现实的理解有三种不同的水平：神秘意识、幼稚意识和批判意识。处于神秘意识的人的认知范围非常有限，他们一般无法理解超出自己认知范围的存在。他们不仅缺乏对现实的洞察力，而且在逻辑思维、理性、创造力、主体性等方面都很贫乏。处于幼稚意识水平的人虽然能够对环境做出一定的反应，但是他们仍然是靠感性而不是理性去行动。他们有了对话的愿望但很脆弱，容易被扭曲，尤其是容易被宗派主义所利用而陷入盲目的狂热中。处于批判意识的人不仅对所认识的问题有深入的解释，而且能够用一种开放的心态去修正或重建问题。他们会在积极主动的对话中寻求解决问题的方法，并在责任感的驱使下成为现实世界的真正改造者。

在弗莱雷的观点中，批判意识显然是不同于另外两种意识水平。要完成幼稚意识向批判意识的转变，解放教育是唯一的途径。只有解放教育才能使人反思，才能帮助人们理解意识与现实世界之间的动态关系，才能使人的行为充满理性。

2. 解放教育是鼓起人们的希望

哪里有压迫，哪里就有反抗，反抗就会带来希望。因此，弗莱雷认为希望是人的本体需求——是生命的呈现，是本体性的存在。解放教育的任务就是把希望拉回到本体之中，成为人类生存境况中不可或缺的东西。

3. 解放教育是人性的自由

在弗莱雷看来，解放教育的最高使命就是人性的自由。自由是人的本性，是追求人性完美的不可或缺的条件。然而，传统的教育常常是以独裁与压迫的形式排斥着自由。失去自由的人们在规训之下过着"被规定"的生活。解放教育就是要打破阻碍人们思考与行动的枷锁，帮助人们成为他想要成为或者应该成为的人。

4. 解放教育是对话的构建

在弗莱雷看来，解放教育的途径是对话方法的构建。通过对话，在爱、谦虚、希望与信任的基础上激发人的批判思维，使人的批判意识觉醒，从而争取应有的权力与能力去改造现实。

弗莱雷的解放教育理论有助于思考这样四个问题：教师教育的任务是显性的专业技能发展还是内在的质变？教师教育是"重复昨天的故事"还是达到幸福生活的彼岸？教师教育的目的是帮助他们成为权力阶层所规定的人还是成为自己应该或者想要成为的人？教师教育的方法是灌输还是对话？

（三）林德曼的"成人教育的意义"的哲学思想

林德曼（E. C. Lindeman）是美国进步主义成人教育哲学家，他于 1926 年出版的《成人教育的意义》使他的进步主义思想在成人教育领域得到了充分的展现。林德曼认为，教育的最高目标是发展社会理解力，即富有实践意义地来看待我们所生存的世界。林德曼在其《成人教育的意义》中深刻地分析"成人教育的意义"所在。

他认为，成人教育的本质是终生的、生活化的、非职业性的、以学习者的经验为基础的、与人类生命相联系的周期性出现的过程。

第一，成人教育是终生的（lifelong）。在林德曼看来，生活本身就是一种学习。因为"生活即学习"，所以教育是无止境的、终生的。教育内容应对未来做准备，因此成人教育不应该只重视死板的知识而在于发现经验的意义。

第二，成人教育是非职业性的（non-vocational）。他认为成人教育是开始于职业教育结束时，是为了增加成人丰富日常活动的机会。他强调成人不能被专业分工所制约而应该在生活中发现有意义的、创造性的实践以发展健全的人格。因此，他非常注重闲暇教育的重要性，提出生活艺术化的意义并肯定精神生活重于物质生活。成人教育就是要带领成人由物质生活的满足走向精神生活的心灵满足的境界。

第三，成人教育是基于需要与兴趣的。他提出成人教育应以人及其需求为核心。教育应该产生于成人发现他们必须适应新情境做自我调整之时。这种对教育的要求是根源于成人试图在更为广泛的社会或家庭中将各种变化的情境加以联结以建立意义。

第四，经验是成人教育中具有最高价值的资源。他认为成人教育最有价值的资源是学习者的经验（learner's experience）。经验是成人学习的"活教科书"（living textbook）。成人是通过情境而学习的，因此成人过去所积累的经验是教育的重要的事实素材。而成人由经验所达成的自我实现是与他们参与社会变革的需求相关联的。

总之，林德曼成人教育的哲学思想是既要强调提高成人的文化水平，促进自身完善，又要重视成人教育改造社会的作用。

教师教育是成人教育。教师教育的本质不是促进其职业能力的发展而是促进其主体意识的复苏与生命意义的发现。教师教育的根本不在于形成教师的职业技能而在于帮助教师实现自身的完善，进而使其以美好的心灵去促进学生的发展。

二、心理学基础

（一）费斯廷格的认知失调理论

认知失调是指一个人的行为与自己先前一贯的对自我的认知（而且通常是正面的、积极的自我）产生分歧，从一个认知推断出另一个对立的认知时而产生的不舒适、不愉快的情绪。

费斯廷格（L. Festinger）在 1957 年出版了《认知不协调理论》一书。在书中，他详细论证了他的基本观点。该理论认为，构成人们认知的要素是认知主体和认知对象的知识（信息）。认知要素之间存在三种关系：相互协调、相互无关系、相互不协调。认知失调通常在四种情况下出现：①逻辑的违背。例如，水在 0℃ 结冰与冰到 30℃ 仍不融化，这两个观念是失调的。②文化价值的冲突。一种行为在一种文化中被接受，在另一种文化中被摒弃的例子很多。例如，美国的父母在孩子 18 岁以后，任由其独立，不再给予例行经济支持，这被认为是正常的；同样的行为，在中国可能会被批评为父母不负责任。③观念层次的冲突。对同一事物，从不同观念层次评价，会得出矛盾的结论，也会引起失调。例如，一个中国家庭的人，遇到家人与他人打架，而正义在人家那边，其行动决策就会面临失调。从隶属关系上，他应当帮助自家人；但从更高的主持正义的角度讲，他又不应当帮助非正义者。④新旧经验的矛盾。当新的行为与旧有经验不一致时，对行为的认知也会出现失调。例如，一个人过去反对抽烟，现在与朋友聚会又不反对抽烟，甚至同朋友一起抽烟，就会产生失调。一个人认知失调的程度，取决于两个方面：第一，失调的程度与某一认知元素对个人生活的重要性成正比。涉及的认知因素越不重要，失调的程度越低；涉及的认知因素越重要，失调程度就越高。例如，丢掉一元钱与丢掉自己满意的工作造成的失调程度是不同的。第二，失调的程度取决于个人所具有的失调认知的数目与协调认知数目的相对比例。通常，认知主体的失调作为一种机体紧张状态一经产生，人的避免焦虑、肯定自我的倾向就会推动人减少或避免失调。减少或消除失调的途径主要有：①改变行为，使个体对行为的认知符合态度的认知。例如，天天吸烟的人相信"吸烟有害"从而彻底戒烟。②改变态度，使个体的态度符合其行为。例如，如果有学生认为"我比谁都聪明"，但考试却常常不及格，这时就需要改变自我评价，认为"我学习确实比较吃力"，才能达成协调。③引进新的认知因素，消除原有认知因素间的失调关系。例如抽烟，在既不怀疑"吸烟有害"的论断，又不戒烟或减少吸烟量的情况下，通过补充新的认知因素，同样可以消除二者的失调关系。如提出"吸烟可以提神、增加工作效率"的新认知，使吸烟成为虽然有代价但仍是值得的行为。如果引进一个新的认知因素不充分，可以同时引进多个新认知因素。例如在吸烟有价值的认知上，再加上"生命的价值不是以生命长短，而是以创造来衡量的"，"与其说不吸烟不能工作而长寿，不如以吸烟来增加工作效率，发挥有限生命的价值"等等。通过新的认知因素的传递使原来认知因素之间的失调关系得到消除。

费斯廷格的认知失调理论在教师蝶化发展上的意义就在于通过质变学习使教师产生强烈的认知失调，使其认为必须重新检视并质疑自己的文化身份与发展需要。然后在学习的基础上重新修正自己的观念以获得质的飞跃式发展。

（二）桑代克的成人学习能力研究

桑代克关于成人学习能力的研究体现在他的《成人的学习》一书中。他的关于成人学习能力的研究主要表现在以下几方面。

1. 关于成人的学习能力

桑代克运用心理学的实验研究证明，成人的学习能力在成年以后不仅没有下降，反而有上升的趋势。尤其是到 30 岁左右，是学习能力发展的顶峰，30 岁以后略有下降，但并不明显。

桑代克的研究证明：①40 岁以前均可以进行任何学习；②除学习和戒除饮食之外，习惯的养成在 40 岁以后比 30—39 岁要困难；③知识的学习在30—40 岁之间并不比儿童和青少年时期困难；④一般而言，年龄对于知识学习的影响比对于动作技能学习的影响要小；⑤成人学习的困难不在于能力而在于害怕别人笑话。

2. 关于成人学习能力的影响因素

桑代克认为，每个人在 45 岁以前的学习能力均受下列因素的影响：①个人天赋学习能力的释放，这种人在同等训练下其成绩往往优于他人；②个人天赋学习能力发展受内部发展的影响会发生变化；③学习能力若随年龄增长而减退是因为"高原期"的反应，即个人的学习能力发展到高峰时反而会失去一部分学习能力；④学习习惯对于学习能力有帮助；⑤学习的态度与价值观比学习方法更能促进学习；⑥学习能力会因为不间断的训练而进步。因此，他指出，个人学习能力的发展均受遗传与教育的影响。

3. 关于成人与儿童青少年学习能力的差异

桑代克认为，成人与儿童青少年的学习能力是有差异的，主要表现为：①在学习较困难经验或需要抽象与逻辑推理参与的材料时，成人优于儿童青少年；②在记忆能力方面儿童青少年则优于成人；③成人与儿童青少年的动作技能的练习曲线无显著差异；④成人的思维与推理优于儿童青少年；⑤在智力工作上成人比儿童青少年少些轻率、冲动而更加谨慎与郑重；⑥在对新奇事物的处理方面成人不及儿童青少年，由此，成人适应新环境的学习能力不如儿童青少年，但由于成人的经验丰富，对新奇事物的理解能力则强于儿童青少年。

总之，桑代克通过研究说明，一般来说，任何教师不应该因年龄太大而妄自菲薄，放弃学习，更不应该以年龄为借口而废弃所学。教师作为一个教育者，他的文化身份决定了学习应该是终生的、可行的、必需的。首先，教师有着巨大的学习能力。教师学习能力的增长不因生理成熟而终止；教师学习能力也不随年龄增长而明显下降；学习与训练是保持学习能力的重要因素。如果教师采用科学的学习方法，保持继续学习的热情，完全可以继续提高学习效率。所以，教师的大脑是一座开发不尽的巨大宝藏，关键在于教师如何利用和激发自己的学习潜力。其次，教师学习的实质在于形成刺激与反应的联结。因此，学习环境是影响教师学习动机的一个极为重要的因素。要促进教师的学习，就必须创建良好的学习环境。教师教育者与教师的关系不应当是传统的师生关系，而应当是一种平等的关系。教学内容不应局限在教师教育者的培训课程与计划范围之内，而应当向实践开放，向参与者的经验开放，允许参与者的知识经验进入到教师的学习中来，并成为教师学习的重要资源。教师学习以教育生活为中心，以问题或任务为导向。教师教育是一个广泛合作的过程：教师教育者与教师之间的合作、教师与教师之间的合作是教师教育成功的基本因素。教师教育者的作用在于提供学习的指引，是学习的促进者，不只是知识与技能的传授者。作为促进者，教师教育者可以提供的协助有：适当安排学习环境；规划学习的内容和过程；诊断学习者的学习需求；制定学习目标；设计教学计划；协助学习者同时自己也从事学习活动；评价学习结果；等等。

三、文化身份理论——后殖民理论的视角

后殖民理论是当代西方思潮中的一个焦点话题。它所承载的不仅仅是东西方的话语差异，还是一种关于压迫与被压迫、控制与被控制的表达方式与思维方式。将后殖民理论的国家、民族、政治的论说"悬搁"起来，借助其思维方式与话语表达，尤其是关于文化身份认同的思想来认识教师是谁，厘清他们的文化身份对于找寻教师合理的发展之路具有很大的理论意义。

（一）后殖民理论的崛起与发展

20 世纪 70 年代末 80 年代初，西方社会思潮中诞生了以萨义德（Edward W. Said）、斯皮瓦克（Gayatri C. Spivak）和巴巴（Homi F. Bhabha）为代表的后殖民理论。

1. 后殖民理论的崛起

当前学者们对后殖民理论的认识与理解是比较混乱的。但是，本研究认为，我们应该主要把它看作一种西方社会的理论或社会思潮。它起源于萨义德、斯匹瓦克和巴巴这样一些西方理论家对殖民地写作/话语的研究。其理论根源主要是后现代主义/后结构主义的一些批评概念，目的是通过文学批评的方式对后殖民主义的文化霸权主义进行解构，对东西方社会的历史命运做深刻的阐释，意在颠覆与重建东西方之间不平等的关系与秩序。

后殖民理论的兴起有其深刻的理论基础。法侬（Franz Fanon）的"民族文化"理论和前意共领导人葛兰西（Antonio Gramsci）所提出的"文化领导权"（又称"文化霸权"）理论极大地促进了后殖民理论的产生和发展。法国哲学家福柯（Michel Foucault）的"话语"与"权力"理论则是后殖民理论的核心话题。当然，德里达的解构主义理论也是后殖民理论的理论资源。

法侬是阿尔及利亚革命家、社会科学家、哲学家和精神分析学家。作为对后殖民主义话语霸权做出批判的一位重要的理论先驱，他在其《黑皮肤，白面具》《地球上不幸的人们》等著作中对西方殖民主义不仅把它的统治强

加于殖民地国家，而且还有意歪曲和诋毁殖民地国家的历史进行了激烈的批评。

法侬在《地球上不幸的人们》中的"论民族文化"一章中明确提出了他的一个重要观点："为争取解放的斗争是一个文化现象。"这个观点成为他民族文化理论的重要来源。法侬认为，殖民地国家建立自己的民族文化是反对殖民主义的一个重要方面。民族知识分子的使命以及民族文化的发展分为三个阶段：首先是对西方文化要有辨析的吸收；其次是要有所醒悟地探索自己的文化传统；最后才是彻底觉醒并投入民族解放运动。法侬是从语言、心理、文化角度去解读殖民主义，他对民族文化的重视、对西方文化与殖民地文化的关系分析、对知识分子的作用分析都成为后殖民理论瓦解帝国主义话语霸权的丰富资源。

意大利思想家葛兰西的"文化霸权"思想是后殖民理论的另一个重要来源。"文化领导权"的希腊文和拉丁文的表达分别是"egemon"和"egemonia"。在希腊文里，指来自别的国家的统治。19世纪以后才被广泛用于指一个国家从政治上控制或支配另一个国家。葛兰西则借用这个词来描述社会各阶级之间的支配关系。但支配关系并不只局限于直接的政治控制，而是更为普遍的支配，包括特定的认识世界、认识人类特性及其关系的方式的支配。可见，领导权代表的不仅是统治阶级的利益，而且还着力渗透到大众的意识之中，使从属阶级或大众视其为"正常现实"或"常识"。

后殖民理论的要旨是解构东方主义和西方的文化霸权主义，而这就直接得益于葛兰西的文化霸权的有关思想。葛兰西在把上层建筑区分为政治社会与市民社会的基础上提出：现代资本主义社会正是政治社会与市民社会的结合，政治社会对市民社会的统治采取的是强制和认同；资本主义国家（政治社会）不仅通过强制手段，而且更通过文化霸权（文化领导权）来控制市民社会（殖民地国家），使市民社会心甘情愿地认同并遵循政治社会所制定的一系列道德观念、价值体系、行为规则、思维习惯、审美情趣，使市民社会自愿地服从政治社会从"精神到道德"的领导。

葛兰西在《狱中札记》中明确把"统治"（压制）和"领导"区分开

来，强调了文化霸权是通过大众认可而进行统治的方式。因此，文化霸权的首要任务不是争夺"领导"而是争夺"领导权"，即使自身领导合法化的问题。"领导权"的获取必须超越自身经济的局限性而借助政治与文化的力量，体现为一种精神和道德的统治。因此，文化霸权是一项全面的统治工程，既包含经济的问题更包含文化或政治的问题。

葛兰西的文化霸权思想不仅很好地解释了后殖民主义所主张的对殖民地的统治方式，也为后殖民理论考察在西方对东方的重构过程中东方扮演了怎样的角色提供了理论帮助。例如，萨义德的"现代东方，参与了其自身的东方化"[1] 观点就直接得益于葛兰西的思想。

后殖民理论还深受法国哲学家福柯的"权力－知识"思想的影响。这一思想是福柯哲学的核心之一。在福柯看来，权力是一个庞大的网络，是各种力量关系的集合。权力不是某个集团、某个主体的所有物，权力永远是关系中的权力，只有在和另外的力发生关系时才存在。在《事物的秩序》一书中，福柯认为人仅是一种由话语生产出来的形式，但在《规训与惩戒》一书中，福柯则进而指出，主体不仅是一种知识形式，更是一种权力的建构。当权力与知识结盟，它们便互相促进，并通过一整套的技术、方法、知识、描述、方案和数据对躯体及灵魂进行塑造。权力操控着知识的生产，知识反过来又帮助权力扩张社会控制。因此，不存在中立的、完全客观的知识，知识无不受到权力的浸染。所谓的"真理"实际上是权力的产物，而权力就意味着关系——等级的协调关系和个体的关系整体。福柯也强调权力是被实施而非被拥有、被使用而非被固定。所以，权力与抵抗是共存的。正如福柯所说的那样："哪里有权力，哪里就有反抗。"这种权力观成为后殖民理论汲取营养的重要土壤：一种构建在西方殖民霸权之上的、对于殖民地与半殖民地的话语暴力，不仅使殖民地文化殖民化，更重要的是，构建在西方叙事基础上的文化观念使被殖民的民族产生一种被强制的文化认同感。另外，后殖民理论也运用福柯的分析视角和分析框架来试图解构建构在不平等话语基础上的

---

① 爱德华·萨义德. 东方学 [M]. 王宇根，译. 北京：生活·读书·新知三联书店，1999：418.

权力——知识体系。

德里达的解构主义理论也是后殖民理论的重要理论资源。德里达以"解构"为武器，对西方传统思想中的逻各斯中心主义、本质主义进行了颠覆。后殖民理论对西方（欧洲）中心主义、东西方本质主义观念和西方文化霸权主义的"反叛"无不透视出德里达解构主义的影子。

纵观后殖民理论的论说，其主要凸显以下一些基本特征：

首先是对东西方关系的再思考。后殖民理论试图通过解构东方学来重新阐释东西方关系，并主张东西方之间要进行协商与对话。

其次是从文化角度解读殖民主义。解读殖民主义可以是不同的视角，如政治学、经济学等，而后殖民理论则是从文化视角运用文化分析范式来解读殖民主义。

最后是具有强烈的反本质主义倾向。反本质主义倾向可以说是后殖民理论家的一个共性。他们对西方、东方以及东西方关系所做的抽象概括和类型归纳提出了强烈的质疑，认为反本质主义可以达到颠覆西方文化霸权的目的。

总之，后殖民理论采用文化分析范式去解读后殖民主义，意在通过考察帝国殖民地文化与原宗主国文化之间的殖民与被殖民关系来解构西方的文化霸权，主张东西方文化之间应该建立由对抗到对话的新型关系。

2. 后殖民理论的现代发展

近20年，后殖民理论的丰富发展使得任何一种概括都显得过于简约。但就其基本的理论框架来看，后殖民理论的意义主要就在于它通过检视现代西方知识形成过程中与殖民地的东方之间的关系，以重估西方知识观念和话语构造背后的权力关系，考察西方是如何从政治、经济、意识形态和文化上把东方作为一个"他者"来进行对照和控制的，厘清他们是怎样创建不仅关乎对象也关乎自身的知识和文化机制的。

鉴于后殖民理论如此的知识逻辑，便可明晰其研究目的不仅仅是揭露而在于对现代西方知识体系的反省。后殖民理论学者在西方学术语境内部引入"他者"概念的目的，是要重新评价西方自身的学术谱系及现代性观念。萨义德的学生、美国哥伦比亚大学比较文学和英语文学教授、印度裔学者歌丽·维斯万纳森（Gauri Viswanathan）在其《不寻常的谱系学》（Uncommon Genealogy）一文中，总结概括了后殖民理论的研究。他认为后殖民研究最有意义的成果就在于对英语（文学）的学科研究不再无视帝国主义、跨国家主义和全球化的深刻语境，正是在这个语境中英语研究实现了它最初的使命。维斯万纳森所说的英语研究，是一种受到后殖民理论影响的对英帝国在殖民过程中建立的以英语学科为核心的文化及教育体制的历史考察，或者说是从殖民历史的角度重写英语学科史和文学史的一种尝试。近年来，致力于此的一些英美学者也分别从不同的地域研究获得相似的结论：作为现代西方知识和教育体制的一个"核心"学科的英语（文学），是在殖民地扩张的历史进程中获得动力及发展的合法性的。的确，英语（文学）学科是现代西方知识体系的核心学科，但它的起源和体制化并非发生在英国本土，而是由于英帝国的殖民需要首先兴起于印度等殖民地的。因为在19世纪，在英国本土英语只不过是家庭女教师所教授的非正式课程。1953年，印度总督威廉·班丁克（William Bentinck）颁布的《英语教育法令》（English Education Act）使其正式成为印度教育体制中最关键的学科。此后，英语（文学）就正式成为印度学校里的核心课程（core curriculum）。可以说，这是英国殖民者和印度本土知识分子共同参与的结果（在中国今天的中学与大学的课程中，英语也是作为核心课程编排的。不知这是否也有同样的"共谋"）。英帝国及其在印度的代理人都认为，印度原住民缺乏道德意识和现代知识，通过让他们学习英语，阅读和理解诸如弥尔顿、亚当·斯密等伟大的英语作家的著作，才能使其放弃本土的"野蛮文化"（包括印度的本土宗教）而文明化。可见，英语（文学）所发挥的所谓塑造"文明人"的重要作用最初恰恰是在印度等殖民地获得了经典化和体制化的机遇，从此，英语（文学）被打上了现代性的标签，获得了超越本民族的"普遍性"和"世界性"。因此，英语（文学）学科的中心使命就是利用英国文学所承载的资本主义思想来教育和驯化殖民对象。而到了19世纪的后期，英语（文学）学科才开始在英国本土崛起，英美的大学才开始陆续重新编排英语（文学）课程。随后，在20世纪初英语（文学）才最终取代希腊文和拉丁文，成为大学教育的核心课程。自20世纪50年代开始，许多学者从文学社会学的角度对此现象进行了研究，证明了英语（文学）学科首先是在殖民文化的语境下形成的。由于这样一种历史眼光的透视，使得一百多年以来英语（文学）的辉煌成就失去了它的学术和艺术意义上的"纯洁性"，从中呈现出的"历史"本身的复杂和真实也就使它无法再以一种天经地义的姿态捍卫其优越性。虽然维斯万纳森的研究是后殖民理论的一个研究个案，但它却再一次印证了萨义德在《东方学》中的理论立场，即后殖民理论的首要意义在于通过观察西方现代文化体制与殖民地东方的历史关系，来重新认识和评价前者的语境和知识构成。

当然，对于后殖民理论也有许多的批评。然而，就后殖民理论的研究目的来说，它本身就不是想去越界解决东西方的所有知识问题，我们要把它所自我限定的知识框架理解为是具有边界意识的严肃意义上的学术研究。

虽然萨义德一再重申，后殖民理论是针对西方自身知识问题的，但它仍然在西方之外发生了实践上的越界影响。在多数情况下，后殖民理论都被有意或无意地误读为是一些东方裔的西方学者试图在东西方的历史错综关系中重建东方本土主体性的努力。在很大程度上，后殖民理论确实暗合了东方裔学者的反西方中心的学术立场，甚至也包括一些被有效地用来配合民族主义的被抽离出原有知识语境后的政治冲动。为了区别起见，坦桑尼亚裔学者吉尔伯特（Bart Moore-Gilbert）把盛行于英美大学中的反西方中心的学术立场称为"后殖民理论"（postcolonial theory），而把来自印度、非洲等有被殖民经验的国家和地区的东方本土学者的立场称为"后殖民批评"（postcolonial criticism）。

对后殖民理论的越界使用，根本上还是缘于萨义德本人的理论表述。尽管萨义德反复强调在西方知识语境中根本无法谈论所谓"真实"的东方，但他还是在《东方学》中运用西方知识系统塑造了一个话语性的东方。尽管他也指出那种话语性的东方实际上是由西方权力塑造和假想出来的东方，但它包含了一个潜在的假设前提：在真实的殖民关系中，确实存在一个独立于西方话语之外的未被表述的东方。即便这个前提在萨义德本人的研究中是被架空的，但对那些希望重塑东方主体性的努力来讲，这是一个理解和发挥后殖民理论的自由诠释的空间。

正是在这个起点上，探索东方主体的研究思路受到启发。传统的本土文化研究或许可以无视西方的殖民主义或者西方在历史上对东方构成的"文化优越性"，但对于后殖民批评者来说，把本土问题植入殖民主义的东西方关系语境中加以考虑，可以对作为殖民者的西方强加给东方的现代性观念和制度提出整体的审视与质疑，并通过反思殖民历史，从而对西方现代文化进行批判。

虽然后殖民批评大量借鉴后殖民理论的话语和理论策略，但两者在研究目的、研究材料和研究思路上还是表现出很大的差异性。如后殖民批评家指责萨义德、斯皮瓦克等依然是西方中心的学者，认为他们虽然在暴露并瓦解西方殖民势力和知识话语对东方的控制方面做了很大的努力，但却并没有进一步以主体视角看待东方。后殖民批评与后殖民理论的分离之处，就在于它始终以东方为最终的研究对象，以东方的知识层面为研究材料，形成以总结本土经验为基础，探索和认识一种可以不同于西方的"现代性"（alternative modernity）的思路。尤其是在研究思路上，后殖民批评试图颠覆后殖民理论以"西方作为主体，东方作为他者"的思维框架，期望以此来摆脱由西方来影响和决定东方的单向的东西方文化交流模式。

当今世界是一个越来越多元化或多极化的世界。后殖民理论正是在这样一种庞杂繁复的精神氛围中崛起与发展的。处于后冷战时代的今天，世界文化已经在打破西方中心主义的话语体系，民族文化的差异整合性越来越成为一种不可忽视的文化现象。因此，对不同文化的属性、不同文化之间的平等对话与交流问题的探视是后殖民理论家所具有的一种共同倾向。他们在对欧洲中心主义和父权中心主义批判的同时，也重视区域文化、地方性文化和民族文化的重构。从此意义上讲，后殖民理论确乎不仅可以对当代复杂的文化现象做出某种文化阐释，也可以透过现代杂色纷呈的文化帷幔对多元文化的质地做进一步的窥视。

（二）后殖民理论的教师教育意蕴——对教师文化身份与话语权的关注

　　从理论流派看，后殖民理论理当属于"后现代"的。中国当下，不仅远没有到达"后现代"（其实"后现代"本身也从来就没有西方以外的视角）并且连"现代性"也依旧是一个"未竟的事业"。然而，这也并非是说后殖民理论与我们无关。从中国近百年的半殖民地的历史看，从清朝后期层出不穷的外国"租界"和民国时期日本人对中国的入侵看，无不宣示着殖民主义在中国的若隐若现。当今中国的教育问题实际更为复杂，因为现在的中国教育领域正同时发生着"后殖民"和"内部殖民"两件事。当政府不遗余力地要求全中国人民（尤其是儿童青少年和稍有知识文化的人）学习外语时；当中国的许多家长宁愿"吃糠咽菜"也要把孩子送到国外去留学时，也正是西方后殖民主义的文化殖民梦想的进行时。当中国在发达的东部进行着教育的宏大叙事时，而贫瘠的西部却进行着教育的"启蒙"与"解放"的内部殖民。中国的诸多教师在享受"绩效工资"所带来的物质脱贫时却几乎失掉了精神的追求。正是因为没有精神追求，又转而变为物欲的奴隶：只要是与有报酬、提职称、升职位、得荣誉有关的教师教育项目就积极参与，否则宁愿在麻将、纸牌、酒令中度时间也不愿去思考。中国众多的教师在权势的凝视之下，不是展示盲目的自大，就是展现奴隶般的谦卑。殖民性和被殖民性在中国教师的身上呈现出一种非常奇妙的依赖关系。教育之所以要寻找和谐，恰恰是因为教育自身存在严重的不和谐。

　　本研究无意质疑中国的教育、中国的教师，况且"中国特色"的教育和教师确实培养了大批的新生力量。但是，对于一个国家而言，教师专业化并不是教育发展的必由之路，西方的教育文明也不是中国教育所必须追赶的目标，教育并非只有一个发展模式，中国的教育也并非迟到者，中国的教育要走的路可以不必是西方的，也可以不必是东方的。然而，值得我们关注的是：中国的教育领导权究竟掌握在谁的手上？在中国当下的知识领域，葛兰西关于文化领导权的想法，在中国目前知识阶层极度软弱和世俗化的状态之下，几乎不具有任何可行性。试想，中国的知识分子连自卫的可能都没有，何来领导权？

　　基于后殖民理论的思想与思维方式，当我们考察中国知识分子中教师的发展事件时就可以发现，掌握着、传递着文化的教师的处境是：不仅没有文化领导权，甚至根本就不能"说话"。由此，本研究认为，从教师专业发展与生命发展的"断裂"处去审视教师发展问题，找出专业发展与生命发展的联结——文化身份，并以质变学习为基点，形成既观照专业发展又关怀生命发展的交融——蝶化发展，才能改变教师的生存状态。

　　教师专业发展要求教师成为一个"专业人员"，以此带来的教师教育的核心是重在教育教学的理念、技能、技巧的形成和发展。对教师而言，专业发展的出发点是基于"教师不是一个专业人员"的假设。把教师置于一个"需要专业训练"的境地，并通过将一系列的理论研究、制度规约灌输给教师，使教师在如此强大的声音呐喊下失去了自我思考而毫不犹豫地认同了这样的要求，这难道不是后殖民主义在教师教育领域的翻版？

　　生命发展所诉求的绝不是狭窄的专业发展。它更多的是要求教师有自己的生命样态，要求的是教师的生命自觉。在此语境之下，教师需要自强，教师教育者则应该"力抗强者"，保护弱者。生命的发展需要主动地猎取而不是被动地接受。主动猎取和被动接受的最大区别在于：主动猎取时，我只取我想要的，而被动接受，则是不假思索地认同。教师教育要给予教师主体性和本质性身份，使之主动猎取他们想要的发展，而不是把西方所谓"教师专业发展"强加在教师身上，让教师不堪重负。

第三章 中国教师的文化身份考量

文化身份的命题是在后殖民理论平台上被提出来的，是后殖民理论的核心话题之一。在后殖民理论研究中，关于东方主义与西方主义、文化霸权与文化身份、文化认同与阐释焦虑、文化殖民与语言殖民、跨文化经验与历史记忆等问题，都与后殖民语境中的"主体文化身份认同"和"主体地位与处境"紧密相关。因此，文化身份也就成为后殖民理论的一个重要话题。

一、文化身份——后殖民理论的视角

（一）文化身份的内涵释义

文化与身份从来都是一对"孪生姐妹"。

"文化"一词在《辞海》中的解释是：从广义来说，指人类社会历史实践过程中所指创造的物质财富和精神财富的总和；从狭义来说，指社会的意识形态，以及与之相适应的制度和组织机构。① 《现代汉语词典》的解释基本与《辞海》的解释相同，只不过更强调文化是精神财富。关于文化的定义，许多学者都有自己的认识。如余秋雨认为，文化就是"精神价值 + 生活方式"。② 爱德华·萨义德则认为文化有两重意思："首先，它指的是描述、交流和表达的艺术等等活动。""第二，如马修·阿诺德（Arnold Matthew）在 19 世纪 60 年代所说，文化这个概念很巧妙地包含了一种使人美好、高尚

---

① 辞海编辑委员会. 辞海 ［M］. 上海：上海辞书出版社，1980：1533.
② 此观点来自余秋雨在重庆的一个讲座。

的东西，每个社会中被认为是最优秀的因素。"① 笔者认为，无论怎样给文化下定义，最基本的是它的精神性，最核心的是它的动力性。精神性表明了文化的所属，动力性表现了文化对人的行为的驱动性。因此，笔者非常赞同这样一个关于文化的解释：文化是一群人解决问题的方式和方法。② 不同的人群由于他们生存的时空场域是不同的，因此他们处理同一个问题的方式与方法也迥然不同，这种差异就是他们所拥有的文化背景的差异。因而，不同国家、民族、种族、人群之间由于文化的差异而导致思想、行为方式等的不同。

"身份"在《辞海》中的解释是指人的出身、地位或者资格。③ 其在《现代汉语词典》中被看作"自身所处的地位"。④ 可见，身份在汉语文本中主要指的是一个人在他的周围环境中所拥有的地位或资格。

在英语中，"身份"与"认同"是同一个词，即 identity。从词源上看，英语的 identity 源于晚期拉丁语的 identitas 和古法语的 identite，其含义受到晚期拉丁词语 essentitas（即 essence，本质、实体）的影响。

今天的 identity 一词的词根是 idem（即 same，同一）。由此来看，identity 的基本含义应当是指：物质实体在存在上的同一性质或状态。德国哲学家黑格尔也用 identity 来说明思维与存在之间具有"同一性"。可见，在英语中，"身份""认同"和"同一性"用的是同一个词：identity。

在汉语中，受西方哲学、心理学、人类学和文化研究的影响，对 identity 一词的翻译、使用和界定，交替使用"认同""身份""同一"或"同一性"等词语，由此便造成了在不同文本中这些重要概念的内涵模糊不清。

本研究认为，"认同""身份""同一性"必须做区分才能明确其在不同语境中的含义。在西方哲学语境中，identity 可以统一使用"同一性"这个

---

① 爱德华·萨义德. 文化与帝国主义 [M]. 李琨，译. 北京：生活·读书·新知三联书店，2003：2-3.
② 此观点来自一次关于文化的讲座。
③ 辞海编辑委员会. 辞海 [M]. 上海：上海辞书出版社，1980：1973.
④ 中国社会科学院语言研究所词典编辑室. 现代汉语词典 [M]. 5 版. 北京：商务印书馆，2005：1208.

词语；而在文化语境中，identity 则最好用"身份"这个词语来表示，意指某个体或群体据以确认自己在特定社会里之地位的某些明确的、具有显著特征的依据或尺度，如性别、种族、阶级等等。但在某个体或群体试图追寻、确证自己在文化上的"身份"时，identity 就可以叫作"认同"。所以，从词性上看，"身份"是名词，是依据某种尺度和参照系来确定的某些共同特征与标志；而"认同"则是动词，在多数情况下指的是寻求文化"一致性"的行为，即将自己的价值选择和精神追求与某种更有地位、有影响、可以包容自己的价值体系和文化体系相联系，并在这其中获得对自己的身份或角色的自我确认，回答"我是谁"或"我的身份是什么"等问题，从而获得心灵的慰藉。例如，非裔美国黑人通过文学、戏剧或某种特殊的文化仪式等表现出来的"寻根"活动，都是以行为的方式表达出来的文化上的认同行为。

可见，文化身份（cultural identity）也可译为文化认同，指个体或群体的民族本质特征和带有民族印记的文化本质特征，说明的是在不同文化的相互交流、相互渗透的跨文化语境下，具有某个民族文化背景的人在另一民族文化土壤中将怎样维系自己的文化身份。所以，文化身份应该被看作某一特定的文化所特有的，同时也是某一具体的民族与生俱来的一系列文化特征。如此，identity 就既隐含着带有固定特征的"身份"之含义，同时也体现了个人的"认同"之深层含义。显然，不管将文化身份视为特征还是建构，都说明在当今时代，文化身份问题变得越来越无法回避。它存在于我们周围，渗入到我们的生活中，因而也就进入了我们的研究视野。

综上所述，文化身份也就是人们试图在理论上追问自己在社会和文化上"是谁"（身份），以及如何和为什么要追问"是谁"（寻求"认同"）的问题，表明的是一个有自己独特文化基础的群体。就确认文化身份而言，在理论上大体有种族（race）、民族（nation）、族群（ethnicity）、阶级（class）、宗教（religion）、性别（gender）、职业（profession）和语言（language）等尺度。例如，雷蒙德·威廉斯提出以"情感结构"作为追寻与确定文化身份的内在尺度和参照系，而萨义德则提出以"感觉与想象"为参照系。

根据以上分析，笔者认为文化身份可以被界定为：人们在共同的历史经验和共有的文化符码基础之上所产生的一种相对稳定并具有连续性意义的共有文化与真正自我。这样的界定蕴含着丰富的内涵。

首先，文化身份展现的是自我的完整性。自西方启蒙开始，人们相信一个完整自我的存在。这个完整的自我以其完整性与结构性参与社会进程。在这样的参与中，人进一步将自己的价值选择和精神追求与自己身处的某种价值体系和文化体系相联系，以从中获得对自己的身份或角色的自我确认，展现出一个真正的自我，从而获得心灵的慰藉。

其次，文化身份对于主体具有生存意义。作为主体的人由于本身即是社会内核的一部分而无法脱离其所处的社会结构。而文化又是社会结构中不可分割的元素，因此，人是不能游离于社会文化之外而存在的。文化身份实实在在成为人的存在的证明。任何丢失了文化身份或者处于文化身份矛盾中的主体都有生存的危机感。

再次，文化身份具有相对的稳定性。文化身份是人与所处的历史与文化环境相互作用的结果，是在社会文化作用下被建构出来的。正如福柯所认为的，个体的身份是权力关系对身体施加作用的结构。无论是历史、环境还是权力关系都不是转眼即逝的，所以，个体的文化身份就在不断的建构中具有了相对稳定性。

最后，文化身份隐含着主体的价值标准。主体的文化身份是在一定的历史经验和文化符码的基础上建构出来的。任何历史经验与文化符码都表达着与此相关的价值标准。种族、宗教、社群、职业、性别等等承载着不同的价值标准，处于其中的个体则无法逃脱这些价值标准的规约。可见，在共同的历史经验和共有的文化符码基础之上所产生的文化身份无不留下价值标准的印痕。

（二）文化身份的价值诉求

对于中国人而言，文化身份是一个极为陌生的概念。陌生不等于不存在，只不过是暂时潜隐在意识的底层（文化无意识）而已，一旦个体遭遇某种巨大的变故使处境有所改变时，身份意识就会以失落或痛苦的复杂感受在不自觉中表达出来。

人是文化造就的动物，这是人与动物的最大区别。对人而言，确认自己与某一文化的关系就是在确认自己的文化身份。而文化身份认同，则是一种心理现象或是一种心理过程。无论工人、农民、知识分子都会有这样的心理需求。尤其是对知识分子来讲，文化身份认同问题可能会更加凸显。因为知识分子对人生的体验有比其他人更多的文化因素的渗入，对自身的文化身份归属与认同感更易于被本人所意识到，更易于在心理空间中留下痕迹。当然，文化身份认同还是一个语境式的问题，因为一个人可能从属于不同的文化范式。在某种特定的语境下，个体会选择归属于某一文化范式，认同这种文化身份也就是他主要的心理指向。或者说文化身份认同可以分为许多种，可以是族群的文化身份认同，也可以是社群的文化身份认同，还可以是宗教的文化身份认同，等等。个体选择什么样的文化身份认同，就会深受其影响而表现出那种文化体系所认可的话语方式、情感方式和思维方式。正如现代修辞学所指出的：只要我们说话，文化的印痕就在我们的"话"里。荷兰学者瑞恩·赛格斯也认为，文化身份同时兼有固有的"特征"和理论上的"建构"之双重含义。因此，当人的文化身份的固有的"特征"被人自己在心理过程中"建构"起来，文化身份就作为一种"信念伦理"① 而被深深地嵌入至人的精神之中。

二、中国教师文化身份的考量

作为一个社群的教师，其文化身份也就是教师在他们共同的教育经验与教育文化符码的基础上产生的稳定且连续的共有文化与自我。教师的职业是其文化身份的确定与追寻的内在尺度。教师的职业是对人的教育，这样的定位就确立了教师的文化身份：一个个体对另一个个体生命成长的责任。维系

① "信念伦理"思想来自马克斯·韦伯。参见马克斯·韦伯. 学术与政治 [M]. 冯克利，译. 北京：生活·读书·新知三联书店，1998：8.

教师的，在根子上恰恰是另一个正在成长中的生命的需求，是生命与生命的接触；教师的那份责任，是由高度的生命自觉所升华出来的。离开生命与生命的接触，教师的文化身份便失去了生命之间相互了解、互相关怀的依据。由此，教师教育的根本就不在于教师职业的发展，而是使教师明确并认同自己的文化身份以承担起促使生命成长的重任。

作为知识分子的教师，向学生传递知识与技能毕竟是外在的，而生命的自由、追求更高的精神的归宿，才是作为知识分子的教师其本质性特征的体现。因此，教师教育不能让有局限性的专业发展去替代教师对更高理想的精神追求，不能让形下的现实去束缚形上的精神。促使教师对自身文化身份的认同是对专业发展的超越，也是教师对自己的超越。更潜在的逻辑是：教师需要对真正的人的意义的追求，文化身份的内涵也由此在教师的人生体验中会不断地被建构着。

中国传统教师在历史的进程中不可能一直扮演或认同于同一种文化身份。随着社会的变动、价值观的转换，教师的文化身份也在发生着变迁。如中国历史上对教师的文化身份就有"人师"和"经师"之分。人师是那些能够"传道解惑"的教师，如孔子、孟子等；而经师是那些只能"授业"的教师。因此，以下对不同时期教师的文化身份的考察并非每一具体时期完全对应一类教师文化身份。由于复杂的社会和人文因素，只能大概分析在特定的时期内教师的某类文化身份占主流。

（一）古代官师合一的教师——有文化的官

《周礼》中记载了周代朝廷官员的设置和所担任的职责，各系统官员都担负着教育的职责，形成"学在官府"的教育体制。如春官属礼官系统，春官大宗伯掌各种祭祀礼仪，原本就具有教育意义，而所属大司乐、乐师、大师等都是专职的音乐舞蹈教师。

在商、周文献中多有"士"：多士、庶士、卿士等。商、周的"士"实际上就是当时"知书识礼"的知识阶层，他们多在政府中担任各种职位较低的官职。众所周知，周代的教育以礼、乐、射、御、书、数"六艺"

为主，受过六艺教育的人就是"术士"或"儒"。他们以自己所擅长的技艺而出任不同的职位。教师一定是受过某方面教育的人，所以他在政府中就是有职之人。如孔子就曾经做过"委吏"，即管理仓库、核查物品出入数字的职位。担任这样的职位必须是学过六艺中的"数"。当然，孔子不仅会"数"，对礼、乐、射、御都很精通，尤其是礼和乐，是孔子研究最精深的学问。《学记》亦云："君子既知教之所由兴，又知教之所由废，然后可以为人师也。"由于中国古代社会这种以教育为基础的政治导致了政治与教育的统一，因此，政治上的官与教育中的师是统一的：官即教师，教师即官。这样的教师就是有文化的官。这时期教师的文化身份既是社会导师又是人伦领袖。荀子在把教师与"天、地、君、亲"并列的同时又把君、师合而为一，以天地为生之本，以先祖为出之本，以君师为治之本，故以"上事天，下事地，尊先祖而隆恩师"为礼之三本（《荀子·礼论》）。可见，在中国古代，教师的地位属于社会的最高等级。如此重视教师的地位与作用，不仅显示了教师的重要性和他们要求参与政治的愿望，而且也反映出当时教师群体的自觉意识。正是由于官师合一，教师在参与社会事务中有了极大的话语权。到了春秋时代，由于社会的流动，许多"庶人"有机会上升为"士"，而"士"中也有大批降为"庶人"。这样，"士"的地位就逐渐与"庶人"一致。虽然这时期的"士"没有了固定职位的保障，但是他们也自由了、解放了，思想也不受限制了，不仅可以根据自己的秉性对政治社会秩序的本质进行整体的思索和理解，而且开始对现实社会进行全面的反思与批判，并以自己独特的见解去探索理想世界。他们所要达到的目的都归结为以"道"来"改变世界"，即以超世的精神过问世间的事。

（二）古代私塾教师——专职传递民族传统文化的人

到了东周时期，由于王室衰落，官学也开始衰败。据史料记载，在春秋时期的200多年间，只有一起兴建官学的记载，即鲁僖公修建的泮宫。官学衰败的原因一方面在于许多贵族子弟接受了"不学无害"的思想而不愿意接受教育；另一方面是因为春秋时期的局势动荡，许多"文化职官"失去了原有的地位而纷纷从官府逃亡到民间。为了谋生，他们开始从事专职的"教育"活动。如孔子、墨子、孟子、荀子等就是那个时代专职教师的著名代表人物。他们设私学以教授传统文化知识，并同时宣传自己关于国家、社会、政治等的主张。到了战国后期，私学教育日益兴盛，专职教师群体逐渐形成。由于他们是掌握了一定知识和文化的人，所以也能够参与社会管理事务，有部分的话语权。如帝王的教师、君王身边的"士"等等，都可以对国家事务发表自己的看法，以影响帝王或君王的思想、政策。

从先秦到两汉，教师是作为道德表率的"人师"出现。先秦时期虽然是一个变革动荡的时代，然而，这一时期却在思想领域呈现了"百家争鸣"的局面。这个时期对教师的要求是扮演一个"道德模范"的角色。孔子正是以自己精深的学问与正直的品性树立起了教师的典范。因此，《学记》载有："记问之学，不足以为人师。"所谓"记问之学"就是指只是记诵书本，以资谈助或应答问难的学问。教授"记问之学"的教师只能算是"经师"，这样的教师除了"授业"，不能承当起"传道解惑"的大任。而"那些能体现道义，能用人格感化学生，能以己身为学生、为社会民众作表率的教师"① 则是"人师"。可见，自先秦以来对教师就有了分类：人师与经师。虽然教师的主要文化身份是以传授文化知识为主，但是人师的文化身份与经师的文化身份有所差别：人师不仅要"传道、授业、解惑"，更重要的是要身体力行以自身高尚的道德情操作道德表率，成为"道"的代言人；经师则主要以授业为主。尤其是在魏晋至隋唐时期，只要有相当的学识水平，就可以成为教师。《文中子·立命篇》中记载："度德而师，易子而教，今亡矣。"即世人已经抛弃了以"德"为先的教师评价标准。《新唐书·贺德仁传》中记载："学行可师贺德基，文质彬彬贺德仁。"贺德仁，越州山阴人，在隋代曾担任王爷的教师，其不仅"以词学见称"，还有"文质彬彬"之美誉，因此王爷"以师资礼之，恩遇甚厚"。对贺德仁的评价级别没有涉及"德"的问题，"德"就不再是择师的首要

---

① 丁钢. 文化的传递与嬗变 [M]. 上海：上海教育出版社，1990：57.

标准，而"词学""学行"等"才"的表现才是首要标准。可见，教师的文化身份便是学以致用的"经师"。到了唐朝，重才轻道愈演愈烈，以致后来形成了耻于从师、相师的风气。为了维护教师的形象，重塑"师以载道"的人师形象，著名学者韩愈以一篇《师说》来阐述了他把传授儒家道德视为教师的首要职责的观点。到了宋元明清，关于教师文化身份都一直徘徊于经师与人师之间。但总的来讲，这一时期的教师无论是"传道"还是"授业"，终归是对中华传统文化的继承与传递，凸显的是教师的工具价值。

（三）近代官学中的教师——文化的觉醒者

近代中国教育，由于西方文化的冲击，分科教学、科学知识的传授等使得中国的学校教育和教学内容都发生了很大的变化，教师也由于接受了西方现代文明的信息而成为文化的觉醒者、时代改革的先锋，他们有独立的话语权并积极参与国家的改革进程。梁启超认为，教师的责任就是要培养新民以适应国家政治改革的需要。胡适一生从教，身体力行，在近代教育中推行多项改革以实现他富国强民和构建民主政治的理想。胡适曾大声疾呼："争你们个人的自由，便是为国家争自由！争你们自己的人格，便是为国家争人格！自由平等的国家不是一群奴才建造得起来的！"[①] 他的这段充满辩证法的话在当时的社会背景下具有启蒙理性，既是爱国的也是有世界眼光的。陈独秀等人创办《新青年》，在哲学、文学、教育、法律、伦理等广阔领域向封建意识形态发起了猛烈的进攻，号召青年人举起科学与民主的大旗，争人权，求得个性解放。他在《新青年》创刊词中对青年人提出了六点要求：自由的而非奴隶的；进步的而非保守的；进取的而非退隐的；世界的而非锁国的；实利的而非虚文的；科学的而非想象的。这六点要求实际上也是在阐释他的科学与民主思想。在那一时期，还有鲁迅、李大钊等一大批接受过西方文明教育的知识分子，不仅在课堂上传播民主与科学的思想，还积极倡导并促进社会的变革。可以说，那一时期有

---

① 欧阳哲生. 胡适文集：第5卷［M］. 北京：北京大学出版社，1998：511-512.

着文化觉醒的知识分子都自觉地承担起传播先进文化、倡导社会改革的责任。

(四)"文革"时期的教师——无话语权的文化人

中华人民共和国成立以后，教师的文化身份回复到传递性，把教师提升到崇高而神圣的意义上——"红烛""园丁""人梯""春蚕"等都是对教师无上的赞美。这些歌颂无疑是必要的（此处暂且不论其正确与否），但却把教师推到了"神"的高度而忽视了教师作为平凡人的物质、情感和精神追求。然而，到了"文革"时期，教师一夜之间被无产阶级"扫地出门"，教师变成了无产阶级专政的对象，是需要改造的知识分子。教师成了无产阶级的"他者"，只能按照无产阶级的要求教书。教师丧失了话语权，基本处于"无声"状态，被边缘为一个无话语权的文化人。无产阶级辛辛苦苦培养出来的教师都成了自己的对立面。畸形的思维方式必然导致事物的畸形发展。所以，教师不仅不能"说话"，而且还要按照没有文化知识的人的话去"说话"。

(五) 当代学校中的教师——文化知识考试的辅导者

改革开放以后，随着教育地位的恢复，教师的地位也开始受到社会的尊崇。然而，社会仍然视教师为受过高等教育的知识人，是学生文化知识考试的辅导者，是为社会培养人才的工具，是"后殖民主义"视域中的"少数人"，基本无话语权甚至患了集体失语症。即便是在如今的新课程改革的实践中，对教师的文化身份有了多重理解，然而都无法摆脱对教师身份的文化知识传递者、学生发展的引导者的外在规定性定格。

纵观中国教师文化身份的变迁，可以非常清晰地看到，教师的文化身份与对教师的价值认识是密切关联的。从古至今，教师都是作为社会所需的工具，几千年来竟无本质差别！教师劳动的外在的工具价值被无限放大，而教师劳动的内在价值，教师对自身生命意义的追求却从未被提及。许多教师自己也没有意识到自身职业的生命意义，完全认同被规定的文化身份，自觉承担起工具价值的殉道者角色，将自己的幸福、发展置于工具价值之下。由此，过多的自省、自责、自律使得教师的形象永远被定格在：行为刻板、缺乏情趣、个性呆板、活力不足。所以，笔者认为，必须打破这种对教师文化身份的规定性，要让教师深刻领悟并践行教育的内在价值和自己的生命价值，形成教师在追求自己生命意义的基础上去引领学生生命成长的理念。

第四章　教师蝶化发展的主体向度

　　个体生命的全过程离不开学习和发展。学习与发展都具有终生性、连续性、全程性和整体性等特点。人要通过不断地学习才能获得发展，而人的发展又反过来促进人类自身的学习。可见，学习和发展并非目的和手段的关系，而是表现为一个持续不断地相互提高和改进的过程。

一、教师的学习与发展

　　学习具有双重意义：生存意义与教育意义。学习的生存意义在于它本身就是人的一种存在方式。人只有学习才能生存，尤其是在现代社会，学习几乎与生存属于同义词。学习的教育意义在于它能够让人成为人。人要成为真正意义上的人，教育是唯一的途径。作为成人学习者的教师，他们的学习是什么？他们为什么要学习？他们学习什么？他们怎样学习？他们的发展是什么？他们为什么要发展？他们发展什么？他们怎样发展？只有正确回答这些问题才能帮助我们准确破解教师学习与发展的内在关联。

　　在美国成人教育家科尔伯格和梅耶看来，成人教育的目的有三个类型：浪漫主义、文化传承和进步主义。浪漫主义强调内部的自我健康、生长和发展；文化传承强调文化知识、价值和技巧的传递；进步主义则强调实际问题的解决和个人生活的改进。自由主义成人教育学派的主要代表人物罗伯特·哈钦斯、马克·范多伦、卡伦和弗里德伯格等认为成人教育的合理目的是传递"值得教"的知识，无所畏惧地传递真理。进步主义成人教育思想的代表人物林德曼指出，改变个体使之不断适应变化着的社会就是成人学习双重的但又是统一的目的。笔者认为，教师学习兼有这三个目的但侧重于浪漫主义。

弗莱雷说："教师，也是学习者，他的职责既是快乐的，也是严肃的。他需要认真的、科学的、体质上的、情感上的准备。这一职责要求那些致力于教书的教师培养一种爱，不仅爱别人，也热爱教书的过程。没有爱的勇气，没有在放弃之前尝试千百遍的勇气，就不可能把书教好。"① 教师的教育生活是一个由理性、情感和精神多层面组成的过程，而这些要素需要严密地统一起来。正如弗莱雷所言："教学的美丽是由对统一性的渴望构成的，这种统一性能够把教师和学生联合起来。"② 由此，教师的学习就应该不仅仅停留在"为教而学"的层面上，而且是一个把教师的教育生活元素、把教师与学生统一起来的过程。

教师的学习促进教师的发展，教师的发展需要以学习为支撑点，即学习是为了发展，通过学习而发展，最终的目标就是获得一个充盈而完满的人生！

（一）教师学习与发展的关系

如前所述，根据发展是一个历程的论断，教师发展就是个体作为教师存在以适应处境所经历的过程。从实质上看，教师发展是人的发展问题。笔者认为，关于教师发展的认识，包含着一定的价值判断。价值判断是指某一特定的客体对特定的主体有无价值、有什么价值、有多大价值的判断。教师发展的价值判断即是发展对教师有何价值、有多大价值的问题。在教师教育领域，关于教师发展的价值判断比较普遍的是依据事实的判断，即在许多教学事件中发现，受过一定教师专业发展训练的教师往往比未受过专业发展训练的教师有更丰富的教学知识和更高水平的教学技能、技巧。实际上，无论是从教学、教师自身还是价值哲学的层面来讲，教师发展的价值均非事实判断。教师的发展不能由研究者所臆想的那样被化约为知识与技能的获取问题，而应是人的发展问题。

---

① Freire, P. Teachers as Cultural Workers: Letters to Those Who Dare Teach [M]. Bouler Colo.: Westview Press, 1998: 3.

② Freire, P. Pedagogy of Freedom [M]. Lanham, Md.: Rowman and Littlefield, 1998: 88.

　　教师发展价值之所以易被误认为是事实判断问题，其主要原因在于关于教师发展的要素认识往往从事件出发，再加上价值判断语言表述的复杂性，造成了事实上的掌握更多有关教学的知识、技能有助于更有效地应付教学环境的价值判断。这样的价值判断也不能说是完全错误的，因为确实存在这样的事实。然而，如果从人的发展角度来看的话，教师的发展就不仅仅是专业发展的问题了。

　　既然教师的发展首先是人的发展，而人的发展价值其首要的并非是为了他人，因此，人的发展首先是人自身生命价值的实现，然后才是其他价值的实现。另外，人的发展也未必仅受职业所需的知识与技能的限制，而要受多重因素的影响：遗传、环境、个人的能动性等等。对教师个体而言，某个亲人、某段经历、某句话都有可能影响到教师的发展。就如 D 教师：

　　在 40 多岁的年龄与自己的学生一起去攻读硕士学位，这显然需要很大的勇气去面对许多的不理解与嘲讽。然而，在来自亲人、朋友以及学生的鼓励与赞许下，我坚持了下来并以优异的成绩提前完成学业。通过硕士研究生的学习经历，我尝到了学习的甜头，我想继续攻读博士学位，于是，我努力了，然而却失败了。沮丧、徘徊缠绕着我的内心。加上已 47 岁的年龄使我自己也失去了年龄优势。然而我不甘心，即便自己知道学习是多样性的，攻读学位并不是唯一的学习方式，但是我深知攻读学位是一个人成长的较佳途径，并且我喜欢这种学习方式——有许多与导师、同学交流的机会。在一个友人的榜样作用与鼓励下，我再次报考终于如愿以偿。

　　从 D 教师的发展来看，她知道自己需要什么样的发展，也因为他人的影响而坚定了自己的发展之路。因此，思考教师发展的价值，可以转化为：改变某些方面的条件以促使教师的发展。那么，改变哪些条件能够促使教师的发展？任何因素的改变都可能促使教师的发展，但是，在笔者看来，就 D 教师的发展轨迹而言，学习是促进教师改变从而获得良好发展的催化剂。

　　浪漫主义的成人教育目的明确指出，成人教育就是要使成人得到自我的健康——身心的和谐，自我的生长——从自在走向自为、自觉生长，人的完整性——从模块化发展到整体性发展；文化传承主义的成人教育目的要求成人教育应让成人更新自己的文化知识——作为生存的基础，形成统一价值——人的理性，获取技巧——职业的发展；进步主义的成人教育目的则强调实际问题的解决——适应社会环境和个人生活的改进——改善生活质量。这些目的的达成都是以学习为中介。学习能使成人的身心和谐、自我自觉和完整发展；学习能让成人掌握新知识、新技能并获取理性；学习可以帮助成人适应社会的变动和完善个人生活。尤其是成人自我的健康、生长和发展与成人的学习密切关联。缺乏学习的成人很难有和谐的自我、自觉的自我和完整的自我。

教师的发展具有终生性。这里的终生性并非仅指教师从入职到离职的历程，也指发展对教师而言是终生受益的。在教师发展历程中，许多常规性因素和非常规性的生活事件都可能产生重要影响。而对教师而言，学习恐怕是唯一不变的影响因素。一般来说，青年教师—中年教师—老年教师对应的是新手教师—熟手教师—专家教师。这种常规的发展轨迹有时就会因为学习而被打破。正如 D 教师因特别善于学习在入职初期就能够熟练驾驭教学工作。

可能是本性使然吧，虽然不喜欢做老师，也没有学过所教专业，可还是很努力地把讲台稳稳地站住了——得到同事与学生的认可。

作为成人，教师一方面需要不断学习才能适应理念的变化，另一方面，学习是教师的本分，是职业的需要，如果一个从事社会文化活动的教师不学习，那么其发展将毫无根基。另外，学习也应该是教师的自我要求。当教师通过学习而更好地理解所生存的环境并赋予个人生活以意义时，幸福感油然而生。一个爱学习的教师总是能够捕捉到发展的机会，一个善于学习的教师则总是能够把发展变成现实。尤其是在以知识、文化为社会和个体进步的主要动力的时代，教师，无论是作为社会文化意义上需要发展的成熟个体，还是作为他人（学生）发展的指导者，都应该有意识地为自己设计一个不断学习的平台，从而实现自己与他人的持续发展。

（二）教师学习与发展的场域

"场域"似乎是一个较虚又神秘的概念。然而，经过古代朴素的场观念到现代物理学中场论的发展，场域被人们认为是一种时空区间和过程的存在。所以，爱因斯坦说："场是相互依存事实的整体"，因此，场域也是宇宙世界的基本现象。物质与意识在场域中相互依存着。场域是一个整体，是物质、意识在其中进行联系、转化和交换的时空处所。

从心理学意义上讲，学习是主体的认知活动，而发展是主体成熟的历程。主体通过学习不断完善或改进自己的认知结构，使其更加成熟。教师的学习和发展互为依存、相互交换而构成一个学习与发展的时空处所。在这个场域中，学习与发展通过场域而有机地联系在一起，并具有了时间与空间上的统一。在这个场域中，教师的学习与发展紧密结合，共同对教师发生作用。当然，这个场域中存在的不只是学习与发展两类因素，教师自身的学识、追求、价值观、社会地位、经济实力和学习机会、学习环境以及发展的目标、发展的路径等都影响着这个场域。所以，教师学习与发展的场域并非一个简单的系统，而是呈现着复杂系统的特征：整体性、开放性、流动性、自组织性、突变性、涌现性等。本研究并不打算讨论教师学习与发展这个复杂系统，只是强调把教师的学习与发展视为一个场域，是一个整体。整体并不意味着封闭。相反，由于学习者自身的各种主观因素，学习者所处的社会政治、文化、经济环境和影响学习者发展的各种因素，都使得这个场域具有与外界环境交互作用的开放性和流动性。这种开放性、流动性的场域不仅不会禁锢教师的学习与发展，反而会给教师的学习与发展带来更多的信息交换与能量聚集，使教师在不断的学习中求得发展，在发展的历程中孜孜不倦地学习。

教师学习与发展的场域是包含着人的生活质量与生命价值的意义时空，这个场域必须以生命为起点，形成生命关怀场域。在这个场域中，由于生命的生长与发展是其基本过程，也就有了对人的本体的关怀。对教师生命本体的关怀除了对其生物生命的关怀，更主要的是对其精神性生命和价值性生命的关怀——关怀他们的生存境遇、精神需求、情感宣泄以及人生困惑。

由于所教的学科并不是在大学里所学的，而且是原本没有接触过的，更麻烦的是，系里没有一个老师教过这门课，也就没有派资深教师来"传帮带"——连想做"助教"的机会都没有。

D 教师的这番话透露出这样的信息：在一个教师接受一项工作任务时，没有人在乎他是否能够完成这样的任务，也没有人关心过他的需要。这种对教师职业生存境遇、学习需求的漠视违背了教师学习与发展的生命关怀场域的内在要求，自生自灭成为这样的教师的写照。

（三）教师学习的缺失与在场

1. 教师学习的本质与范畴

教师学习的本质与范畴追问的是教师的学习是什么和他们学习什么。教师的学习是什么？这是关涉如何认识教师学习的问题。

教师的学习本质上是一种社会文化活动。教师所从事的教育职业本身是一种社会文化活动，从事这种社会文化活动的教师，学习就是他们的"本然存在方式"，是他们必然所拥有的存在方式。如果一个教师不学习，就是放弃了他"本然的存在方式"，那么他就不能成其为教师。认识教师的学习本质也就是认识"教师学习是什么"，亦即给"教师学习"下定义。下定义的方法是通过形式逻辑"种加属差"的方式对其做出规定。首先，要确定教师学习属于"学习"（种），然后说明教师学习与其他学习有什么不同（属差）。关于"学习是什么"的定义可谓众说纷纭，不仅教育学、心理学等对此有不同的认识，不同的学习理论也有不同的看法。本研究倾向于这样的解释：学习是透过教授或体验而获得知识、技术、态度或价值的过程。教师学习与其他学习的差异性就在于教师是成年人，成年人的学习与未成年人的学习之不同就在于他们的学习目的是作为导向的、发展性的、解决现实问题的。由此，笔者认为，教师学习是教师在自我导向下以解决现实问题为基础的知识、技术、态度和价值的发展过程。

根据亚里士多德的范畴论，范畴是对事物最普遍最一般的"说明"，即把事物的最普遍、最一般的存在方式表现出来。亚里士多德在其《范畴篇》中将事物确定为最基本的十种存在方式，即十种范畴：实体、数量、性质、关系、地点、时间、状态、动作、所有、承受。很明显，教师学习属于"性质"范畴。由此，教师学习也就可以分为不同的种类与不同的层次：知识学习、技能学习、态度学习、价值学习等。知识学习包括教师所教学科的学科知识、教学知识和其他有助于教学的知识；技能学习是获得教学的方法、技术、能力、技巧等；态度学习是获得教师应有的职业道德、职业情感和职业行为；价值学习是解决为谁而学、为什么要学的问题。

2. 教师学习的缺失

根据教师学习的本质与范畴就会发现，现实的教师学习有着许多的缺失。

（1）教师质变学习的缺席

教师专业发展的目的是提高教师的课堂教学效能，在这样的功利主义的支持下，教师基于自己专业发展的学习就只有知识与技术学习——提升教师专业素养、突出专业技能。

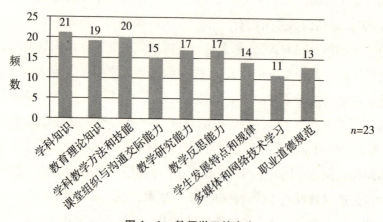

图4-1 教师学习的内容

资料来源：孙传远. 教师学习：期望与现实——以上海中小学教师为例［D］. 上海：上海师范大学，2010：127.

从图4-1看，教师学习的内容基本上是关于具有教学专业知识与技能的学习。"最为关注的是学科知识（91.30%）和学科教学方法和技能（86.96%）的获得"。① 而态度学习与价值学习（即质变学习）却缺席——缺乏精神的深层次积累与突变。

教师的专业学习促进的是教师对自身职业的积极认同，当然这也是教师发展的动力。教师的工作具有双面性：既是传递文化、促进学生全面发展的过程，同时也是教师自身寻求人生价值、彰显生命意义的过程。一位教师从新手教师开始发展，他所需要的不仅是能力的不断提高，也需要对职业的感知、体验和认同的逐步加深。这是一个动态的过程，其中充满了教师对自身经验和价值的感知与理解。只有教师的质变学习才有助于教师正确地认识自我，促使其时常反思自己的生存状态和职业价值，从而在物质条件与精神追求、外在要求与内在动力之间找到一个平衡点；只有质变学习才有助于教师克服对恶劣条件的不满情绪，减轻职业压力，降低倦怠水平，提高工作满意度和教学效能感。表 4 - 1 比较了教师质变学习与专业学习，通过比较更能够清楚地认识目前教师教育中质变学习的严重缺席。

表 4 - 1　教师质变学习与专业学习的比较

质变学习	专业学习
*要求教师"悬置"先前概念与观念	*要求教师将新概念与新观念和先前的知识与经验联系起来
*希望教师将学习内容内化为精神价值	*希望教师探求学习内容的基本原理与模式
*强调教师评估学习的意图	*强调教师评估学习的效果
*促使教师批判性地进行生命反思	*促使教师服从性地进行知识整合
*重视教师学习的过程	*重视教师学习的结果
*重新审视与理解自身及所处的世界	*重新审视与理解自身的知识结构及学习策略

可见，质变学习与专业学习有着极大的差异。质变学习的缺席说明在教师教育中、在教师的学习中应该重视或者教会教师进行质变学习。通过质变

① 孙传远. 教师学习：期望与现实——以上海中小学教师为例 [D]. 上海：上海师范大学，2010：128.

学习去提升教师的精神境界，帮助教师获得职业与人生的幸福体验。

（2）教师学习的实践价值取向明显

现实的教师学习，从学习方式到学习内容，最突出的特征就是以实用为目的，以提高教学技能、技巧为价值取向。实用主义的痕迹异常明显。下面通过三个培训课程设置予以说明。

例1　××市××区初中骨干教师培训模块式课程结构

第一模块：教育教学理念及新课程实施

1. 新课程实施的现状与反思；

2. 教学文化、教研文化、校园文化的建设；

3. 教师专业化发展方向和对教师提出的要求；

4. 课程资源开发能力、校本课程开发能力的培养；

5. 新课程提倡的三种学习方式；

6. 三维课程目标的具体化、三维课程目标的整合；

7. 学生学业成绩的发展性评价；

8. 研究性学习的组织方法和指导策略。

第二模块：教育教学研究方法

1. 行动研究的理念、特征、基本模式、实施策略；

2. 教育教学案例研究；

3. 教育教学叙事研究；

4. 课堂教学观察研究。

第三模块：信息技术与课程整合的理论与实践

第四模块：教育教学实践演练

例2　××市农村义务教育学科带头人置换脱产研修项目课程结构（见图4-2）

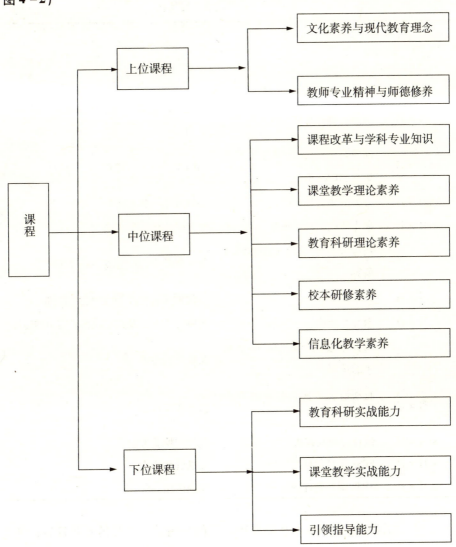

图4-2　教师培训课程结构

例3 ××市中小学教育科研市级骨干教师培训课程（见表4-2）

表4-2 教师培训课程结构

授课时间 内容 日期	上　午	下　午
×月×日	当前基础教育课程改革的检讨	问卷与问卷设计及其在教育研究中的运用
×月×日	问卷与问卷设计及其在教育研究中的运用	回归生活世界的德育
×月×日	心理健康与咨询研究	心理健康与咨询研究
×月×日	硕士研究生答辩观摩	硕士研究生答辩观摩
×月×日	新课程教学设计与教学评价研究	新课程教学设计与教学评价研究
×月×日	学术报告	当代世界教育改革的特点与趋势
×月×日	教师专业化——理念与策略	案例分析方法及其在教育研究中的运用
×月×日	田野考察法及其在教育研究中的运用	文献资料检索
×月×日	行动研究方法及其在教育研究中的运用	教育实验设计
×月×日	统计与检验方法	统计与检验方法
×月×日	SPSS统计软件的应用	文献资料检索
×月×日	SPSS统计软件的应用	专题讲座

　　例1的课程结构基本上从新课程改革的视角关注教师的专业发展；例2的课程结构除了上位课程外，都是基于教师专业素养的培养与训练；例3的课程结构中90%也是关于教师专业方法与技能的训练。可见，目前教师教育的重心仍然是以专业素养（包括专业知识、专业能力、专业技巧等）的训练为主，以实用、好用为目的。

（3）教师学习缺乏人本价值观

教师学习的价值不仅具有个体差异性，而且是多元、从自在走向自为和自觉的。不同的价值观对教师的成长发展有着不同的影响力。

根据价值论的观点，价值具有多层性，包含国家价值、社会价值和人本价值。教师学习是国家价值、社会价值与人本价值的统一。

教师学习的国家价值表现为教师的学习是适应并不断满足国家教育发展的需要，不断为国家的教育发展做出贡献。作为国家教育事业的承担者，教师应该不断地学习。从国家层面上讲，学习之于教师就像工具之于工人，没有工具的工人无法生产，缺乏学习的教师就无法去展开教育教学活动。所以，教师必须不断地学习才能承担起发展国家教育事业的重任。

教师学习的社会价值表现为教师个人的学习对学生和社会需求的满足。教师的教育活动具有很高的社会属性，教师是社会进步和发展的中坚力量。教师的学习不仅在于能够满足自身的需要，更在于通过提高教育教学质量去满足社会基本与发展的需要。所以，教师的学习具有较大的社会价值。

教师学习的人本价值则是教师学习对自身存在、活动和发展之需要的满足，它不仅表现为满足教师自身生命存在的需要，也表现为对教师自尊、自爱、自强、自我实现的满足。

从哲学层面来说，对以上教师学习的三种价值我们应该有正确的态度。学习的价值首先应该是对个体的意义。人的学习首要的是为了满足自身在生命存在、延续和发展方面的需要。如果我们过分强调教师学习的国家价值、社会价值，苛求教师的奉献，教师便变成国家和社会的教育"工具"，其国家、社会价值则成为"工具价值"，教师的学习便因此而演化为为国家而学，为社会发展而学。教师学习的"公共价值"的凸显是以教师"生命价值"的消解为代价的。如此，教师便是为了学生的存在而存在，为了社会的需求而存在，而作为生命个体存在的教师的"生命价值"便被漠视，其学习的"人本价值"也就荡然无存。长期以来，教师实际上已被工具化、程序化，如同工业生产流程中的工人一样，是为了完成某种程序任务而存在。教师只不过是诠释知识、文化的工具。尽管教师常常被认为是学生的权威，然而实际上，他们也是受控制者——被教育目标、课程目标、教学目标、课程设置、课程知识等所控制。如此，教师的生命被忽略、被漠视。

当然，教师学习的国家价值、社会价值和人本价值都是教师学习同时具有的价值属性。它们不是彼此独立的，而是一个问题的不同方面，彼此不可分割。不过，在这三个价值中也存在主次之分。国家价值是教师作为"大我"的人所应该达成的；社会价值是教师作为"社会人"而不能放弃的；人本价值则是教师学习实现国家价值与社会价值的前提。倘若教师学习的人本价值都不能得到实现，其国家价值与社会价值也就无从谈起。因此，关注教师学习的人本价值才能更好地实现其国家价值与社会价值。再者，从生命哲学高度看，每个教师都是真实生命的存在，是活动中的主体，都有自己的意识和特性，对世界有各自不同的理解，因而他们应该有话语权。教师是教育活动中的主体，其教育的主体性决定了他们的学习的核心价值应该是满足自身生命发展的需要，也只有在此基础上，才能满足学生、社会、国家的需要。一个自身生命都没有得到完善发展的个体不可能为他人、社会、国家带来更大的价值。

长期以来，我们都非常强调教师学习的国家价值与社会价值，着力刻画其奉献精神，对于教师学习的人本价值很少给予关注，忽视教师的情感体验、心理追求和自我价值展现的需要。许许多多的教师都有对自身生命意义的追求，然而，许多教师从来就没有真正得到过想要的结果。正如 B 教师所言：

　　教师职业就意味着爱和奉献。过去的每一堂课、每一次谈话，都化作涓涓的泉水流进我的心里，积聚着我对教师职业的热爱。在对教师的继续教育中，虽然没有升学率，没有统考分数，也没有严格的科研计划，但不能说教师进修学校的教师没有工作压力。因为，每当我走进教室，望着一张张沉思的面孔，我都会深深地感到已有的知识和所获的经验是多么有限！作为一位合格的教师，必须具有丰富的教育教学理论和学科专业知识；成为一位优秀的教师继续教育工作者，还必须与时俱进，给学员传授先进的教育理念和教学技能。

现实中类似 B 教师的不少。可见，我们的教师自己都把教师学习的价值定位于奉献——为教育事业、为学生奉献自己的一生。看到许多教师基于这样的观念而累病甚至累死在讲台上，笔者不免产生这样的疑问：教师所需的真的只是对其职业的咏叹和赞颂吗？教师真的要用自己的生命去书写蜡烛精神吗？教师就需要这样的崇高的道德榜样吗？当全社会都在提倡生命教育时，却偏偏忘了我们的教师。人的生命存在的价值并不是为他人、为社会提供道德榜样。生命价值应该是其国家价值、社会价值与人本价值的高度辩证统一。教师在为国家、为社会尽责的同时也要对自己的生命负责。教师教育在教给教师专业知识与技能的同时是不是也应该教会他们如何更好地实现自己的生命价值呢？因此，我们必须确立教师学习的人本价值观，将教师学习纳入生命发展的视野去重新判定教师学习的价值所在。

（4）教师学习缺少自主性

教师的学习本应有极强的自主性，其有关学习内容与学习方式的决策应有较大的差异性。一般而言，教师对自己学习的决策也是一种经济学博弈——以最少的成本取得最大的效用。因为，按照经济学关于人是"经济人"的假设：人的一切行为都是为了最大限度地满足自己的私利，行为的动机是追求利益的最大化。在教师学习中，成本是付出的时间与金钱，效用是发展。如何以最少的时间与金钱取得最大的发展，这是教师学习自主性的具体表现。对教师而言，专业学习是关于教育教学理论、技能、技巧的训练，是一种显性学习，所耗费的时间与精力都远大于质变学习。质变学习是一种隐性的精神学习，是在任何学习中将学习所得转化为信念、个性、品格等内在特质。质变学习的内容、方式、方法都由个人的需要、兴趣所确定；既可以是个体学习也可以是群体的学习，但更多的是个体的学习。所以，质变学习让教师有更多的学习自主性。然而，在现实中，由于教师通常缺乏学习的自主性，参与什么样的学习往往由教育管理者所规定，因此，他们的学习是被动的，是没有学习的决策权的，是不能进行自主选择的。现实中，无论哪一类、哪一层次的教师教育，其课程、内容不仅被事先规定好了，而且都是关于教师的专业知识与技能方面的。教师在这些方面没有任何话语权。

3. 教师学习的在场

（1）研究教师学习的学习者角度

过去总是从教师教育者与管理者的角度在研究教师学习问题，缺乏从学习者的角度来研究教师的学习。

在教师教育者与管理者看来，教师的学习无外乎就是关于教师专业发展所需的一些专业知识的学习，包括先进的教育理念、系统的学科专业知识、坚实的教育专业知识、广博的科学文化知识和深厚的教学实践知识。如此就把教师学习仅局限在职业所需的各种知识的获取上。教师是一个有着主体性的人，他的行为应受其主体性的支配。学习对教师而言，不仅是工作的需要更是主体性的需要。从教师的角度研究教师的学习才能真正满足教师的需要而得到教师的认同，从而发挥出学习的双重作用——发展教师的专业性与生命性。

我珍惜着来之不易的学习机会，如饥似渴地学习一切我想知道的东西，思考各种各样的学术问题。……我发现自己变了——包括人生观、世界观、价值观都发生了深刻的变化，人生的境界也在不断提升，生活的态度与心态更加扁平化——没有了浮躁与急功近利，教学与科研能力也随之而大幅度提升，最重要的是，我有了幸福感——做教师的幸福感、读书的幸福感、学术探讨的幸福感……

D 教师的话语就是在告诉人们，教师这样特殊的职业，有他们自己的学习追求。适合于教师需要的学习不仅能够促进教师的专业发展，同时更能够促进教师生命的发展——幸福感。所以，教师教育的课程与内容只有从教师自身的需要出发去设计与安排才是有效的。

（2）教师的学习是思想的重建

毋庸置疑，在教师专业发展运动中，我们的教师都在不遗余力地学习。

各种各样的教师教育项目既开了他们的眼界，也耗尽了他们的精力。然而，这一切不过是教师学习的自在而非自觉。一般认为，教师学习的目的就在实用。但笔者认为，教师学习不在于实用。这个观点对于我们大多数中国人来讲是匪夷所思的。既然没有用，我们学它干什么呢？学习就是要学"有用"的知识，做"有用"的教师。殊不知这种实用主义的思维模式导致了教师学习的强烈的工具性与功利性：凡是对我的教学有帮助的我就学；凡是对我评职称有好处的我就学。于是乎，为了教学业绩、为了职称而学习成为目前大多数教师学习的动机。我有几个硕士生，他们一开始是非常努力地学习，最终都考上了教育硕士并且完成了学业，但是到最后他们却不再愿意完成学位论文的撰写去取得硕士学位。当我问他们为什么的时候，他们都是这样很直白地告诉我："我已经是高级职称了，学位对我已经无所谓了，学习再多、再好又不能加工资。"学习只是他们追求名利的另一种工具，学习本身并非目的。可见，他们关心的是"脚下的事"，所以我们也就无法要求他们去"仰望天空"。今天中国的许多教师不仅没有自己的思想与灵魂，失去了他们应有的活泼和纯粹，而且深深地与社会无限膨胀着的物欲纠结在一起，"人类灵魂的工程师"甚至比其他的社会人还要功利与世俗。这也正是众多教师在学生心目中失去威信而教不了学生、管不了学生的根本原因。

教师的学习是思想的重建：教师在学习中首先对教师的应然思想样式进行模拟，然后用自己的独立话语内化它，最后在行动中挑战它，从而实现对自己思想的改写与重建，使自己的人生境界提升到一个较高的层次。也许，这是一种理想主义的教师学习理念。但是，我们试想，如果没有两百多年前的现代大学之父、德国教育家洪堡创办的柏林大学，那么就没有诸如黑格尔、爱因斯坦、费尔巴哈、叔本华、马克思、恩格斯这些至今仍在对人类产生影响的著名人物的思想诞生。

二、质变学习是教师蝶化发展的一个主体向度

从蚕到"蝶"不仅是一个发展的过程，更是一个质变的过程。质变的过

程也是一个痛苦的过程。使教师冲破"蚕茧"而化为美丽"蝴蝶"的正是成人学习中的一个新的学习理论——质变学习。传统的学习只能使教师从"蚕"到"蛹",真正能使教师从"蛹"到"蝶"的则是质变学习。

(一) 质变学习的内涵解读

"学习"在人们生活中出现的频率非常高,几乎无处不在。然而,对学习的理解却有着强烈的学科视野和个人建构。首先,不同的学科对学习的认识是有差异的。例如,在科技视野中,学习是指由于经验或实践的结果而发生的持久或相对持久的适应性行为变化,或能够使动物的行为对特定的环境条件发生适应性变化的所有过程;在心理学视野中,学习是学习者因经验而引起的行为、努力和心理倾向的比较持久的变化;在教育心理学视野中,学习是人和动物在生活过程中通过获得经验而产生的行为或行为潜能的相对持久的适应性变化;在教育学视野中,学习是人类(个体或团队、组织)在认识与实践过程中获取经验和知识,掌握客观规律,使身心获得发展的社会活动,本质上是人类个体和人类整体的自我意识与自我超越;在《中国大百科全书(简明)》中,学习被定义为获取知识和掌握技能的过程。其次,不同的个体对学习的理解也不尽相同。在学生眼里,学习就是获得老师在课堂上传授的知识与技能;在成人眼里,学习更多是经验的获取。

不管人们对学习有多少认识,总的来讲,从人类社会的角度看学习,主要包括这样几个方面:第一,学习的主体是人,即学习者;第二,学习不仅是人类生存必需的行为,而且也是一种社会文化活动;第三,学习是为了适应环境;第四,学习是一个过程;第五,学习是一种精神活动。

从以上认识出发,学习的作用和功能也就显而易见。首先,学习是个体生存的必要手段。人的生活离不开学习。学习是人与环境保持平衡、维持生存和发展所必需的条件,也是适应环境的手段。人是最高等的动物,生活方式极为复杂,固定不变的本能行为最少。人类行为的绝大部分是后天习得的,学习的能力以及学习在人类个体生活中的作用也必然是最大的。人类婴儿与初生的动物相比,独立能力相对较低,天生的适应能力也较低。可以说，离开父母的养育，婴儿是无法生存下去的。但是人类却有动物不可比拟的学习能力，可以迅速而广泛地通过学习适应环境。如，种植谷物，获取粮食，靠的是学习；战胜毒蛇猛兽等天敌，对付可怕的瘟疫，以免于被消灭，靠的也是学习。乍看起来，人和自然界的其他动物如狮子、老虎甚至麻雀相比，很多方面都处于劣势，但人能够依靠学习而成为万物之灵。1972年联合国教科文组织国际教育发展委员会发表著名的《学会生存》报告，直接把学习同生存联系在一起，可见学习对人类生存的重要性。其次，学习可以促进人的成熟。随着年龄的增长，人的生理和心理会逐渐成熟。但成熟并不是完全脱离环境和学习影响的纯自然过程。近二三十年来，许多心理学家的实验研究发现，婴儿，尤其是初生婴儿的环境丰富程度，可以影响婴儿感官的发育和成熟，也会影响大脑的重量、结构和化学成分，从而影响智慧的发展。关于人类学习对成熟的促进影响，瑞士著名儿童心理学家皮亚杰认为，必须通过技能的练习来促进儿童的成熟。再次，学习能够提高人的素质。人类在社会历史发展过程中创造了大量的物质文化与精神文化。特别是精神文化，如文学、艺术、教育、科学等方面的成果尤其需要通过学习去获得，以提高自己的文化素养。缺乏一定文化素养的人不能算作真正健全的人，现代社会的新型人才必须是具有较高文化素养的人。另外，学习还可以优化人的心理素质。一个现代社会的新型人才，应该具备诸多方面的良好心理素质，如高尚的品德、超凡的气质、敬业的精神、目标专一的性格以及坚韧不拔的意志等等。这些都可以通过学习来获得。最后，学习使人类文明得以延续和发展。美国著名民族学家，原始社会历史学家摩尔根认为，人类社会的历史可概括为三个时代，即蒙昧时代、野蛮时代和文明时代。在蒙昧时代，人类世代相沿地生活在热带或亚热带的森林中，以野生果实、植物根茎为食，还有少部分栖居在树上。随着地壳的变化、气候的改变，人类不得不从树上移居地面，学会了食用鱼类、使用火、打制石器、使用弓箭、磨制石器等生存的本领，世代相袭。到了野蛮时代，人类又学会了制陶术、动物的驯养繁殖和植物的种植。这一时代的后期，还学会了铁矿的冶炼，并发明了文字，从而使人类历史过渡到文明时代。由此看来，人类文明的延续和发展，就如同一场规模宏大而旷日持久的接力赛：前代人通过劳动和生活获得维持生存和发展的经验，不断总结，不断积累，不断提高，形成知识和技能，传给后人；后辈人在学习前人经验的基础上，进行进一步丰富和提高，以适应时代与环境的变迁。如此代代传递，便形成了一部人类文明延续发展的历史。另外值得注意的是，由于人类文明在一定意义上存在加速发展的趋势，所以学习活动对人类社会的作用更加明显。18世纪的技术革命以蒸汽机的出现为标志。19世纪的技术革命是以电力为标志。20世纪以电子计算机、原子能、空间技术为标志的新技术革命，又一次证明了学习的巨大促进力。在当今信息时代，人们能够以极便宜的价格拥有性能优良的个人电脑，自由地在网上漫游，不出门而立知天下事。科学技术给现实生活带来的巨大变化，使得人们不得不心悦诚服地承认学习对人类的文明与进步的重要作用。

　　"质变"一词在汉语中指的是"事物的根本性质的变化。是由一种性质向另一种性质的突变"①。英语的"transformation"作为名词的意思是"变形、变性、变质、转变"。可见，无论是汉语还是英语，"质变"一词的基本含义是一致的：事物发生根本性的、意义深远的变化。从蚕到蛹到"蝶"就是最常见的一种质变。"质变学习"是来自西方国家的一种成人学习理论（又称"转化学习""转变学习""转换学习"，本研究比较赞同使用"质变学习"这一名称）。关于它的含义，不同学者从不同的角度对其产生了不同的认识。如，基根（Keegan，2000）强调经验在学习中的作用，认为质变学习是学习者将自己置于变化着的危险情形之中，通过强烈的经验改变人们获取知识的方式。麦基罗（1996）从理性认识论角度提出，质变学习是学习者使用先前的解释，分析一个新的或者修订某一经验意义上的解释并作为未来行动向导的过程。即学习者根据自己在学习过程中的新体验不断阐释和理解从而创造出新的知识。弗莱雷（2000）从他的解放教育思想出发，认为质变学习是让学习者通过"意识的提升"或"觉悟启蒙"用不同于过去的方式来看待自己和世界。达洛兹（Daloz，1999）是从发展观来看质变学习，认

---

　　① 中国社会科学院语言研究所词典编辑室. 现代汉语词典 ［M］. 5版. 北京：商务印书馆，2005：1757.

为质变学习是一个帮助学习者找回生活意义并发生在一定情境中的整体性过程。德克斯和海利（Dirkx and Healy）认为，质变学习有一个精神维度。德克斯（1998）提出质变学习是"超理性的，以心灵为基础的学习，这种学习强调感觉和表象"。[①]

基于上述观点，笔者认为，质变学习是一种改变性学习，是学习者通过学习意义的追寻去检视、质疑和修正看待自己与世界的方式并使心灵与行为发生改变的过程。教师的质变学习是教师在学习中获得心灵改变从而使生活和职业目标发生根本性改变的过程。在本研究中，质变学习是教师"蝶化"的一个"催化剂"。当教师从"信息学习"（在基根看来，把已经建立的认知能力扩展到新的领域，以改变我们所知道的信息的学习是一种"信息学习"，即在已有知识的基础上增加新知识）[②]转变为"质变学习"，其发展也就从专业发展走向了蝶化发展。

理解麦基罗关于质变学习的几个核心概念和思想有助于对其内涵的解读。

意义转换。质变学习最直接相关的概念就是意义转换。它是要求学习者明白怎样和为什么我们的假定会压抑我们对世界的察觉方式和关于世界的感觉。麦基罗相信它通常起因于学习者陷入迷失方向的困境。即便是较不剧烈的困境，例如教师制造的学业困境，也能促进变革。麦基罗建议，促使质变学习的发生可以通过使学习者陷入迷失方向的困境开始，并以对事件的新看法的综合化而融入学习者的生活。所以，质变学习的一个重要部分是使教师个体能改变他们的参照系并反射在他们的假定和信仰上，最后达到重新定义他们所面对的世界的目的。

麦基罗运用意义转换模式探究了一些妇女在中断学习后回到学校的质变学习。研究表明，中断学习后的继续学习并未使学习者更加明智，然而无序困境后的批判反思、重新规划、信心重建等却对质变学习的作用相当大。因

---

① 雪伦·B. 梅里安. 成人学习理论的新进展［M］. 黄健，等，译. 北京：中国人民大学出版社，2006：26.

② 雪伦·B. 梅里安. 成人学习理论的新进展［M］. 黄健，等，译. 北京：中国人民大学出版社，2006：24.

此，这一模式得到很多学者的声援，部分学者为其 10 个步骤提供数据支持。如莱特尔（Lytle，1989）发现 30%（7 个抽样）的学习者完全参照了麦基罗的 10 个步骤。然而，麦基罗（1995）自己却否定了自己的 10 步法。科夫曼（Coffman，1989）试着对麦基罗的 10 步法进行适当的修正。她主要对第 2、第 3、第 4 个步骤进行了修正，认为应该强调惊讶、强烈愿望和过程感受的作用。科夫曼坚信没有抱怨就很少有反思，没有强烈愿望，质变学习就难以发生。萨韦德拉（Saavedra，1995）认为教师在自我评估、拥有归属感、发生影响深远的事件、反思实践等情况下容易发生质变学习，并将麦基罗的 10 步法的四种形式运用到教师质变学习中。

无序困境。无序困境是个体内心和外在的个人危机。大多数研究结果和麦基罗的质变学习相似，只有少数研究把无序困境的定义延伸了。克拉克（Clark，1991，1993）研究发现，不仅仅是触发性事件对质变起作用，综合环境不适应也会对质变起作用。斯科特（Scott，1991）认为学习的自然环境的变化在两个方面容易引起信念的改变：一是外部事件引发的内心困惑；二是内心感受到之前的认识不够全面或有误。波普（Pope，1996）在研究黑人妇女问题时发现触发性事件最容易引发内心世界的危机感，她的研究和考特尼（Courtenay）等相似。

尽管这么多学者深度研究了生活变动等对质变学习的影响，但很少有人进行原因审视。例如：什么因素能触发内心转化？为什么有些事件，如配偶离世或个人受伤并不一定激发人的质变学习，但一个小事件，如一场动人的讲座却能激发人的质变学习？

麦基罗对无序困境的描述也招致了部分批判，部分学者认为生活中所有的危机都将引发质变学习。因此，无序困境导致的质变学习也可以理解为是周遭生活危机的结果。

语境。麦基罗最初的关于妇女中断学习后重返学校的研究充分考虑了学习经历和社会文化语境的相关因素。语境主要指个人和社会文化等对质变学习过程的影响因素，包括与学习直接相关的学习事件，其中也涉及个人的家庭环境和成长的社会环境。例如，目标明确、之前学习经历丰富以及经受过生活变故的人容易实现质变学习。

　　社会文化因素包括相关成长历史和地理因素。奥尔森（Olson，1993）发现中学生活对大学学习会有很大的影响。施莱辛格（Schlesinger，1993）在犹太女性参加工作的研究中发现：犹太职业女性只要被犹太职业女性及其家属理解，她们的婚嫁家庭观念对她们的质变学习就有很大的影响。因此，犹太女性参加工作不是偶然事件，而是国家顺应历史的选择。尽管有这么多研究，但是关于质变学习的语境依然存在问题。例如：语境问题能否被参加者克服？能否基于现有社会文化预测质变学习发生的结果？相同语境（历史、文化、人格和家庭）下参与者与其质变学习模式的关系如何？

　　批判反思。麦基罗声称成人学习最显著的特征是能对其学习等行为进行批判性反思。他把批判性反思大致分为三类：内容反思、过程反思以及假设（预设）反思。假设反思是反思中最陌生的，但是它却是批判反思的基础，包括对前提预设的反思。惠利（Whalley，1994）对比分析了加拿大和日本高中生在第二文化语境下意义转换学习的异同。通过分析被试者三个月的日记，惠利发现三种反思在文化语境下的意义转换学习中均出现了，并提出了四种意义学习：意义图式学习、新意义图式学习、转化意义图式和转化意义诠释。该研究再次验证了麦基罗的学习形式。但是在跨文化意义语境下，惠利发现当发生两种文化结构分歧时，质变学习更倾向于使用母语文化，这与麦基罗的文化学习形式区别较大。其他的批判反思研究聚焦于预设反思。在这些研究中，很多人都关注了其中一个层面——批判反思是质变学习的关键所在。威廉（William，1985）研究配偶不当行为纠正时发现，男性成人经常进行理性反思。范（Van，1992）研究发现，批判反思与对生活不满和社会支持具有高度相关。另有一些研究认为批判反思和理性在意义变换过程中尤为重要。斯科特（1991）验证了布鲁克（Brooke，1989）的研究：批判反思和组织结构变动比仅仅反思策略的学习过程更有效。换句话说，转化学习不是理性反思，而是更多地依靠直觉。摩根（Morgan，1980）、科夫曼（1989），斯威朗戈（Sveinunggaar，1994）研究发现，批判反思只能缘起于工作中情感的波动。格雷斯（Gehrels，1984）研究了使意义转化为经验时，学校应该注意的原则。

另外一些研究通过实证数据证实了质变学习可在个体缺乏批判反思的情况下发生。泰勒（Taylor，1993）在研究跨文化能力和质变学习的过程时发现，参与者在遇到文化冲突时，他们都希望凭借直觉作出判断而不愿进行更多的反思。事实证明，凭借直觉他们依然能习得相关文化知识。因此得出结论：在缺乏批判反思的情况下依然可以实现质变学习。斯科特和伊莱亚斯也证实了泰勒的研究发现。他们认为基于批判反思的质变学习并不能涵盖潜意识下的质变学习。伊莱亚斯主要研究的是梦境中的非理性发展，而斯科特搜集了大量下意识的非理性预设在质变学习中的表现。这些研究表明，质变学习不仅可以通过理性反思实现，在非理性和潜意识的情况下也可以实现意义结构的质变学习。

其他获取知识的途径。对质变学习理论信度的理性批判引申出其他获取知识途径的重要性。多项研究表明：直觉、情感学习、非理性影响以及感觉指引等对质变学习的发生具有显著性影响。伊根（Egan，1985）在进行家庭治疗环境下所作的质变学习过程研究中发现，当情感转变时质变学习现象就越容易产生。

其他获取知识的途径也强调通过关系学习。麦基罗间接提及过关系主要发生在理性语境和质变学习的最后一个阶段。他主要指参与者之间的亲疏关系及其对质变学习发生的影响。研究发现，这种所谓的关系包括人际支持、社会支持、家庭关系、社区网络、朋友以及人与人之间的信任感。科克雷（Cochrae，1981）的研究发现，在一个人与自己及其周围关系的处理过程中，质变学习就发生了。值得一提的是，工薪阶层回到社区大学再次学习有助于质变学习的发生。

培养质变学习。麦基罗坚信质变学习理论是促进成人成长和发展的哲学基础。质变学习中最明显的学习发生在社区交流，包括问题意识、价值、信仰、批判假设反思。

教育语境下质变学习的培养这个话题是基于大量文献研究后提出的，这些文献包括师生角色的研究、相关教学范式的研究。然而，质变学习的培养却是少有实证研究。但也有部分研究人员提到：质变学习的有效培养需要教师给予学习者同情、关心；也有研究提及开放、互信的教学氛围有利于质变学习的培养；以学生为中心的教学方法可以培养学习者自主参与能力、积极参加的积极性以及反思的习惯。福格尔桑（Vogelsang，1993）的研究发现，将个人学习经历融入社会活动中的教育活动有利于质变学习培养。

皮尔斯（Pierce，1986）通过对参与为期一周的教育实践的高级学习者的访谈发现，质变学习培养过程中引导学生反思的过程可以提升学习者质变学习的自我意识，并促进学习的质变。萨韦德拉为期两年的历时研究发现，学习团体在学习期间的对话、合作、提问以及社会动态协商过程对参与者的学习质变具有相当的推动作用。

本研究以四个例证①和以对 A、B、C 三位教师的访谈为例来说明质变学习的存在。

例证 1. 越战爆发

在 20 世纪 60 年代，越战爆发。美国的反战示威也风起云涌，引起了广大民众对美国的民主制度与世界和平以及美国在世界政治上所扮演角色等相关的价值与假设进行反省，特别是许多年轻人开始认真质疑自己传统的世界观与哲学信念。由此，确立了新的民主价值、新的和平信念、新的政治角色评价等。

从弗莱雷的"社会质变学习"理论来看，此范例证明了社会质变学习既可以发生在传统的课堂教学情境之中，也可以发生在活生生的社会现实之中。整个社会的质变学习是由"越战"这个触发性事件所引起。随之，人们开始关注整个战争的进程和国与国之间的关系变化，并有意识地批判、反思本民族过去关于民主与和平的价值体系，进而不断地予以修正，以不断唤起民众的觉悟，实现对现实社会的觉醒，从而最终达到了改造社会的目的。

---

① 高志敏，李裙. 转化学习理论及其发展述略——基于莉沙·M. 包格纳的研究报告［J］. 河北大学成人教育学院学报，2005（4）.

例证 2. 艾滋病患者

一位名叫斯蒂芬的年轻人是一个极富潜质的年轻演员。当他在 1984 年被诊断为艾滋病患者时，这个突如其来的打击犹如晴天霹雳，使年仅 20 岁的斯蒂芬痛不欲生。他在经历了最初强烈的情绪波动后，开始慢慢平静下来，并试着接受这个严酷的事实。于是，他主动与医生或其他艾滋病患者交流，积极参加各种形式的有关艾滋病的公众讨论，努力查阅和学习有关艾滋病及其治疗的知识。此后，斯蒂芬开始对自己过去的价值观等进行反思，重新形成了对人生、家庭和世界的崭新理解与判断。他意识到：生活的意义不在于物质的奢华而是对他人有用，最重要的是不仅自己现在还活着，而且还有爱。从此，他的生存观、价值观发生了重大的转变。进入 90 年代中期，他的病情有所好转，以致他进一步将人生观、价值观取向转向了未来并对未来充满信心，他甚至都没有了任何关于死亡的焦虑。

显然，这个范例与麦基罗的"理性认知"质变学习思想不谋而合。麦基罗认为，质变学习需要经历循序渐进的四个阶段：质变的引发，质变的推进，质变的深入和质变之后的行动。突发的艾滋病是斯蒂芬发生质变学习的直接诱因，但是质变并没有一蹴而就，而是经历了一段时间，通过"反思""交流""讨论"后最终形成了新的人生观、价值观，并将之付诸新的生活中。

例证 3. 生活的磨难

多年以来，一位中年妇女由于生活中的艰难与痛苦使其非常的迷惑。但是，当她在学习成人学习的有关理论时惊讶地发现，自己的生活经历和"成人发展理论"所描述的情况惊人相似。于是，她在头脑中产生这样一种想法：应该把自己在生活中的那些困扰表露给周围的同学，让他们来共同讨论并提出他们的意见和想法。随即，她发起了一项学习活动：让同学们来分享自己的经验。在这项活动过程中，她感到莫大的放松和兴奋，同时也获得了许多认识问题、解决问题的新观点、新方法。

根据达洛兹的质变学习观，许多成人的学习活动是直接源于生活的"两难困境"。质变学习的过程是在学习者相互信任的倾诉与倾听中展开的。学习的方式是相互平等的交流与对话。学习的结果不仅使自己，也使其他学习者找到了解决问题的办法，甚至寻觅到了关于生活与生命的全新意义，并将其引至一种更加积极与健康的发展道路。

例证 4. 意外色盲

一个颇有成就的画家，却在他 65 岁时，由于脑损伤而丧失了颜色知觉，变为色盲。这对一个画家来说无疑是生命的毁灭。从此，他看到的只是灰色、黑色和白色。在他的日常生活里，那些有颜色的食物变成令人不安的灰色，看起来也不好吃。过了一段时间，他从最初混乱的感觉中恢复过来，他开始探索用黑白两色进行创作的可能性，这突如其来的色盲不仅没有击垮他，反而为他打开了视觉世界的新领域。

德克斯的"精神与学习的联结"学说认为"感觉、意象、想象"等精神层面的因素在质变学习中起着关键作用。画家由于意外的"脑损伤"而导致色盲，从而丧失了作为一名画家最基本的能力——驾驭斑斓色彩的能力。但是，画家依然通过其独特的感觉、意象与想象能力，在黑与白的世界中探索出了更加广阔的创作空间，实现了创作生命的质变。

以下是对三位教师的访谈。

A 教师访谈：

问：据说，你在 50 岁时去攻读博士学位并如期获得博士学位，你为什么在这样的年龄还要去学习？

答：我这个年龄段的人经历了史无前例的将知识文化虚无化的时代，改革开放即成年后才开始重新接受早就应该接受的大学和研究生阶段的教育。终生教育的观念和成人学习的实践在还没人提倡的时候就已经在事实上成了我生活的方式，特别是研究生毕业后随着社会阅历的增多、视野的开阔和精神世界的提升，通过阅读跟人类顶尖级大师们心灵沟通的机会和频次也越来越多，"成为他们那样的人"的想法，越来越清晰地变成了我自觉的行动。

在知识化的社会、世界一体化的今天，攻读博士学位是一个试图在学术上有所作为的人较为便捷、可行的途径，攻博本身就是对自己学术能力的熏陶和训练，对人的完善和发展具有极大的促进作用。

现实中我知道文学大师金庸 80 岁读博、巴林吉米 88 岁读小学以及许多退休老人屡败屡战参加高考的事例，特别是金庸 80 多岁时说过："有些后悔 50 岁时没有读博士，50 岁——多年轻啊！"这些都给人极其深刻的印象。后现代主义代表人物、"解构策略"的创始人德里达 50 多岁拿到博士学位，最后成为当代社会科学大师、给人类做出了巨大贡献的事例，也给人树立了动人心旌的榜样。以上好像说的都是一些大话、都是说的他人，具体到我自己，读博也是机缘巧合。由于读博前曾在某大学进修，当时的环境引发了我在学术上更上层楼的想法，同时我平日坚持读书学习，在获得硕士学位以后漫长的职业生涯中没有让学业荒废，因此具备一定的理论研究的基础。

客观上，读博还可以从国家的角度和意义对我的学术水平做出明确的证明和评价（《学位条例》规定了学位是国家对一个人学术水平的肯定）。主观上，通过国家对学术水平的确认，更能增强自己在学术上继续求索的信心和动力。对于人文社会科学的研究者来讲，年龄大小不是问题。甚至年龄越大越有优势，关键在于具备了这个优势以后的持续和坚持。

为了 80 岁时不再像金庸大师那样留下在年轻的 50 岁时没读博士的遗憾，经过了努力，我笑对人生！

问：从你的故事中，我看到了一个非常喜欢读书的人，你认为读书能给你带来什么？

答：是啊，我非常喜欢读书。因为读书能给我带来思想、能力的提升和精神的愉悦。是读书，使人从具象的现实走向了抽象的世界；从谋生的一二三四，生活的柴米油盐，走向了广袤和永恒的思想时空。是读书，使我所教的学生层次有了从小学生一直到研究生的不同排序；工作和生存环境也呈现出了丰富多彩的景象；使我从一个纯粹的知识消费者不知不觉地变成了知识的生产者，出版了自己的专著，主持了多项国家级和省级课题，写出了数十篇学术文章。是读书，使我摆脱了生存状态中在所难免的羁绊与烦恼，常常与伟人、圣人、哲人、贤人交流与对话，感受他们的智慧、吸取他们的经验、倾听他们的教诲、评说他们的得失。阅读他们，就是与他们为伍。多年来有了这些"朋友"与自己一起面对人生，人生就不再有艰辛和孤独，有古今中外如此众多的朋友同道，岂不快哉？

是故，读书成了我生命中重要的组成部分和生存状态。我将永远地读下去。

B 教师访谈：

问：从你的故事中，我看到了一个非常喜欢读书的人，你认为读书能给你带来什么？

答：高尔基说过：书籍是人类进步的阶梯。因为好的书籍能开阔我们的视野，启迪我们的心灵，陶冶我们的心智。烦恼的时候，我就去读散文、诗歌；困惑的时候，我就去翻阅相关论著、期刊；闲暇时，我去读中外的文学名著。正是这些散文、诗歌、论著、小说，潜移给我热爱生命的情感、不屈服困难的意志，以及不断走向未知的欲望。

C 教师访谈：

问：从你的故事中，我看到了一个非常喜欢学习的人，你认为学习能给你带来什么？

答：拥有终生学习的思想，在我的身上不是一句空话。我真切地感受到学习对自己的成长起了很关键的作用。"学，然后知不足"，我很喜欢这句话。如果我不喜欢学习，不善于学习，即使我是一个比现在聪明百倍千倍的人，我想，我也不会拥有这样的成绩——从铜罐驿镇铁路边上一所破旧不堪（现在已不复存在）的小学校的一名普通平凡的教师，在生命中最青春最有活力最有追求的八年里（我18岁工作，直到26岁调到镇中心小学），在没人指导的情况下（遇良师孙嘉陵、耿松莉，是在我27岁参加区骨干教师培训班之后），还能在32岁时作为"人才引进"跻身于当时全区唯一的超编学校杨家坪小学，后来成为重庆市首批教育科研骨干教师，现在又成长为杨家坪小学副校长。是不断地学习，不断地反思，才让我活得如此精彩。

　　从以上访谈来看，三位教师的回答有着惊人的相似，他们都把学习看作通往自己理想的阶梯，是精神饱满的象征，是自己不断完善的基石。由此可见，质变学习不同于传统学习之处就在于这样的学习能够帮助学习者对生活和世界产生新的理解，认识到一个人生命的目的不在于活着，不在于对物质的追求，而在于对生命价值的渴求。在质变学习理论框架下，教师的学习使得意义生成过程得以形成，且意义生成依赖于意义结构——构建个人世界观的一种广义的心理文化假设。在他们看来，重要的是活在当下并关注未来，生活的计划不是如何活着而是怎样活着——寻找生活的意义。学习是一个终生的过程，大部分学习都是累积性的——在已有的知识上添加新知识，把已经建立的认知能力扩展到新的领域。然而，在质变学习进程中，学习者则改变着看待自己、看待世界的方式。它可能是一个逐渐发生的过程，也可能是一种突变。

　　众所周知，学习有不同的类型：尝试错误学习、操作性学习、顿悟学习、潜伏学习、右脑学习、观察学习、认知学习、情感学习、运动技能学习、机械学习、有意义学习、个别学习、小组学习、书本学习、生活学习等等。这些分类的方法往往与分类者的目的有关。笔者在本研究中按照学习的性质将人的学习分为身体学习与质变学习。身体学习是一种知识的积累与技能的增长过程，指向的是文本化的、语言符号的认知，强调个体通过身体的感官体验去认知周围世界，具有外在性特征。而质变学习则是个体通过反思与理解在文化的基础上去解构与重构周围的世界从而建构自己的精神家园，指向的是心理与行为的改进和精神世界的建构，具有内在性特征。

　　本研究认为，质变学习不是某种独立的学习样式，而是隐藏在所有学习过程中的一种学习的新性质，即并非所有的学习都是质变的，有的人可以只是为了把知识添加到已有的知识体系而学习，或是为了学习一个新的知识体系。质变学习是成人不断"生长"的催化剂。质变学习虽然可能随时发生，但它却只光顾那些有"心"的学习者。因此，质变学习强调的不是知识、经验、技能的获取，而是学习者将学习的内容与自己的经历、经验结合起来，在"悬置"过去经验的基础上建构精神意义从而促进内部——价值观、人生观、世界观等——的改变。所以，质变学习的本质是：基于先前理念的"悬置"，检视、质疑和修正原有的世界观、人生观或价值观，在寻求精神价值的过程中对生命进行批判性重塑以使自己发生不同于以往的改变，是一个理性、情感和精神同时参与的过程。

"悬置"是质变学习的前提。"悬置"在胡塞尔哲学体系中是一个有着中心思想意义的重要概念。胡塞尔主张，在宇宙空间里把对一个概念或者事物的确信用括弧"括"起来不加讨论，然后用自己的体验朝着事实本身去分析研究。可见，悬置的本意是割裂预先的确信与事物的联系，将事物独立化，在此基础上去分析、研究事物本身。借用胡塞尔的这个哲学概念，本研究认为"悬置"是质变学习的前提，学习者只有暂时搁置起自己对世界的看法，才能真正发现学习内容的内核，引起理念的改变。

精神养成是质变学习的核心。质变学习可以发生在不同的层次：认知发展、个性整合、精神养成。认知学习是质变学习的初浅层面，是学习者在学习中进行新的认识，改变自己的认知结构的过程；个性整合学习是质变学习的心理层面，是学习者借助学习重新审视并改善自己的个性特征的过程；精神养成是深层次的质变学习，是学习者在学习中改善或形成某种精神气质的过程。精神养成是质变学习的核心。

生命的批判性重塑是质变学习的价值。生命不能重复，但生命可以重塑。生命的重塑也不是简单对生命的重新设计，而是改变学习者的信念、价值观、目标、核心理念及行为。

理性、情感与精神的参与是质变学习的保障条件。身体学习较多地关注人的心理认知结构，而忽视了理性、情感与精神在其中的作用。质变学习的发生更多的是将学习看作一个理性、情感与精神参与其中的整体。任何质变学习都必须有理性的反思、情感的接纳和精神的开放。这样，质变学习才能得到保证。

个体的改变是质变学习的结果。所有的学习都是改变，但并不是所有的改变都是质变。只有发生了"质"的改变的学习才能称为质变学习。这个所谓的"质"主要指学习者在学习过程中发生了意义深远的变化——改善或形成某种精神气质。

(二) 质变学习理论的产生与意义

质变学习理论的产生有两个背景。一是 20 世纪 60 年代中期至 80 年代，传统的美国文化和精神受到了冲击，各种社会问题接连不断发生，人们试图借助教育的社会功能来改良和改造社会。在这种情况下，美国国内兴起了大规模的教育改革运动，出现了各种教学理论和学习理论。二是在 20 世纪 70 年代，美国的妇女运动达到了高潮。教育成为女性主义者特别关注的领域。女性主义者将教育视为终止女性附属地位的重要环节，因而鼓励女性回归校园或重返工作岗位。美国哥伦比亚大学成人与继续教育专业教授杰克·麦基罗的妻子埃迪也决定重返大学课堂以完成本科教育。这时她已经脱离正规的学校教育很多年了。经过学习，埃迪不仅完成了学业，而且在诸多方面发生了深刻的变化。妻子的变化引起了麦基罗的注意，于是麦基罗决定对妇女返回学校及工作岗位的现象进行一个全国性的调查。调查后，麦基罗发现，当女性重返学校或工作岗位后，对社会环境、政治结构有了重新理解并开始修正原先对生活的设想和期望。麦基罗认为这种转变是经由学习发生的，据此，麦基罗提出了"质变学习"这一术语，并开创了质变学习的早期理论。

在麦基罗看来，质变学习是一个过程，在这个学习过程中，学习者批判性地看待自己的假设以及这些假设是如何压制自身看待、理解和感知世界的方式。如果改变这些习惯性的预期，可能会使学习者原有的观点变得更为包容、有识别力和整合性。更为重要的是，质变学习最后帮助学习者根据新的观点和理解做出区别于以往的行动选择。麦基罗的质变学习理论非常强调意义图式（meaning schema）、意义观点（meaning perspective）和意义结构（meaning structure）这三个关键的概念。在麦氏看来，意义图式是指学习者对一组特定或具体对象的认识、判断或者感知的集合，是最下位的；意义观点是在众多意义图式的基础上综合提炼而成的，类似符号或观点，具有抽象性，如关于文化、经济、社会、政治等诸多方面的具体看法，是中位的；意义结构则是建立在个人及其文化背景基础之上的信念、情感、态度等，是学习者看待和解释现实的基本参照框架，主要有知识论、社会规范和心理三个方面，是最上位的概念。意义结构的形成或者改变的主要途径就是批判性反思。

激进建构主义思想在麦基罗的质变学习理论中得到体现。他强调的是学习者对经验和事件的重新解释以获取新的意义。他认为质变学习者都有足够的理性能力来完成自身类似"蜕变"的过程。可见，麦基罗的质变学习理论是建立在学习者的主体建构、学习者是理性的、学习者能够对未来负责任的三个假设前提下的。

继麦基罗的质变学习理论提出后，至今已发展出多种不同的更为细致但又略显差异的支派思想及其主张。其中最为重要的有四种理论。

第一，弗莱雷的社会质变学习理论。与麦基罗提出质变学习理论的同时，被后人景仰为批判教育学的代表人物、成人教育家保罗·弗莱雷正在处于经济和社会发展变动期的拉美地区领导着影响深远的"成人教育扫盲运动"，在质变学习理论的历史研究中，他的理论被称为社会质变学习理论。在弗莱雷的成人教育观点中，最重要的就是把教育看成一个包含行动和反思的自由实践过程。成人教育的根本任务就在于通过培养成人的主体精神和批判意识，达到其识世的根本目的，以使他们有能力来推动和改变社会。这种教育思想具有"社会质变"性质，因此，有人就把其关于成人学习的理论称为社会质变（social transformation）学习理论。弗莱雷的社会质变学习理论不同于麦基罗理论的最大区别就在于他把质变延伸到了社会变革的层面。

第二，达洛兹的质变学习观。达洛兹于 20 世纪 80 年代中期从学生发展和教育的关系视角就质变学习提出了自己的观点。他认为，每个人会有不同的发展转变期，教育是帮助学习者从已经支离破碎的生活结构中寻找意义的一个基本途径。学习不再主要是知识的获取，教学也不再只是知识的传授。学习是成长，而成长需要信任，因此，教学就是对信任、对成长的关注，教学成为一种关爱行为就是必然。质变学习是一个有赖于直觉并发生在一定情境中的整体性过程。因此，达洛兹在教学实践中，非常喜欢运用叙事性方法去引发学生的质变学习。他认为，让学生分享具有强烈情感色彩的故事，在这种间接经验的体验中，不仅可以借鉴解决生活实际问题的基本经验，还可以引发学生的相关情感，从而使学生在学习中以身心的整体性投入而获得成长。所以，达洛兹的质变学习理论重视经验与情感的参与。

第三，博伊德的个性质变学习观。罗伯特·博伊德（Robert Boyd）是于1988年在对麦基罗的质变学习理论质疑的基础上提出个性质变学习观的。他认为，麦基罗的质变学习过于强调质变学习中的理性因素，忽略了学习主体的情感因素在学习中的作用。在博伊德看来，质变学习是一个内部的个性化（individuation）过程，学习是通过反思形成个人独特的精神结构，质变是学习者个性的根本变化，是学习者在个人困境的解决、意识的扩展过程中最终实现个性的整合。因此符号、想象、原型等都能够帮助学习者创造愿景和意义。

在博伊德的理论中，洞察力（discernment）是一个关键概念，它主要由三个连续的过程组成：接受性（receptivity）、认识（recognition）和痛苦过程（grieving）。个体在有了一定的接受新观点的准备状态后才能对新观点有一定的认识，如果新观点与先前的观点不协调，学习者通常会经历一个要抛弃陈旧思想、观点或价值观等的痛苦过程。继而，学习者才转向认同并采纳新的观点或行为模式，从而不断促进和完善个性。显然，博伊德的观点是对麦基罗观点的补充。他也重视学习过程中个体认知及其结构的变化，但他没有将"人"视为完全理性的动物，而是充分认识到非理性因素在质变学习发生过程中的作用。

第四，德克斯的"精神与学习的联结"质变学习观。美国密歇根大学教育学院的德克斯教授非常重视情感和精神在成人质变学习中的作用。他认为，人的学习还内在地存在一个精神的维度，精神不仅是心理上的特征和情感上的参与，还是学习者对世界的看法和体验，处理的是人与外部世界的关系。情感只是帮助学习者处理这些关系的一种语言。只有通过精神进行学习，才能使学习者更加关注自身的生活质量、价值、关系、心灵。因此，德克斯的"超理性"质变学习解决的是学习者的"心理冲突"。质变是通过想象，创造性和直觉从不同侧面对自我加以整合的超理性过程，强调学习过程中的感觉和表象。

目前，关于质变学习的研究已经得到了若干新的发展：团体和组织的质变学习问题、如何培养质变学习以及关于质变学习的伦理思考等。从 1998 年开始，美国每年专门召开一次质变学习的国际会议，来自世界 100 多个国家的专家、学者共同探讨成人质变学习的发展与未来，促进了质变学习理论的重大发展。目前，国内关于成人质变学习理论的研究还不是很多，质变学习理论的研究刚刚起步，尤其是从理论到应用还有较大的距离。

质变学习理论的出现，使成人学习的本质有了一个新的界定，为成人教育质量以及社会政治条件促进或阻碍学习提供了一个条件判断。质变学习的过程涉及通过对假设的批判性反思转化参照系，通过理性交谈确立论争信念，根据某一反思性洞察力采取行动，并批判性地评价它。质变学习所具有的内在逻辑、理想和目的为成人教育者提供了一个选择恰当的教育实践和积极地抵制阻碍成人学习的社会文化力量的基本原理。

（三）教师质变学习的意义溪流

学习更多的是一个过程，而不是产出。为了生活而不是生存的质变学习在精神意义上，能够把人们从狭隘的功利观念中解脱出来，形成丰富人的情感的血肉，构成支撑人的一生的骨骼，破开人的内心冰冻的海洋。

由于这样的学习，我发现自己变了——包括人生观、世界观、价值观都发生了深刻的变化。人生的境界也在不断提升，生活的态度与心态更加扁平化——没有了浮躁与急功近利，教学与科研能力也随之而大幅度提升，最重要的是，我有了幸福感——做教师的幸福感、读书的幸福感、学术探讨的幸福感……

D 教师如是说。

质变学习可以帮助教师积极创造和勇于开拓。质变学习不是机械地接受环境刺激或被动地适应环境变化。质变学习帮助教师成为一个积极的开拓者和创造者。善于质变学习的教师对世界的反应是凭借自身的理想、价值、态度等。

质变学习使教师成为一个自省的人。质变学习使教师具备反映其生活及社会问题的能力。他们知道自己应该怎样学习，懂得如何通过自己的眼光去建构周围的世界和自己的世界。

质变学习能够帮助教师走向自我实现。质变学习使教师的学习动机由外转向内，质变学习成为他们学习的本能需要。因此，他们会非常乐于进行质变学习，通过质变学习满足内心的欲望，进而达到自我实现。

（四）教师质变学习的自在与自觉

从教师内部认知需求的产生来看，教师的学习是以头脑中先前内化积淀的知识经验为基础的，当他在学习中面临新的认知对象时，总是先按照已有的知识经验去解释。然而，当他面临的是先前知识经验无法理解或理解困难的认知对象时，他可能放弃新的认知对象，也可能改变自己的认知结构而容纳新的认知对象。若是后者，教师的学习便产生了质变——新思想、新观念诞生。当然，这种质变学习还是自在的——是教师自然呈现出来的本真状态。若一个教师能够意识到这种改变所带来的不一样的发展体验，那么他就会在以后有意识地去获得这样的体验，如此，教师的质变学习就走向了自觉——质变学习是教师不断主动谋求的状态。

通过硕士研究生的学习经历，我尝到了学习的甜头，我想继续攻读博士学位，于是，我努力了，然而却失败了。沮丧、徘徊缠绕着我的内心。加上已47岁的年龄使自己也失去了年龄优势。然而我不甘心，即便自己知道学习是多样性的，攻读学位并不是唯一的学习方式，但是我深知攻读学位是一个人成长的较佳途径，并且我喜欢这种学习方式——有许多与导师、同学交流的机会。在一个友人的榜样作用与鼓励下，我再次报考终于如愿以偿。我珍惜着来之不易的学习机会，如饥似渴地学习一切想知道的东西，思考各种各样的学术问题。

至此，我更加狂热地爱上了阅读。阅读也不再限于文学作品和专业书籍，而是扩展到更广阔的领域——哲学、政治学、经济学、医学、历史人物传记、诗歌、文学理论等，尤其是哲学类书籍几乎成了阅读的爱好。阅读使我喜欢思考并以探究的方式去体验世界。例如，当我阅读萨义德的《知识分子论》时，我深切地思考：身为知识分子应该做什么？在许多人眼里，读这样一些枯燥乏味的东西并不能挣钱糊口。然而，阅读这样的作品对我而言无疑是在享受一顿饕餮大餐！

正如彼得·圣吉所说："学习不仅是人类的天性，也是生命趣味盎然的泉源。"① 学习不仅为 D 教师带来了身心的愉悦和精神的满足，更使其将学习视为生命存在的必需与自觉。"学习是美妙的，它自然而然。就如我们吃饭、睡觉、呼吸一样，成为我们生活的一部分，让我们感到愉悦。"②

三、质变学习唤醒教师的文化身份感

林德曼在《成人教育的意义》中指出，成人教育不在于给予职业的训练，更在于意识的唤醒。弗莱雷同样也提出，成人教育的责任是唤起成人的主体意识。教师教育的本意不仅仅是解决其专业发展问题，而着重于其文化身份的唤醒。

（一）自我概念的重建：从教学专家到知识分子

自我概念（self-concept）是个体对自身存在的体验，是个体通过经验、反省和他人的反馈，逐步形成对自身的认识。自我概念是一个由态度、情感、信仰和价值观等组成的有机认知整体，它贯穿于人的整个经验和行动，并把个体表现出来的各种特定习惯、能力、思想、观点等组织起来。不同的

---

① 彼得·圣吉. 第五项修炼——学习型组织的艺术与实务 [M]. 北京：生活·读书·新知三联书店，1998：4.

② Joanne Arhar, Mary Louise Holly, Wendy C. Kasten. 教师行动研究——教师发现之旅 [M]. 黄宇，等，译. 北京：中国轻工业出版社，2002：6.

学科对自我概念有不同的界定。哲学和神学强调自我是道德选择和责任感的场所；临床心理学和人本主义心理学强调自我是个体独特性和神经症的根源；社会学强调语言与社会的相互作用是自我实现并得以保持的基础；实验社会心理学强调自我是认知组织、印象处理和动机激发的源泉。自我概念就像一个过滤器，进入心理世界的每一种知觉都必须通过这一过滤器。知觉通过这一过滤器时，它会被赋予意义，而所赋予的意义高度则决定于个人已经形成的自我概念。

个体的自我概念是由反映评价、社会比较和自我感觉三部分构成。反映评价就是个体从他人那里得到的有关自己的信息；社会比较是在生活和工作中，个体与他人比较来确定自己；自我感觉是个体用自己的方式来看待自己。

个体自我概念形成是从儿童时期开始的，是儿童社会化的重要方面。当个体进入社会以后，随着其社会责任的增加与不同，其自我概念也发生相应的改变与重建。

当教师放弃教学自主权，接受了决策者对教学施加的限制时，当独立的权力基础不复存在时，教师便成了教学的专家。当不允许大学教师选择自己的研究课题，他只能按照《课题指南》解决政策制定者提出的问题时，他的角色就逐渐与一个具备专门技能但必须执行政策制定者指示的公务员没有多大区别了。由此，他们便产生了"自我"的不清楚甚至混乱。当中小学教师被要求"专业化"、大学教师被要求按《课题指南》做研究以后，教师实实在在把自己当作了教学专家、科研专家。这样的自我概念使得进入教师心理世界的一切都被赋予了特定的意义——一个合格甚至优秀的"教书匠"。因为，每天都有人说教师的本分就是教书；教师每天所做的事情就是教书；教师感觉自己每天除了教书还是教书。我国的《教师法》规定："教师是履行教育教学职责的专业人员，承担教书育人，培养社会主义事业建设者和接班人、提高民族素质的使命。教师应当忠诚于人民的教育事业。"如此规定就把教师仅仅局限在一个非常狭窄的"自我"之中，将教师异化为一个"教书育人"的器物。本研究暂且不讨论这样的规定背后所隐藏的政治、社会旨趣，单从人的主体性来看，教师也不应该是一个"器物"。教师除了要"在学校中向学生传递人类科学文化知识和技能，发展学生的体质，对学生进行思想道德教育，培养学生高尚的审美情趣，把受教育者培养成社会需要的人才"外，教师还有更多的社会意义——在政治与社会的语言、价值、意识形态等方面都有支持作用。因为，教师是知识分子！作为知识分子，无论是作为个体还是以集体的形式，他们都能且必须参与实际的社会过程。正是通过这些实际过程决定了教师日常教育生活的意义和实践——培养公民行使自己的自由和有能力质疑支配民主政治生活的基本假定。因此，无论是中小学教师还是大学教师都需要重建"自我"：从教学专家到知识分子并由此而承担起知识分子的责任——采取批判的立场，使自己的工作与更广泛的社会问题联系起来，给学生提供知识的同时也提供紧迫的社会问题进行辩论与对话，使学生满怀希望并相信自己能够对社会做出独特的贡献。教师作为知识分子，不仅要具备康德意义上的标准："有勇气在一切公共事务上运用理性"，还要具备萨义德意义上的知识分子标准："不能轻易被政府或集团收编"。[①]的确，目前相当一部分教师不仅没有了公共知识分子的勇气，而且还受利益所驱，竞相把自己的知识与技能出卖给出价最高的竞买者。由此在失去文化身份的"自我"的同时也失去了人格的"自我"。笔者不能指责他们做错了，因为，做一个有勇气的不被利益集团收编的公共知识分子是有风险的——包括生存与精神的风险。但是教师也不应该成为"关在小房间里的文学教授，有着安稳的收入，却没有兴趣与课堂外的世界打交道。……主要是为了学术的晋升，而不是促成社会的改变"。[②] 所以，教师必须质变学习，因为只有质变学习才能帮助教师打破原有的"自我概念"，重建一个新的自我概念——公共知识分子。

---

① 爱德华·萨义德. 知识分子论 [M]. 单德兴，译. 北京：生活·读书·新知三联书店，2002：17.
② 爱德华·萨义德. 知识分子论 [M]. 单德兴，译. 北京：生活·读书·新知三联书店，2002：63.

（二）学习动机的变化：从关注学习结果到关注学习过程

无论人们从事何种活动，表现出何种行为，它里面一定包含有某种动机。学习动机是"推动学习的动力，是激励个体进行学习活动、维持已经引起的学习活动，并使学习活动朝向一定的学习目标的一种内部心理状态"。①美国心理学家詹姆斯的研究表明：当人的活动动机很强时的工作效率是一般情况时的3—4倍。所以，动机实际上就是直接促使个体从事某种活动的内在原因。而所谓的学习动机也就是推动并维持人的学习活动以满足一定需要的内部动力。它是学习积极性的直接动因。人的学习动机可以归纳为两大类：直接性学习动机和间接性学习动机。

直接性学习动机指的是从学习本身追求种种内心感受，从而获得有关需要满足的动机。如在学习中体验到学习的个人价值，能够满足价值需要。产生直接性学习动机的关键点是人在学习中是否能够体验到一些内心感受。人的内心感受主要表现在两方面：一是表现于人在学习中体验到的内部感受，即贡献感、责任感、义务感。这些感受与对社会的贡献需要、责任需要、义务需要等高层次的精神需要的满足有关。因此，这些"内感"都属于理智信念性的。二是表现于人在学习中体验到的享受（智力、体力），即成就感、创造感、趣味感等。它们与成就需要、创造需要、趣味需要等高层次的精神需要的满足有关。它们是情绪兴趣性的。只要人在学习过程中得到以上高层次需要的满足，也就等于得到了"内感报酬"，即人们常说的"乐在其中"，它使人产生持久而稳定的学习积极性。由此可见，直接性学习动机关注的是学习的过程，是学习者能否在学习过程中得到精神的满足。

间接性学习动机是指追求学习以外的附属事物，以获得有关需要满足的动机。在此，学习本身已不是目的，学习只是一种手段——为了获得某些物质利益。所以，间接性学习动机使人关注的是学习的结果——职称、工资、职位、荣誉等。

通过辨析这两种学习动机，显而易见，质变学习更多的是由直接性学习

---

① 黄希庭. 简明心理学词典 [M]. 合肥：安徽人民出版社，2004：452.

动机所激发和维持的，传统的学习倾向于由间接性学习动机所激发与维持。因此，强调教师进行质变学习实质是在转变教师的学习动机，使教师在学习中更加关注学习的过程并经由过程产生改变而获得更多更好的结果。

> 但是，我深知攻读学位是一个人成长的较佳途径，并且我喜欢这种学习方式——有许多与导师、同学交流的机会。
>
> 在许多人眼里，读这样一些枯燥乏味的东西并不能挣钱糊口。然而，阅读这样的作品对我而言无疑是在享受一顿思想的饕餮大餐！

显然，D 教师的学习动机是直接性的。

（三）学习焦点的移位：从关心当下到关心未来

教师作为成人学习者，学习的焦点应该产生位移，即由关心当下转向关心未来。当下与未来本是一对对应的时间概念。在人的理念中，当下是现实，未来是理想。未来是一个想象的当下，一个心智的投射。当未来到来的时候，它就是当下。当想到未来时，是在当下想的。显然，当下与未来没有它们自己的实相。关心当下是现实主义的学习取向，关心未来则是浪漫主义的学习取向，它们对人的塑造有巨大的差别：前者是把人塑造成为能够适应现实社会的人，后者却是把人塑造成人自己想成为的那种人。正如 A 教师所言：

> 终生教育的观念和成人学习的实践在还没人提倡的时候就已经在事实上成了我生活的方式，特别是研究生毕业后随着社会阅历的增多、视野的开阔和精神世界的提升，通过阅读跟人类顶尖级大师们心灵沟通的机会和频次也越来越多，"成为他们那样的人"的想法，越来越清晰地变成了我自觉的行动。

的确，质变学习可以帮助教师走出专业的视野去发现更多美好的事物，使他们将眼光投向未来世界。

A教师：是读书，使人从具象的现实走向了抽象的世界；从谋生的一二三四，生活的柴米油盐，走向了广袤和永恒的思想时空。是读书，使我所教的学生层次有了从小学生一直到研究生的不同排序；工作和生存环境也呈现出了丰富多彩的景象；使我从一个纯粹的知识消费者不知不觉地变成了知识的生产者，出版了自己的专著、主持了多项国家级和省级课题，写出了数十篇学术文章。是读书，使我摆脱了生存状态中在所难免的羁绊与烦恼，常常与伟人、圣人、哲人、贤人交流与对话，感受他们的智慧、吸取他们的经验、倾听他们的教诲、评说他们的得失。阅读他们，就是与他们为伍。多年来有了这些"朋友"与自己一起面对人生，人生就不再有艰辛和孤独，有古今中外如此众多的朋友同道，岂不快哉？

B教师：烦恼的时候，我就去读散文、诗歌；困惑的时候，我就去翻阅相关论著、期刊；闲暇时，我去读中外的文学名著。正是这些散文、诗歌、论著、小说，潜移给我热爱生命的情感、不屈服困难的意志，以及不断走向未知的欲望。

学习是人类价值建构和精神生长的过程，是人类生存意义的自我确证。教师是生存在现实社会的人，但是，教师的生存是以理智和情感为指导的，具有方向性和目的性。首先，教师，作为知识分子、作为学生成长的引领者，能够通过质变学习从现实走向未来，为自己的存在与学生的存在寻求意义。其次，未来是成长的方向，在教师的成长过程中，质变学习能够全面而无微不至地帮助教师建立起自己的价值系统，形成自身特立独行的价值观。最后，质变学习可以承担起教师的自我修正功能。质变学习给教师虚悬着的精神建设起一个支点，即理想，它使教师觉得教育是一件有意义的事。质变学习同时还能告诉教师，教师是什么样的，教师应该怎么样。这样，教师在不知不觉中改变着对生活的判断，使教师能在纷乱嘈杂的现实声浪中渐渐找到一条清晰的精神生长脉络，从而也为自己的生存找一个合适的方向或目标。已经迷失方向的教师发展也就在不经意中回到了它的正常发展轨道中。

（四）发展视野的扩展：从专业发展到蝶化发展

专业发展是教师"如何获得知识和能力发展"的追问，秉持的是一种知识论立场，将教师发展基本定位于教师知能结构的改进。这种基于知识论的教师专业发展观本质上关注的是教师发展的结果，是关注"教师的教书"。教师成为一个实现发展结果的"工具"。如此，教师便沦为被塑型的对象，教师的学习也变成了被动接受干瘪、枯燥的知识和技能的活动。最终，教师发展就成为被标准化、功能化和单向化的专业历程。可见，专业发展不仅遗忘了教师本真之"存在"，而且使教师在其发展中"失身"，使其存在的原始意义失落。

教师并不是抽象的个体，他们是"现实的人"，是教育领域实践着的人，是在一定的物质生活条件下生活、实践、认识、体验着的人，他们所关注的中心是自己的生存根据、生存意义和生存价值问题。蝶化发展就是秉持这样的立场帮助教师进行"如何进行意义生存"的省思，将教师发展基本定位于教师生存意义获得的过程。这种基于生存论的教师发展观本质上不再关注教师发展的结果，关注的是"教书的教师"，教师成为一个实现自己生命高度的"诗意"存在。如此，教师便是意义生成的主体，教师的学习也变成了寻求生存价值和生存方式的过程。最终，教师发展就成为一种体验的历程。

质变学习促使教师走出因知识论教师发展观而深陷的"物化"生存困境，让教师澄明自己诗意栖居的发展意义世界，从而扩展教师发展的视野——从知识技能的建构到生命意义的追寻。

（五）学习方法的创新：从他人导向学习到自我导向学习

他人导向学习是一种被动的学习方法，是学习者按照他人的要求所进行的学习。这样的学习往往具有被动性、接受性、预期性特征。专业发展中的教师往往采取的就是这样的学习方法，从学习目的、学习内容、学习方式到学习结果都是教师教育者预设并安排的，教师只需按照计划进程去做。而自我导向学习是与他人导向学习相对应的范畴。自我导向学习是在没有他人帮助的情况下由个体自身学习需要引发的，并形成自己的学习目标，寻求学习的人生和物质资源，选择适当的学习策略和评价学习结果的过程。这种学习不仅强调学习者的主动性、自主性和创造性，而且非常重视学习的情境性与偶发性。

质变学习所要抛弃的正是他人导向学习的特性而倡导自我导向学习的特征。首先，进行质变学习的教师把学习看成主体发展的需要，看成自我教师身份的应然；其次，进行质变学习的教师在学习中保持自主，独立做出学习决策，包括学习目的、学习方式、学习内容等；再次，进行质变学习的教师重视学习的自我创造，将学习看作创造的过程而非接受的过程；最后，进行质变学习的教师并非预设，往往是与一定的情境相连，具有偶发性，一次深刻的交谈、一次报告、一种偶发事件等都可能引发教师的质变学习。

四、教师质变学习的图式

既然质变学习如此重要，那么，质变学习是否可以培养？如果能的话又该如何去培养？对此问题的回答似乎是一个高难度的"动作"，然而，只要我们把这个高难度的动作进行一番分解就能够发现其中的规律。

国外学者在对质变学习的培养方面做了一些研究。例如，麦基罗认为质变学习有10个阶段，包括困境、批判性反思、理性交谈等。泰勒（2000）基于麦基罗的理论模型认为，质变学习的理想条件包括"一个安全的、开放的、信任的环境"，它允许参与、合作、探索、批判性反思和反馈。格兰顿（Granton）（1994，1996，2000）主要研究如何在教室里创建麦基罗所说的质变学习的理想条件：一是教师要放弃一些课堂的"权力地位"，二是要求教师了解学生的学习风格。福格尔桑（1993）发现将个人学习经历融入社会活动中的教育活动有利于质变学习的培养。皮尔斯（1986）通过对参与为期一周的教育实践的高级学习者的访谈发现，质变学习培养过程中引导学生反思的过程可以提升学习者质变学习的自我意识，并促进学习的质变。萨韦德拉为期两年的历时研究发现，学习团体在学习期间的对话、合作、提问以及社会动态协商过程对参与者的学习质变具有相当的推动作用。

国内大陆学者对质变学习仅仅停留在理论的介绍层面，深入的研究并不多。就所能够找到的文献看，除了柳士彬（2007）的《成人转换学习及其教学策略》一文对此有所涉及外（该文主要是从质变学习的教学策略角度对质变学习的培养有一定解读），几乎没有关于质变学习培养方面的专门研究。

根据上述研究成果以及笔者对质变学习理论的理解，本研究试图建构一个教师质变学习的图式并以此作为教师质变学习的策略①。

（一）搭建教师质变学习的支架

质变学习有着与传统学习不同的内部结构。

分解质变学习的内部结构有利于认识并掌握质变学习。综合所有质变学习理论来看，质变学习主要包括三个层面：符号表达、逻辑形式和意义建构（见图4-3）。

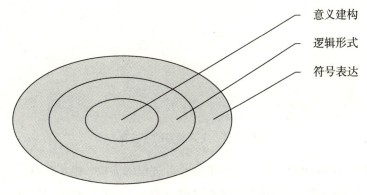

意义建构

逻辑形式

符号表达

图4-3 质变学习的内部结构

符号表达是学习者选定的一组特定或具体的认知对象的集合，这是最外

①　由于质变学习不是一种独立的学习模式，因此它不包括具体的学习策略。它可以是行动学习（learning by doing），也可以是交互学习（learning in interaction）或者是阅读学习（learning by reading）和思考学习（learning by thinking）。因此，本研究不研究具体的质变学习的策略，而是建立一个可供参考的图式。

层的结构。

逻辑形式是学习者在众多符号表达的基础上综合提炼而成的具有抽象性的观点，这是中层的结构。

意义解构是学习者在反思基础上形成的看待和解释现实的基本参照框架，这是最核心的层面。

通过对质变学习内部结构的分解不难发现，教师的质变学习是教师在与文本符号相互作用的基础上，通过对文本内在逻辑形式的解构而不断生成意义的过程。这个过程的实现需要一系列"支架"的支撑（见图4-4）。

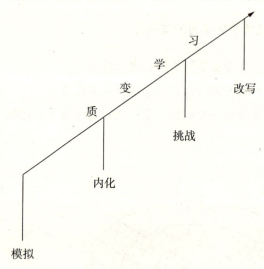

图4-4　质变学习的"支架"

模拟（simulation）是对真实事物或者过程的虚拟。模拟的目的在于产生出某种与原体相似与不相似之间的"第三空间"。教师的质变学习首先需要对文本的模拟。文本（text），从词源上来说，它表示编织的东西。文本的概念后来主要变成了"任何由书写所固定下来的任何话语"。如今，文本的概念更加宽泛：一切承载任何符号的实体都是文本。教师对文本的模拟，正是对质变学习的生动描述。从理性认识角度看，教师在学习中对选定的一组特定或具体的认知对象（文本话语）进行模拟，在模拟的过程中不断从内部对这些符号表达进行改造，在自我意识中发现与文本的差异并打破二者之间的对立，在其中生成第三个空间，以形成自己对文本的独特理解话语。

模拟对于教师质变学习具有极为深远的意义。因为模拟的重要性并不在于有意地对文本的抵触，而在于模拟自身内部所天然带有的分裂和消解功能。这种对文本的模拟，正是一种德里达解构主义意义上的"溢出"（excess）。这种溢出打乱了文本的常态和秩序，使其固定、完整的含义遭到破坏，而且这并不是模拟的蓄意所为，而是它与生俱来的潜在特性。

模拟不是质变学习的目的，只是质变学习的必要步骤之一。当教师对文本产生了模拟之后，下一个步骤是将模拟后所"溢出"的意义进行"内化"（internalization）。没有内化的模拟只是形式，没有内化的质变学习只能停留在认识的层面上而无法深入到质变学习的逻辑形式之中。内化是在思想上将他人的思想观点纳入自己的思想体系之中，将自己所认同的新的思想和自己原有的观点、信念结合在一起，构成一个统一的态度体系并且成为自己人格的一部分。由于教师的认知结构是一个能动的系统，它有着自我调节、自我完善的能力，因此，它可以不断地理解新事物、接纳新事物、解决新问题、适应新环境。在教师质变学习中，最成熟的内化水平是教师的"自我同一性"，即教师将内在和认同共同塑造到自我的一致性中。可见，内化实质上就是为教师的质变学习搭起另外一个"支架"，以帮助教师将模拟所生成的意义内化到自身的精神体系中。

当教师对由模拟而获得的意义内化以后，教师可得到一个新的建构——生存的价值。这个建构不同于以往学习所带来的体验——知识与技能的累积，它是对教师自我意识的挑战，是关涉"我是怎样一个人""我要如何生活"的问题。其不仅要求教师改变自己的生活方式，连自己的价值观、世界观都要彻底地改变——重新塑造一个自我！这对许多教师来讲是一件非常不容易之事，它涉及教师从外在形象到精神内涵、从为人处世到人生态度的改变。若教师敢于接受如此挑战并实践它，便随之改写了自己。

改写是质变学习的目的与终极目标。因为质变学习就是要重建一个自我。改写是质变学习的最高级"支架"。缺乏这个"支架"，质变学习会因此失去价值而变得毫无意义。改写绝不是一般概念上的变换，它是哲学意义上的重塑，是从身体到精神的崭新面貌。

（二）掌握教师质变学习的路径

教师质变学习是一个过程，这个过程包含着不同的阶段，沿着这些阶段走下去便最终形成质变学习的路径（见图4－5）。

检视 ——→ 领悟 ——→ 反思 ——→ 尝试 ——→ 改变

图4－5　质变学习的路径

教师质变学习的第一个阶段是检视。这是质变学习的起点。检视是指教师对自己原有观念的检验与审视。教师在自己的生活经历中形成了对某件事情的观点，因为受到个人经验的影响，这种观点不仅不容易改变，并且在以后的生活经历中，教师总会寻求更多、更深层次的证据来证明自己的观点。在这样的不断证明中，他们就不断地扩大已有观点的范围和强度，使其更不容易被推翻。这是教师的认识与外部环境的一个暂时的平衡阶段。当某个触发性事件出现时，这种平衡就会被打破。

教师正是依靠他们业已形成的观念体系来解释生活，但是，这些观念又极有可能是刻板的、偏颇的或扭曲的。未曾质疑、未经检验的观念可能限制教师对新经验和新观念的接受程度，阻碍相关经验之间和价值观念之间的整合，最终不利于教师的成长和发展。所以，要想及时修正和转变观念，就必须首先学会质疑原有的观念，因为只有在质疑原有观念的过程中，教师才有机会发现原有观念的问题所在，了解并明晰原有观念因何及如何限制了自己去观察、理解和感受世界或他人的方式，由此质变学习才有可能发生。

教师质变学习的第二个阶段是领悟。领悟是教师运用自己的感觉、想象对新观念、新思想的体会与解悟。教师在学习过程中总是依靠自己的解释策略去体会、解悟认识对象。每个教师的解释策略都有着程度不同的差异，这些差异是由于他们参与学习的感觉、想象的差异造成的。因此，教师要学会运用适宜的解释策略去领悟学习中的一切，尤其是对逻辑形式的正确感悟是非常重要的。

教师质变学习的第三个阶段是批判性反思。这是促进教师质变学习的根本动力。当教师通过质疑原有观念认识并领悟到自己正在经历的事情与过去一直保持的观念不再一致时，就有了认识的失衡，这种失衡可能导致发生针对自我的批判性反思。批判性反思的过程是一个评估、质疑、探索、确定和融入的过程。首先，教师要对自己原有观念的来源和后果进行批判性评估；其次，教师要审视这些固有的观念对于新境遇和新经验的适切性和有效性；再次，教师必须探索可以形成新角色、新关系和新行为的多种可能的计划；又次，教师须确定接受某种新观念后自己的行为准则；最后，教师将接受的新观念融入自己的生活。显然，批判性反思不只是改变原有观念本身，更是改变原有观念的前提或预设，也只有这样的批判性反思才有可能引发教师的质变学习，从而成为促进教师质变学习的根本动力。

教师质变学习的第四个阶段是尝试。尝试是指教师根据已经融入的新观念去试着指导自己的行为。尝试是一个检验的过程。如果检验的结果是能够带给教师良好的内心体验，获得外界的良好评价，尝试就得以通过，否则教师就有可能倒退到以前。所以，在尝试阶段，教师不能假设其结果一定如预期的那样，因为生活世界并不都由自己去控制。许许多多的因素会产生干扰甚至阻碍。

教师质变学习的第五个阶段是改变。改变不仅仅是行为与以往不同，更主要的是内心的坚定。只有内心的坚定才能促使教师不断地进行质变学习而始终保持精神与行为的一致性。

综上所述，教师质变学习的发生过程是教师已有认识与外部环境由平衡到不平衡再到更高层次的平衡的一个螺旋式上升的过程。每一个具体的质变学习的发生、发展都要经历这五个阶段。

总之，教师教育工作者要有效地促进教师质变学习的发生，必须做到以下几点。首先，要帮助教师集中检视他们自己已有的信念、感觉和行动背后所潜藏的假设，并评估这些信念、感觉、假设所可能产生的结果。其次，通过学习加入一个新观点，在探讨并确认这个新观点可能的假设及其后果的基础上去促进教师领悟新观点背后所隐藏的理论或事实。再次，帮助教师通过有效的判断性反思去体验这些理论或事实的有效性。又次，帮助教师利用体验所产生的兴奋、激情、愉悦去尝试某些信念与行为的改变。最后，由尝试所带来的变化去引起足够的认知、情感、精神的固着。下面笔者以引发 B 教师质变学习并促使其改变为例说明这个过程的实效。

2005 年 5 月，我受学院所托，承担了重庆市教育科研骨干培训班的班主任工作。这个培训班的培训时间为期一年。B 教师作为受训教师也在此班学习。在 70 人左右的培训班里，B 教师是一个很平常的教师，甚至还有些胆怯与腼腆，直到一年的培训快要结束时，我对她仍然没有太深刻的印象。在他们快要结束培训的一天，我在校园里遇见了她。她告诉我她同时在读教育硕士，并希望我做她的导师，我很惊讶也很惭愧。惊讶的是，在那个时候能够考上教育硕士的教师并不多，而她从来没有告诉过我；惭愧的是，我对这样的学生并没有注意到，甚至都不怎么了解她。所以，我答应做她的导师。就这样，我与她从此结下了深厚的师生情谊。在后来的交往中，我发现她实际上是一个非常好学的教师，学习对她来讲，不仅发生在课堂上，也发生在生活中；学习不仅是对书本的理解，也是对别人言行的感悟，正如她所说："骨干培训第一阶段结束后，班主任把学员的参学情况公布在教室的后墙上。这是我对伍老师有了特别感受的开始。在我从事的教师培训中，参学率低一直是个令上课教师头疼的问题，但没有哪个班主任这样去做过，而这个做法又是很简单的。伍老师这样做了。我感受到了教育中的公平和严格。"她能够从我这个班主任的一小点有效提高教师参学率的做法中领悟到教育的公平和严格，说明她善于接受与领悟。于是，我开始尝试有"预谋"地去培养她。那么，从哪儿入手呢？当我了解了她的个性、追求与对我的认知、情感以后，我决定以自身的思想、价值观、言行去影响她。因此，我经常与她一起交谈——学习、人生、教育教学、人际交往、个人素养、穿衣打扮等等都在我们的交谈之列。尤其当我发现她爱阅读但是阅读的范围窄、层次低时，我推荐她去读一些能开阔她视野、引起她深层次思考的书籍。虽然开始时效果不够理想，但她做了，而且愿意这样去阅读。当她能够读懂一些理论以后，她开始有了困惑。我要求她认真想一想自己过去的一些想法是不是正确，这些想法带给了自己什么。然后，我还讲了自己的一些类似的体验与她分享，拿自己的想法与她进行讨论。例如，她告诉我，单位里有许多人包括她的丈夫都不理解她为什么还要去读书、学习，对她在工作中的表现，对科研的兴趣持一种异样的眼光，这使她感觉非常不好。我在帮助她分析了如何看待别人的议论与不理解后，希望她认真想想，自己想要什么样的生活：是浑浑噩噩一辈子，还是过一种有意义、有价值的生活。后来，她告诉我愿意选择后者。于是，她开始把自己所有的注意力集中在学习上。三年以后，她发生了一些变化：有了优雅的气质、得体的衣着、适宜的谈吐、开朗的性格、批判性的思维和坚定的信念；她不仅以优异的成绩完成了研究生阶段的学习，学位论文也评上了优秀论文，并且非常成功地完成了一个市级重点课题的研究；不仅学会了学习还爱上了学习。2009年，她又以高层次的访问学者身份重返大学学习，其间不仅写出了更加有深度的学术论文，而且思想的批判性、深刻性更加凸显。

这个实例实实在在地说明了质变学习的存在及其作用。质变学习发生所需要的一切关键要素都出现了：检视、领悟、理性交谈、批判性反思、触发性事件、尝试、改变等等。由此，教师的质变学习得以发生。这一实例说明质变学习不仅仅是理论，也是一种实践——追寻生命意义的精神实践。

五、叙事与解构

（一）叙事：一个教师"破茧成蝶"的故事

学习的惊讶

——D教师的"生活史"

人言：读书改变人的命运。我说：学习也提升人的境界。这不是一种宣示，而是我真真正正的人生感受！

我出生在一个平凡的城市人家。父亲只有小学文化程度，母亲是文盲。家有六个子女，我排行最后。俗话说：百姓爱幺儿。确确实实，父母虽然不能给我提供优越的物质条件，但是我也算享受了家里的"最高待遇"——没有食不果腹也没有衣不蔽体。父母没有多少文化，却从不阻挡我从识字起就有的一个爱好——读书。由于出生在一个物质与精神都相当匮乏的年代，不仅食物短缺，而且几乎没有文化生活，唯一的读物就是学校的教科书。尤其是在"文化大革命"中，除了《毛主席语录》《毛泽东选集》，几乎没有其他的书可读。为了满足自己读书的嗜好，我不仅读完了自己的教科书——往往在课本发下来一两天的工夫就把它们全部读完，还把哥哥姐姐的课本也读了一遍，实在没有可读的书了就开始读《毛泽东选集》。在那个年代，有许多的成人都读过《毛泽东选集》，但我可以说没有哪个中学生把《毛泽东选集》（1—5卷）都读完的——而且是自己心甘情愿去读。我记得在我小学四年级的时候，我得到了一本小说——《艳阳天》。我如饥似渴地用一周的时间读完了它（我的班主任老师路过我家门口看见我在读一本厚厚的小说，第二天还在班上表扬了我。更为荣幸的是，学校图书室的老师破例允许我随时去图书室借书看）。从此，读小说成了我生活中最大的乐趣。可以说在上大学之前，我获得的一切知识与人生观、世界观都来源于这些书籍。书，不仅塑造了我娴静少言的性格，还向我展示了一个广阔的视野，更催生了我那时的理想——一定要上大学！但是，读了大学以后做什么我却是相当的茫然！即便老师和同学们都一致认为我是一块当老师的好料，然而，自己最不喜欢的就是当老师（源于何故，至今自己也无法求解）。命运总是与人开玩笑。当我以优异的成绩并成为学校当年唯一的一个考上大学的学生后，我却高兴不起来，因为我被师范录取——而且还是学前教育！我拿到录取通知书，整个人都傻了！尤其是当我到学校去报到以后，第二天，就下定决心要退学回家，第二年再考。可是，我的父母、哥哥姐姐、亲朋好友不允许我这样做。因为，那时候，家里有小孩考上了大学无异于古时中了状元。他们怎么会允许我放弃呢?! 没有办法，我只好又回到学校，乖乖地读这个我极不喜欢的师范。

四年的艰辛终于过去，我仍然以优异的成绩大学毕业了。可这个"优异的成绩"再一次捉弄了我——由于品学兼优，学校要求服从分配留校当老师——还是我最最不愿意当的一类老师——政治辅导员！由此，我提出了一个留校的条件：只当四年的政治辅导员，然后就转为专任教师。我的条件居然被认可。就这样，我的身份从此被定格为一名高校教师。

又一个四年过去了，我站上了三尺讲台。由于所教的学科并不是在大学里所学的，而且是原本没有接触过的，更麻烦的是，系里没有一个老师教过这门课，也就没有派资深教师来"传帮带"——连想做"助教"的机会都没有。由此我不得不下很大的功夫去学习和钻研。可能是本性使然吧，虽然不喜欢做老师，也没有学过所教专业，可还是很努力地把讲台稳稳地站住了——得到同事与学生的认可。从此，我认认真真做教师，踏踏实实教学生，没有了幻想，也没有了目标。如此，在不知不觉之中就过去了近20年。这近20年的时间，从发展的角度看，实实在在是得到了专业上的长足进步：从新教师到熟手教师；从学科门外汉到行家里手；从助教到副教授。也许，如果不是后来攻读硕士学位，我的人生境界也就定格于此——一个倍儿棒的"教书匠"。

到了2004年，也就是大学本科毕业后的第20年，我开始在专业上有一种感觉：有了职业的焦虑——感觉自己不会教书了，也不想教书了；在研究上好像也不知怎么去做了。我意识到：我进入了职业的"高原期"和"倦怠期"。是就这样混下去还是冲破它？我决定冲破——挑战自己。在40多岁的年龄与自己的学生一起去攻读硕士学位，这显然需要很大的勇气去面对许多的不理解与嘲讽。然而，在来自亲人、朋友以及学生的鼓励与赞许下，我坚持了下来并以优异的成绩提前完成学业。通过硕士研究生的学习经历，我尝到了学习的甜头，我想继续攻读博士学位，于是，我努力了，然而却失败了。沮丧、徘徊缠绕着我的内心。加上已47岁的年龄使我自己也失去了年龄优势。然而我不甘心，即便自己知道学习是多样性的，攻读学位并不是唯一的学习方式，但是我深知攻读学位是一个人成长的较佳途径，并且我喜欢这种学习方式——有许多与导师、同学交流的机会。在一个友人的榜样作用与鼓励下，我再次报考终于如愿以偿。我珍惜着来之不易的学习机会，如饥似渴地学习一切想知道的东西，思考各种各样的学术问题。

至此，我更加狂热地爱上了阅读。阅读也不再限于文学作品和专业书籍，而是扩展到更广阔的领域——哲学、政治学、经济学、医学、历史人物传记、诗歌、文学理论等，尤其是哲学类书籍几乎成了阅读的爱好。阅读使我喜欢思考并以探究的方式去体验世界。例如，当我阅读萨义德的《知识分子论》时，我深切地思考：身为知识分子应该做什么？在许多人眼里，读这样一些枯燥乏味的东西并不能挣钱糊口。然而，阅读这样的作品对我而言无疑是在享受一顿思想的饕餮大餐！

由于这样的学习，我发现自己变了——包括人生观、世界观、价值观都发生了深刻的变化。人生的境界也在不断提升，生活的态度与心态更加扁平化——没有了浮躁与急功近利，教学与科研也随之而大幅度提升，最重要的是，我有了幸福感——做教师的幸福感、读书的幸福感、学术探讨的幸福感……

（二）解构：学习的本质在于人的价值实现

一个人不能说出一切，一个人也不能完全表达自己心中所想的一切，一个人说出的话语总是落后于他想说的一切。要理解一个人说出的话语，就必须追溯到潜藏在话语背后的"内在话语"——说话者在言说中要努力表达出来的那种话语。可见，内在话语不是私人的或心理的内在世界。一个教师所言说的"生活史"，是个体生活经验历程，它所包含的内在话语就不是这个教师的私人世界或者心理世界，而是他努力要表达的个人状态与情境遭遇。我们需要了解的是他如何看待自己、如何看待生活、如何看待特定事物、如何看待世界，以期揭示其生活故事后面的多元意义。因为教师的生命成长是一个潜隐内在的过程，不是统计测量可以衡量的。也许受言语表达、叙述方式等因素的影响，可能存在不完整、被修饰的现象，然而，这并不影响对其"生存的生存性分析"——一个在者的生存分析。对一个教师的"生活史"解构，就是要努力去洞察其表达后面的内在精神。

如果 D 教师不是爱读书，就她的出生而言，今天的她一定是一个下岗女工。她的命运是由于她爱读书而改变的。读书让她上了大学，成为一名高校教师；读书使她摆脱了平庸而得到人生价值的张扬；读书使她的生命有了更多的幸福与意义。

宋真宗赵恒曾写过一首《劝学诗》来勉励读书人：

> 富家不用买良田，书中自有千钟粟。
> 安居不用架高堂，书中自有黄金屋。
> 出门无车毋须恨，书中有马多如簇。
> 娶妻无媒毋须恨，书中有女颜如玉。
> 男儿欲遂平生志，勤向窗前读六经。

其中的两句是我们非常熟悉的："安居不用架高堂，书中自有黄金屋。""娶妻无媒毋须恨，书中有女颜如玉。"对此的解读是：只要读好了书，财富、美女都会有的。这是对"学而优则仕"的最好诠释。然而，笔者对此却有自己的解读：读书可以让你拥有享受不尽的精神财富，成为一个精神富翁；读书可以让你拥有如花似玉的容颜，因为你的内心是那样的圣洁。

宋代文学家苏轼也有诗曰："粗缯大布裹生涯，腹有诗书气自华。"这是对我国古代知识分子标准的写照，是用来形容一个人如果饱读诗书、学识渊博，那么文人的优雅举止和翩翩风度便自然流露。可见，博览群书可以使人拥有优雅的气质、脱俗的情趣、伶俐的谈吐、灵慧的头脑；读书可以使一个人变得知性与儒雅，从里至外透出非凡的气质。这种气质并非由着装和装扮完成，而是知识与修养完美结合的体现。

当代学者余秋雨也说："读书的最大理由是摆脱平庸。"平庸者，要么无所事事，要么无事生非，所持的是一种被动而又功利的生存态度。要摆脱平庸，就要"用古今浇灌"。人一旦心中久不用古今浇灌，则尘俗便在其间生出。因此"书犹药也，可以治愚"。任何丑陋愚昧，一旦与书遭遇，在智慧的作用下便了无踪影，人也会一心向学向善，从而摆脱低级庸俗，提升人生的境界。A教师对此也有自己的理解：

"读万卷书、行万里路"就是丰富自身阅历、提高自身素质的重要手段，因为较高的素质和丰富的阅历与一个人把握机遇的能力是紧密相关的。即使一个人先天的社会条件不算优越，但只要不断努力地丰富和提高自己，那么成功就不仅仅是一种抽象的奢望。一句话，阅历愈丰、知识愈多、素质愈高、能力愈强，成功的可能性就愈大。历史上、现实中出身低微的人在事业上获得极大成功的例子不是俯拾即是吗？

教师有三种类型：生存型——教书是谋生的手段和工具；生活型——教书是生活的乐趣；幸福型——教书是价值的体现。

生存型教师把自己的教育教学工作仅视为一种谋生的手段，以维持自己基本的或较高的生活水平。他们把工作的目的定位于获得一份丰厚的收入，做教育教学工作只是无可奈何的选择，因此，他们的教学仅仅是履行教师最基本的职责而已。这样的教师实际上根本无法对自己的职业产生积极、热情的态度。一旦面对繁重的工作任务时，他们缺乏最起码的耐心，以应付了事的态度去对待，其行为表现为焦虑、烦躁，常常把学生当成自己不满和怨恨的"出气筒"。

由于生存型教师仅仅把职业作为自己谋生的手段，因此，他在教育教学工作中视自己为知识的"搬运工"，照本宣科、填鸭灌输、机械训练、题海战术就成为他们教学的特征。如此年复一年的简单重复，教师愈加感觉工作的单调乏味，也就愈加厌倦教师工作，教师职业成为了沉重的心理负担。因此，如果有更换工作的机会，他马上就会离开教育岗位。教师这种以功利为价值尺度的职业价值观会对其产生消极的影响：缺乏教师责任感、较少关注学生的身心发展、不思进取、放弃学习。

生活型教师把教育教学工作当成是一种生活的乐趣，使其成为享受生活、体验人生的重要途径。这类教师教书是因为他们喜欢学生的天真无邪、喜欢学生的热情好问、喜欢学生对自己的亲昵、喜欢看到学生的成就……所以，他们是由于爱学生、爱学校和爱教育事业而从事教师职业的。这种职业认知取向，不仅会使教师热爱自己的职业，因而去热爱学生，并热爱教育教学工作，而且他们的这种精神状态能使自己更自信、乐观地对待工作中的困境，视累为"享受"。因此，这样的教师会正视名利，看重在工作过程中获得更多的心理满足。视学生的成长为自己最大的快乐、视吃苦为享受、视付出与给予为内心的满足就是这类教师的特征。在兴趣的支配下，他们的责任感会增强，会较少关注自己的得失，而更多地关心学生的成长与发展。

幸福型教师对教育教学工作充满了期待，并把个人的理想融入到社会的发展与进步之中，认为教师的责任是培养出全面发展的学生以对社会有用。为了完成教师的职责，他们会通过自己自由而充满创新性的学习来实现自我的发展与完善。因此，幸福型教师对自身角色的认知已经超越了名利和享受，是在实现自身完善的基础上去满足国家、社会和学生的成长需要。这种职业认知取向，能够导致教师自动自觉地加强学习，从其所从事的职业中获得精神的满足，不断提升自己的境界，以使自我发展与职业发展达到高度的和谐与统一；这样的教师，其专业发展也就会更具主动性和创造性。幸福型教师不同于传统的教师，他们不再把自己看作完全意义上的"蜡烛"和"春蚕"，为他人的幸福而彻底牺牲自己，他们是追求在不断地获得自我价值的实现和自我发展的同时为职业和事业尽职尽责。

当然，教师对自己职业的认知取向有一个发展的过程，一般是遵循由低级到高级的发展顺序。正如 D 教师一样，开始不喜欢做教师，做教师是"无奈"的选择，当她获得同事与学生的认可后逐渐喜欢上了教师职业。后来，由于她不断地运用质变学习，对教师职业产生了飞跃性的认知，感受到了教师的幸福、人生的幸福。

幸福不一定需要用什么来证明，千万富翁不一定比百万富翁更幸福；美国人与日本人哪个更幸福？幸福本身是人的一种主观感受，所以幸福的标准不可能整齐划一。然而，追求幸福的过程本身就已价值不菲，我们迈向幸福的努力本身也足以使人心满意足，就像西西弗斯一样，难道他不幸福吗？

第五章　教师蝶化发展的结构表征

人的生命是完整的存在。生物性、心理性、职业性、文化性是人的生命的全部。教师的蝶化既非单一也非一蹴而就，是生物性、心理性、职业性、文化性的完美结合。因而教师的蝶化发展结构也就表现出这样一些特殊表征。

一、生物性表征：生存——经验生成

经验既可以解读为人从多次实践中得到的知识或技能，也可以理解为人的亲身经历，但是，经验更是人的思想元素，是知识的来源之一。所以，杜威认为"人类的思想始于经验，结束于经验"。经验的产生是个人与环境交互作用的结果。教师蝶化发展的表征之一就是经验的生成，这也是教师得以生存的基础。因为，教师作为"师"的生存不是生物生命的存在而是其职业的存在。而职业的存在基础是经验。一个缺乏经验的教师难以完成正常的教学工作，职业生存便受到威胁。因此，教师要蝶化发展，首先是要在教学中不断生成相应的经验。

（一）经验生成是教师蝶化发展的本性要求

教师的经验并不是"纯粹的个人认知"，而是包含着认知、喜悦、苦痛、行为等性质在内的对情境的整体反应。教师的经验里不仅有认识的意义，还附上了生物与环境的色彩。因为教师的经验是基于教师与教学环境的交互而产生的，而教师产生经验的情境、内容、关系等都是来自其生活，于是它们就成为教师经验生成的基本单元。

教师蝶化发展是教师从身体到精神不断成熟的过程。成熟需要生活，成熟更需要经验，因此经验的生成就是教师蝶化发展的本性使然。

教育场所往往是一个不确定的、变动的经验情境，是教师与教学环境连续不断交互作用的一种历程。此历程有两个基本的不可或缺的因素：教师的心理因素和围绕在教师周遭的社会因素。从教师的心理因素来说，教师是经验生长的主体，其心理的因素也就是教师的能力、兴趣、习惯。这是理解与解释教师经验生长意义所不可缺少的。教师的兴趣、能力、习惯是在形成与发展中的，是随着经验的变化而变动的。尤其是教师天生具有的一些对事物探求的兴趣，更是教师经验生成的心理基础。如与儿童谈话的兴趣、探究教学规律的兴趣、教学创新的兴趣、教学艺术化表达的兴趣等都是教师经验生成的土壤。从社会的因素来论，教师经验的生存是浸润在社会的环境之中的。教师并不孤立于社会之外，他与组成社会的其他个体相互关联，形成相互结合的一个机体。而学校自身就是社会的一类，或者说就是社会生活的缩影。"学校即社会""教育即生活"是杜威教育哲学中两句不可分离的警语。因而，教师的经验生成势必要受学校的制度、同行、学生等因素的制约。一个更加开放的教师管理制度、一个更为和睦的同事群体、一个更为和谐的师生关系都有利于教师经验的生成。

（二）经验生成是教师蝶化发展的文化底层

一个蝶化发展的教师有着自身的文化底蕴。组成这些文化底蕴的恰恰是教师日积月累的点滴经验。正如 A 教师所言：

我较为多彩的经历已经物化成了我自己本身，这些经验都成了自身不可缺少的组成部分。一个人难免会遇到那种不想干而又必须去干的事情，不管你当时是如何对待，但只要你经历过，它都可能成为你的财富。

A 教师的文化底蕴正是来自他丰富多彩的人生经历。这些经历构成了他的人生经验，也构建了他的文化结构。他把经验看成是一笔用之不竭的财富，是他的文化"银行"，他可以随时提取以指导自己的行为。正是这些经验所组成的文化底蕴造就了他独特的看人、看世界的视角，促使他树立起终生学习的观念并实践它。

二、心理性表征：闲暇与满足——凸显生活质量

教师，作为知识分子的一部分，不同于其他知识分子之处不仅仅是他们所从事的是面对生命的职业，是对另外一个人的人生负责的职业，更重要的是教师自己本身就是一个需要不断满足自身众多心理需求的生命体。一个有着众多心理需求的知识分子看重的也不仅仅是生存所需的"五斗米"，还有生活的质量——生活得"好不好"，侧重于自己的精神文化等高级心理需求的满足程度。

（一）闲暇是基于生活质量的教师蝶化发展的心理追求

生活质量概念最早出现在美国经济学家 J. K. 加尔布雷思所著的《富裕社会》（1958）一书中。该书主要揭示了美国居民较高的生活水平与满足社会的、精神的需求方面相对落后之间的矛盾现象。他在 1960 年发表的《总统委员会国民计划报告》和 R. R. 鲍尔主编的《社会指标》文集中正式提出"生活质量"这个专门术语。生活质量的指标包括客观与主观两个方面：客观指标包括人口出生率和死亡率、居民收入和消费水平、产品的种类和质量、就业情况、居住条件、环境状况、教育程度、卫生设备和条件、社区团体种类和参与率、社会安全或社会保障等等；主观指标包括由人口条件、人际关系、社会结构、心理状况等因素决定的生活满意度和幸福感。生活质量包含了物质与精神两个方面。笔者认为，生活质量更多指的是人们在精神方面的满意度。精神的满足是多方面的，其中，是否有闲暇和积极的休闲方式是一个重要的方面。

闲暇是与劳动相对应的概念，一般指人们履行社会职责和扣除各种生活

时间之外由个人自由支配的时间。闲暇也指个人不受其他条件限制，完全根据自己的意愿去利用或消磨的时间。闲暇不等于休闲。闲暇是一个时间概念，休闲是对闲暇时间的利用。人人都可能有闲暇时间，但并不是人人都在闲暇时间里休闲。休闲是人的一种存在状态、一种生活方式、一种生命的体验和实现自我价值的理想。

成人教育哲学家林德曼认为，成人教育应具有非职业性的本质。他认为成人教育的主要目的是帮助工人们寻找工厂以外的生活以及自我实现，反对只追求工人的高度专业化而发展其部分的人格。"成人教育更明确的定义是开始于职业教育结束之时。成人教育的目的是要赋予整个生活以意义的更新和活力，若工人们获得美好的生活，即渗透了意义和欢乐的生活，那么，就需要有展示完整个性的机会，而非机器所要求的机会。"① 因此，林德曼很注重休闲教育。他在对丹麦农民生活进行考察后，提出了生活艺术化的意义，肯定人的精神生活重于物质生活。并且，他也认为成人教育就在于带领人们由寻求物质生活的满足转向对精神生活的心灵满足境界的追求。教师的生活不单是职业性的，他们本来就有寒暑假、周末、节日等闲暇时间可供其休闲。然而现实中的许多教师由于职业压力和权力对正常私人生活空间的入侵，无暇顾及休闲。休闲成为他们的"奢侈品"。而蝶化发展的教师却能跳出"专业发展"的许多羁绊，职业生活对其个人生活时空的入侵越来越少，其闲暇时间则越来越多，他们对闲暇的利用使自己感受到的教师职业带来的内在尊严和幸福感的体会也就更深，这样，教师在教育教学生活中感到幸福便不再成为一种"奢求"。他就有更多的闲暇去满足自身的心理需要而凸显自己的生活质量。

蝶化发展的教师往往有着较高的心理需求，尤其需要满足自己高层次的精神需要。因此，他们会把休闲作为一种文化范畴，看成人的一种思想与精神态度，是人的高度自由与强烈的内在动机活动，并力图从中获得愉悦的心理体验。在访谈中，A、B、C 几位教师都有自己的休闲方式。

---

① E. C. Lindeman. The Meaning of Adult Education [M]. New York：New Republic, 1926：6.

A 教师：

闲暇的时光，是充分享受自然、享受人生的时候。我主要有以下几项休闲活动：

一是二胡演奏。因为这是本人从小就有的爱好，高中毕业后上山下乡时还以此为生，正是音乐伴我度过了那苦难的年代。它是我思想和情绪外显的"晴雨表"，甚至还是我诠释内心、解释世界的特殊途径。有一年我曾给研究生做过一次学术讲座《艺术：成人教育的间结构》，副标题就是"以二胡演奏为例"。

二是潜心读书。尽管最近所读的书主要集中在传统的《易经》、维特根斯坦的《逻辑哲学论》和属于方法论的《数理逻辑》上，但所浏览的却是五花八门。不上班时，坐拥自己的书房，跟古今中外的思想家一道思想、彼此交流，真是其乐无穷。

三是逛书店。我把许多的闲暇时间花在了书店里，有时，在书店我可能待上1—2个小时，我觉得那就是一种享受。

四是体育锻炼。无论在家里还是在办公室里，我都安放了体育器材，以便见缝插针，随时锻炼。

因为在生活上我只是凡人一个，正如马克思说过的那样——好的东西，人家喜欢的我都喜欢！所以，上面所说的四个方面只是主要的项目。其实生活之树长青，人生本来就应该是丰富多彩的。

B 教师：

参加工作以来，就有这样的一种心理体验：如果一天能够读一些书，就会觉得这一天很充实，很有意义。因此，闲暇时，我就喜欢去翻阅书籍。家里总是有没有读过的书。常常在一段时间之后也去书店里浏览最新的书籍。

C 教师：

工作之余，我特别喜欢睡睡懒觉，听听音乐，看看书，上网写点博客（将最近发生的那些觉得很有意义的人与事写下来），或者在网上看看 BBS，在别人的故事里去审视自我，随后写点观后感（如《世界上最美丽的离别》《优雅地转身，静静地等待》《就让泪静静地流》），有时陪着父母儿子聊天。假期里，喜欢陪着父母儿子出去旅游，在山水间荡涤胸怀。

以上三位教师他们都懂得如何利用自己的闲暇去从事一些休闲活动。这些活动涉及文化、艺术、体育等诸多富有积极意义的休闲方式。他们在闲暇时体验着生命摆脱外界束缚以后使自己处于一种自由状态下的愉悦和心理满足，寻求着属于自己的文化精神坐标。《易经》有言："形而上者谓之道，形而下者谓之器。"对"器"的追求是一种符号主义，但若过于追求符号可能走向物质的奢侈；对道的追求是一种意义主义，但若过于追求意义则有可能走向精神的虚无。所以，他们选择"中庸"的平衡，以自己的"品位"表达对生活的态度。

然而，不是所有的教师都有他们那般的幸运。下面是一幅乡村教师闲暇图①：

在每天早饭前、晚饭前、晚饭后，男老师喜欢聚在操场旁的树下，有打乒乓球的，大多数人喜欢抱着胳膊聚堆摆龙门阵②。女老师则喜欢一群人挽着手绕操场散步。男老师的聊天内容很广，从本地的乡土人情到时事政治，从过去的经历到眼下的担忧。我大多数时候是站在他们旁边静静听下去，有时候会插话参与进去。女老师的散步活动我没有参与，但隐约听到她们经常谈减肥、八卦新闻等。三四月直到五月中旬，几位中年女老师每天下午都要在操场跳坝坝舞，但随着天气热起来渐渐停了。因为有很多工作以外的闲暇

---

① 此案例来自笔者所指导的一名本科学生的论文材料。
② "摆龙门阵"是四川、重庆等地的方言，即闲谈、聊天，亦即东北人的"侃大山"。

时间，除了看电视、上网、聊天以外又没有其他太多娱乐，老师们普遍喜欢打麻将。镇上有很多家麻将馆，美其名曰"茶馆"，紧挨着学校就有一家，有两张自动麻将桌。有些老师瘾比较大，中午吃饭时间也会去打，有的有时会从晚饭后玩到晚上十一二点。我曾有几次看到"茶馆"的女老板在晚饭后到学校来拉老师出去打麻将，说"没有人，去撑撑摊子"。每次都有一两位老师跟着出去。周末留在学校的老师每天的消遣也主要是打麻将，基本上我每次出去都能看到老师坐在牌场上。经常去"茶馆"打麻将的主要是中年老师，因为他们人熟，也有几位年轻老师。周末回到县城的很多年轻老师也主要靠玩麻将消遣。曾有一位不到30岁的女老师跟我说："我周末喜欢打麻将，一连打两天。"她原本有一次说要带我们出去玩，我们建议时间定在周末，她却说："不得行，我要打麻将的。"和她年龄相似、平时关系好的女老师也常常在周末聚在一起打麻将。对于打麻将这一消遣，他们毫不掩饰。①

学校唯一的一位男体育老师很坦率地跟我说："我们这里的老师，只要不谈工作，什么都好。"

到小乔小学不久的一天早晨，我拿着一本教育学专著在操场旁坐着看书。早饭时，我有意把书放到桌子上，想看一下老师们的反应。一位中年男老师把书挪了挪，把碗放到桌子上开始吃饭。只有一位中年女老师说"小陈还喜欢看书"。其他人没有什么明显反应。我在与他们的交流中发现，他们普遍没有读书看报的习惯。每个教室都有一个小小的图书柜，里面有一些书、体育器材，柜子却总锁着不开。老师不拿书看，也不许学生看里面的书。这样的图书柜纯粹是作为摆设，供来访的领导等参观。

如果说是因为乡村学校和教师的物质条件差而导致教师休闲方式的单一和世俗，可城市学校的教师的休闲方式也不容乐观：喝酒、打牌几乎是许多城市教师仅有的度过闲暇时光的方式。读书、旅行、体育活动、文娱生活、

---

① 我们据此可以看出，这些教师的教师职业认同程度相当低。离开小乔镇近一年后，有当地的学生给我打电话，通话中他问我"毕业后干吗"，我答"教书"，他则说"干吗教书，教书一点都不好"。我很震惊他有这样的念头，他告诉我是他们班主任李老师说的。

文化修养等很少受到青睐。试想，没有积极休闲方式的教师如何去指导学生的闲暇生活，如何懂得去享受有益的休闲所带来的生命体验。

（二）生活质量是教师蝶化发展的个性表现

个性是一个人在思想、性格、品质、意志、情感、态度等方面不同于其他人的特质，这个特质表现于外就是他的言语方式、行为方式和情感方式等等。任何人都是有个性的，也只能是一种个性化的存在，个性化是人的存在方式。

教师蝶化发展也是个性化的。每一个蝶化发展的教师都有自己的个性，正是这些个性使得他们有着不同的生活质量。

A 教师以音乐、文化、运动作为自己的主要休闲方式来凸显自己的生活质量。他在二胡、诗、书法等传统文化中享受笑看风云、宠辱不惊的宁静；他读万卷书，行万里路，内心从喧嚣归于寂静；他融会贯通各种艺术和哲学，方富有了生活的自信和意趣。也许正是这样的生活质量造就了 A 教师独特的个性：开朗中不乏沉稳，理性中兼有感性，踏实但有理想，严谨但又宽容，以"随心所欲不逾矩"达到精神修炼的最高境界。

B 教师以阅读为自己的主要休闲方式。读书的乐趣是向内心印证。能够放下执念，便有了安然于市井的潇洒，她便由此而成为一个性格开朗、待人友善、心灵宁静、视野开阔的女性。

C 教师喜欢听听音乐，看看书，上网写点博客，假期里喜欢陪着父母儿子出去旅游，在山水间荡涤胸怀。游历的乐趣是向外印证。在游历中观尘世百态、沧桑变化，在生命的本真自然中，让自然洗涤心灵的尘垢，实现了心灵的返璞归真。她以优哉游哉的娴雅姿态，使知识与心灵因广博积累而获得升华，她总是那样开朗、自信，始终给人以很强的亲和力，尤其是她的微笑使其具有了独特的魅力。所以，她是一个性格开朗、关注他人、行为得当、举止得体、善于内省之人。

三、职业性表征：职业生涯的完善——经验延伸与经验重组

人的职业发展是一个连续的过程，主要分为职业初期（29①—35 岁）、职业中期（36—45 岁）、职业高峰期（46—55 岁）、职业晚期（56—60 岁）、职业终结期（61—70② 岁）。在上述不同的职业阶段，其学习与发展的主要特征是经验的延伸与经验的重组。当然，每个阶段所表现出的具体特征不尽相同。职业初期，主要是将职前的间接经验延伸到职业中，在不断的经验筛选中获得经验的重组，由此，学习新经验、发展旧经验是这个时期学习与发展的特征；职业中期，是一个人新经验不断生成，并延伸至职业内核中，形成较为稳定的经验组合的时期，这个时期主要是学习如何将已有经验巩固并进一步发展；职业高峰期是一个人的经验最为成熟也最活跃的时期，运用经验、学习新经验，发展新能力，不断重新组合经验是这个时期的特征；职业晚期是一个人的经验最为丰富的时期，然而也是容易固守经验的时期，因此这个时期往往排斥新经验的学习，经验的发展有停止或者滞后现象；职业终结期是将经验封闭，学习与发展可能会停止也可能会进入新的学习与发展领域。

如果一个教师从职业开始到职业终结都未离开教师岗位，那么他的职业生涯也是一个不断完善的过程。教师的职业生涯的完善与一般职业生涯的完善既有共相又有殊相。所谓共相就是教师的职业生涯也是一个持续的、连贯的和不断发展的过程。在这一过程中，经验延伸与重组无时无刻不伴随着教师的成长过程。可以说，经验的延伸与重组是成就教师人生、完善生命的必要的、基本的生活方式，也是教师实现职业发展、提高职业水平的必经之路。殊相则是教师是通过蝶化发展来实现自身的职业特征的。

---

① 在此以 29 岁为职业生涯的起点主要是考虑到一个人在走向职业生涯之前最大的学习期值是连续在校学习到获得博士学位为止，这个时间大约是一个人生理年龄的 29 岁。

② 一般而言，我国的退休年限是 60 岁。但是考虑到许多知识分子，尤其是高校的高职称者和著名专家等有的可以延长到 65 岁或 70 岁退休，甚至有相当多的高级知识分子在 70 岁以后仍然坚持学习与发展，实践着"活到老，学到老"的理念，故此处以 70 岁作为职业生涯的终点。

（一）通过蝶化发展实现教师的经验延伸

经验延伸是个体经验从一个方面渗入到另外一个方面去，即经验的扩展。教师的经验存在于他们的教学生活之中，并在其发展过程中不断延伸。所以，教师的经验是一个连续的、不可分割的整体，无法将其分为过去的经验、现在的经验及将来的经验。一个经验会主动指导另一个经验的发生以促成新经验的出现。因此，教师的经验是不断延伸的。

由于蝶化发展是在不断修正教师的"模样"，因此，教师在终极目标的引导下，其经验不断指向另一个经验，经验在教师的蝶化过程中形成一个连续体。这样，教师的经验在这个连续体中就被不断延伸着。

（二）通过蝶化发展实现教师的经验重组

经验重组是指经验的重新组合。人的经验是多方面的，把不同方面的经验重新组合可以生成一个新的经验。教师在教育教学过程中会逐渐积累有关的经验。这些经验一开始可能是相互分裂的：关于学生、关于课堂、关于方法等等。随着教师的不断发展，经验会走向综合。特别是当教师在质变学习的支持下实现了蝶化发展，他们对教育、教学、学生、自身、课堂等的认识都会有根本性的改变，经验也会从综合迈向重组——生成更多更有效的经验。由此，经验的重组是教师蝶化发展必然的过程与结果。

教师的发展过程也即是不断地改造自己的经验、重新组织自身经验的过程。成人教育哲学家林德曼就明确指出，学习者的经验是成人教育中最有价值的资源，是成人学习者最有效的课本。而诺尔斯则进一步指出，成人做任何事情都是以他自身的经验为背景的。成人积累了相当丰富的经验，这些经验就成为他们学习中丰富而重要的学习资源。建构主义学习理论更是认为学习者的学习过程就是他们主动地建构自己的知识经验的过程，即通过学习所获得的新经验与原有知识、经验的相互作用，来充实、丰富和改造自己的知识经验结构的过程。

经验不是纯感性的，它包含了认识的、情感的、意志的等理性与非理性的各种因素。蝶化发展的教师把经验进行重组才具有更普遍的意义，才能使教师真正从自然王国迈向自由王国。

四、文化性表征：生命价值的实现

价值需要是人的高级需要。价值观是个体对周围的客观事物的意义、重要性的总体评价和看法。价值观是人们对社会存在的反映，是个体用来评价行为、事物以及从各种可能的目标中选择自己合意目标的准则。价值观通过人们的行为取向及对事物的评价、态度反映出来，是世界观的核心，是驱使人们行为的内部动力。它支配和调节一切社会行为，涉及社会生活的各个领域。若个体对自己的若干价值观在心目中进行了主次、轻重的次序排列，就会形成自身的价值观体系，这是决定人的行为的心理基础。

生命的价值在于存在更在于意义。教师生命价值是一种意义的存在，是以生命的存在和发展为中心的。具有生命价值的人把追求生命的完善看得高于一切。

教师的生命是自然生命与职业生命的结合。教师蝶化发展的文化表征就表现在教师自然生命与职业生命价值的实现上。因此，教师的生命价值并非单一形式，而是有着多层结构：表层、中层、深层和终极，且每层所表现出的特征均有差异。

（一）表层价值——理性建构

理性是一个内涵非常复杂而且还具有很强的扩展性的概念。亚里士多德认为"人是理性的动物"。他所谓的理性指的是人的思维能力。在他看来，理性是人高于其他一切动物的特质，所以，人类只有关注理性才能追求属于自己的幸福。

人的生命是由感性与理性构成的。教师的生命的表层价值是在感性基础之上的理性建构。教师是一个生命的存在。要直面自己的生命，除了对生命的感知和热爱，更需要理性地评价与判断生命，运用自己的道德、理智与审美去发掘生命的意义。教师是成人，相对于儿童来说其理性成分多于感性成分。然而，在现实中，诸多教师由于缺乏理性，常常以自身的不理性取代理性，因此出现许许多多的不应该：不应视自己为"蜡烛"，直到生命燃尽；不应视自己为"园丁"，随意修剪学生这棵树苗；不应视自己为"工程师"，把自己变成教育的工具……这正是对生命意义的认识缺乏理性的见证。所以，蝶化发展的教师懂得生命之存在的意义，因而，他们运用理性于自身发展之中，在自身发展过程中注入理性的光辉，从而实现自己生命的价值。

教师职业就意味着爱和奉献。过去的每一堂课、每一次谈话，都化作涓涓的泉水流进我的心里，积聚着我对教师职业的热爱。在对教师的继续教育中，虽然没有升学率，没有统考分数，也没有严格的科研计划，但不能说教师进修学校的教师没有工作压力。因为，每当我走进教室，望着一张张沉思的面孔，我都会深深地感到已有的知识和所获的经验是多么有限！作为一位合格的教师，必须具有丰富的教育教学理论和学科专业知识；成为一位优秀的教师继续教育工作者，还必须与时俱进，给学员传授先进的教育理念和教学技能。于是，2004年我带着同事的不解、家人的反对，报考了教育硕士。这四年来，我没有看过一个完整的电视剧，没有陪孩子开开心心地玩一天。我把更多的时间留在我的电脑桌前看书，写课程论文，做课题设计，收集教学案例……在平凡的日子里，我坚守着教师这份职业，勤奋地学习，默默地工作，无怨无悔。

B教师对教师职业的认识是理性的，然而她在工作中却以非理性的方式去实现自己的目标。所以，教师的理性不在于如何认识事物本身，而在于如何选择理性的行为。建构一种对生命价值的理性是教师自我实现的前提。

（二）中层价值——认知重构

从心理学角度讲，认知是人的心理活动的初级阶段，是人的认识活动过程。从信息加工理论来看，认知是人对客观世界的信息加工处理过程。在哲学中，认知则是对存在的觉察。无论是认识活动、信息的加工处理还是对存在的觉察，其核心都是对客观事物的了解与判断。教师如何去了解与判断自己生命的价值，这是教师发展的前提。如果教师把自己的生命看作活着，那么他除了柴米油盐别无他求，生命的价值仅仅停留在"存在"这个层次；如果教师把自己的生命等同于职称、晋升、荣誉称号，那么他就只是一个职业人；如果教师把自己看成学生获取知识的工具，那么，专业发展将是他的必然选择；如果教师认识到自己生命的意义正是学生生命发展之前提，那么，蝶化发展就是他的必由之路。因此，蝶化发展的教师对于生命都有着自己的认识与判断。他们往往会在发展的进程中不断修正自己的认识，通过自己的认知重构达到生命的高度。如 B 教师下面的两段话就表明了她在认知结构上的提升。

在小学、中学的时候，我很厌倦读书。为了分数，不能有自己的思考。进了大学，分数不再重要了。自己却喜欢上听课和阅读。不过那个时候，主要是读文学类的名著。但是我记听课笔记是非常认真的，好多同学考试前都要找我借笔记去看。至今都一本一本地保存着。

刚工作的那几年，有两个老政治教师把持了学科培训的任务，我的教学任务比较轻松。于是我就爱去学校图书室里翻杂志。那时候学校订了很多权威杂志，如《教育研究》《教育理论与实践》《教育探索》《人民教育》《上海教育研究》《天津教育》……读书的时候，我有摘录优美的、有思想深度的句子的习惯。因此，我读教育杂志的时候，就把那些有一定见解的观点摘录下来。我想让自己读懂每一篇文章，遇上比较晦涩的一些理论文章时，我就去朗读一遍。我记不得有没有去重读我摘录的教育观点，有没有在朗读时很明了每一段话的真正含义，但是，我在抄的时候，我在读的时候，我思考着，我积淀着对教育的认知。直到有一天，它们一点一点地汇集在一起，联结成一片，组成了我的教育认知图式。然后从我的大脑里跑到我嘴里，跑到我的笔尖。

（三）深层价值——知识转换

无可置疑，传播与传递知识是教师的工作职责之一。知识是理性的产物，在知识的传播与传递过程中，教师首先必须不断地汲取知识的养分。教师的显性知识结构一般可以分为专业知识与实践知识。专业知识包括教育知识、学科知识和普通知识。在美国的教师教育课程设计中，这三大块知识基本上是各占三分之一。而在中国的教师教育课程设计中，学科知识大约占了70%，教育知识和普通知识各占15%，知识结构极度不平衡。教师的实践知识是教师教育教学的经验。

然而，蝶化发展的教师其知识学习的本真不在于知识的存储，而在于知识的转化——渗透到心灵中化合为精神的一部分。教师真正的学习不是为了获得知识。世界上的书浩如烟海，学习若不是结合自己的生命体验，若不思考自己作为一个生命个体活在这尘世的意义，再多的知识又有何益？所以，教师的知识学习的价值不在于其存储与传递而是一种生命的践行。教师的人生是有限的，但有限的人生可以在思想上向无限靠近。教师就是要在日常琐碎的生活里活出生命的神性。蝶化发展的教师虽没有形式上的受洗，但他们的身上却有圣徒的影子，他们在精神上的认识与体验比一般的教师要走得更远、更深。正如 B 教师所言：

在跨学科的阅读中，我虽不能准确地记住别人的某个观点或话语，但是那些知识在我的大脑里，将我的思维推向混沌，让我在困惑中努力地寻找着出路。

（四）终极价值——精神重建

教师蝶化发展的终极价值是自我的精神重建。教师应该是一个理想主义者，更应是特殊的知识分子。正如美国社会学家刘易斯·科塞所指出的那样："他们的活动本质上不追求实用目标，他们是在艺术、科学或形而上学的思考中，简言之，是在获取非物质的优势中寻找乐趣的人。"[①] 当然，并不

---

① 刘易斯·科塞. 理念人：一项社会学的考察 [M]. 郭方，等，译. 北京：中央编译出版社，2004：1.

是所有的教师都是这样的知识分子。无论是西方还是东方，历史上的教师都有着自己的精神领域——或是宣扬上帝，或是传播儒道，等等。他们独特的精神魅力与社会影响铸就了教师的风范——人文主义者。

然而，随着工业文明的崛起、科技威力的日益显现，实用主义之风不断侵入传统的学校课程，人文教育的价值观被逐渐消解。教育成为牟利的工具，教师亦从知识分子逐渐变成了贩卖知识的教书匠，甚至成为应对考试和提高分数的"机器人"。尤其是"教师专业化"的提出，更使得教师不遗余力地追求与医生、律师、工程师媲美的专业化。其结果是造就出许许多多靠"专业化"吃饭的教师，而教师的德性、精神的修炼则不见了踪影。

蝶化发展的教师是破解了狭隘的教师专业发展所带来的诸多问题的教师，是提升了教师精神——一个大写的"人"的品位的教师。蝶化发展的教师能够摆脱眼前经验的束缚，走出当前事务的视野，从而超越专业本身建立起本该属于自己的精神家园。蝶化发展的教师是为精神而生的人，而不是靠精神吃饭的人。在我们这个旧的价值体系被摧毁，新的价值体系还在建立中的社会，蝶化发展的教师因为重建了自我的精神家园，所以他们才能面对青少年的未来，才能去引导年青一代走向有精神底色的生活，才能影响着青年人对真、善、美的渴求，才能使他们成为具有自由思考和独立精神的人。"只有自由和独立的人，才能培养别人的自由和独立精神。"①

五、叙事与解构

（一）叙事：选择了教师职业就是选择了终生学习

教师职业，我无悔的选择
——B 教师的自述

从小我就崇拜老师。因此，高考时，我义无反顾地选择了师范大学；大学毕业后，我毫不犹豫地选择了教师职业。

---

① 藤大春. 外国教育通史：第三卷 [M]. 济南：山东教育出版社，1990：338.

初为人师之时，我大学的老师、市区教委有关领导、同行的长辈都对我说："小梅，在今后的工作中要好好干！"这句话里包含着老师的嘱托、领导的期望、同行的祝福；这句话始终铭记在我心里，激励着我去努力做一位优秀的教师。18年来，我埋头苦干，在中小学教师继续教育中担任专职教师职务。工作量少了，我一边积极主动向学校领导反映，给自己加担子，一边利用空余时间钻研业务，大量阅读教育教学书籍，练"三笔字"，学普通话，学电脑，到中小学听课、上课，以提高自身业务水平。任务多了，我把工作当作乐趣，当作锻炼的机会。2001年7月，正值函授学历培训的高峰期，学校给我安排了七个班级三门学科共21天课程（合计168学时）和两个班级的管理工作。夏日炎炎，我每天晚上备课，白天上课，休息的时候去自己班上看看，和学员谈心，与任课教师交流意见。上完第四天课程，我的嗓子哑了，说话都很吃力。一位学员鼓励我："袁老师，你要坚持下去！"泪水在眼眶里打转，我想：我必须挺过去，接受这次考验。从第五天起，我口里含着金嗓子，连续上完了剩下17天的每一节课。一分耕耘，一分收获。每一次努力之后，我欣喜地发现自己又一次战胜了困难，对教师职业又有了更深的理解。

教师职业就意味着爱和奉献。过去的每一堂课、每一次谈话，都化作涓涓的泉水流进我的心里，积聚着我对教师职业的热爱。在对教师的继续教育中，虽然没有升学率，没有统考分数，也没有严格的科研计划，但不能说教师进修学校的教师没有工作压力。因为，每当我走进教室，望着一张张沉思的面孔，我都会深深地感到已有的知识所获的经验是多么有限！作为一位合格的教师，必须具有丰富的教育教学理论和学科专业知识；成为一位优秀的教师继续教育工作者，还必须与时俱进，给学员传授先进的教育理念和教学技能。于是，2004年我带着同事的不解、家人的反对，报考了教育硕士。在硕士学习的四年里，我没有看过一个完整的电视剧，没有陪孩子开开心心地玩一天。我把更多的时间留在我的电脑桌前看书，写课程论文，做课题设计，收集教学案例……在平凡的日子里，我坚守着教师这份职业，勤奋地学习，默默地工作，无怨无悔。

改革年代，百舸争流。当曾经挑灯苦战共谋教师职业的同学一个个离开了教育战线,当并肩战斗的同事纷纷走上了新的工作岗位,心中也有过迷茫、不安和躁动。的确,教师这份职业是很辛苦、很清贫的。当别人在嬉笑谩骂、歌舞升平、烟茶酒牌中娱乐时,教师却必须博览群书,潜心教学,教书育人,做未来社会所需人才的楷模。而且教师的报酬又远远小于付出,教师的工资等于或略高于公务员的工资水平仍然是一个梦。在不安和躁动中,我想起了屠格涅夫的《门槛》。我既然选择了教师这份职业,就不惧怕由此而产生的"寒冷、饥饿""蔑视、侮辱",甚至要"忍受一切痛苦、一切打击"。因为教师的继续教育需要一大批教师去真诚地关爱和默默地坚守。

"为什么我的眼里饱含泪水,是因为我对这片土地爱得深沉……"过去的18年是我人生充满激情、最具活力的岁月,我把它留在了长寿区教师继续教育的讲台上。我将继续发扬教师职业的爱和奉献的精神,沿着前辈教育者的足迹,运用新的教育理念,在教师继续教育工作中做一名研究型的教师。

1. 目标,让我在寂寞中坚守

1993 年大学毕业,因为某种原因,我没有进入本地的重点中学,却无意中踏进了进修校的大门,做了一名教师培训者。面对一无所知的职业,我对未来没有任何设想。出生于教师家庭的我,讲台生活自幼就浸润我的所有梦想。做一名优秀的教师,这个念头潜藏在内心深处,在无意间规划着我的教师生涯。

优秀教师的标准是什么呢?在 20 世纪 90 年代初,进修校是德高望重的老教师的休养所,大家各自为阵,独当一面担负本地某学科的教师培训任务。那时候的培训形式属于单向传递信息,没有效果检测。学校对教师能力的认定就是职称。有高级职称就可以担负更多的教学任务。于是,高级职称成为我心中优秀教师的标志,也成为我工作努力的方向。

在进修校参加职称评定是要有论文和英语、计算机的等级证书的。1996 年暑假,在单位厕所改造的简陋小屋里,连风扇都没有,我一个人留下来坐在小屋的门前复习英语,查阅单词。1997 年 11 月,我挺着八个月的身孕,坚持上下午的培训课程,还坐在教室的第一排,接受了半个月的计算机职称等级考试的考前辅导。1997 年的冬天,我捂着即将分娩的大肚子,在简陋的小屋里坐在床上一段一段地写论文。结果是:我的英语和计算机的中级考试都合格，在进修校首次开展的论文评定中，我写作的《进修校在学历教育中的问题与困惑》获得一等奖。由于职称名额受限，直到 2000 年我才获得了中级讲师的资格。

获取中级讲师资格后，我就着手下一个目标：高级讲师。在进修校评定高级职称有个特别的要求：要有发表的文章，然后去进行专家鉴定。2000 年前后，正是学历培训的高峰期。在繁忙的培训任务之后，我开始写作了，希望让自己的思想变成文字，然后再变成"铅字"。

2000 年前后，既是学历培训的高峰期，也是中国新一轮基础教育改革的开始，也是国家体制改革的一个新的浪潮涌现。学校派了一批又一批的行政成员去接受教育改革的理论培训，而担任培训任务的教师只能望"培"兴叹，是没有资格参加的。这个时候，公务员开始进行社会公招，参加考试的教师不少，也有许多教师去商海沉浮。曾经的同事转行了，曾经的同学提干了，心中的信念开始动摇了。2000 年 12 月，我还满怀好奇地体验了重庆市第一次全国性的公招考试。2003 年学校开始推荐后备干部。自己票数最多却被淘汰了。2005 年，再次推荐，仍然被淘汰了。惶惑、不解、不安、不甘……我开始试图去联系调动工作。2004 年，大哥曾在主城里联系了一个地方，我放弃了，我说"我想评高级职称"。因为换了单位去评职称是很难的。大哥说我"是个疯子"，不再管我了。

我就这样"疯"着，矛盾着。直到有一天，我在《人民教育》上读了一篇文章，里面有一句话："教育需要更多人去坚守……"我有一种如梦初醒的感觉：我一生的梦想就在这里，在教师的讲台上，在培训对象的成长中。我看着身边那些教师由普通的教师成长为教学骨干或学校的校长，有了一种切身的欣喜，也希望自己有更多的思想或方法去与他们分享、交流。我把那句话抄写在一张纸上，放在办公桌的抽屉里，不时翻出来看看。任何一个职业都需要坚守者。我在坚守中充盈着希望：向更高的目标迈进。

2005 年 7 月，我再次推荐后备干部被淘汰，2005 年 9 月，我申报高级讲师，但因年限差两个月材料被退回来了。2005 年我遭受着单位同事的冷嘲热讽。这一年是我人生中最灰暗的一年。每天我独自行走在没有空气般的环境里，告诫自己：我要坚持，我要坚持。

2006年，我获得了高级讲师的资格，在普通教师的职业生涯里，应该是一个完美的终结。但是，在迈向每一个目标的过程中，我夯实着自己的每一个脚印，积蓄的力量足够我奔向新的方向。于是，我开始朝向新的目标去努力。

2007年，教师培训转向学科专业的培训。进修校单纯的理论培训模式陷入困境，培训任务也少了，学校教职工相对很闲。我因为要完成硕士论文和一个市级教育规划课题，也趁机有时间去一些中小学做问卷调查。在一次问卷活动中，正好遇见新任的教委副主任。这位主任在后来的谈话中说道："这个时候，进修校的人都闲着，好像都完了，而她还一个人跑到学校去做课题。这应该是一个有教育理想的人。"

我并不是一个有教育理想的人，但在朝着目标的迈进中，我看到了自己努力的彼岸。

2. 求知，充盈学习的道路

《学记》有言："玉不琢，不成器；人不学，不知道。"

在小学、中学的时候，我很厌倦读书。为了分数，不能有自己的思考。进了大学，分数不再重要了。自己却喜欢上听课和阅读。不过那个时候，主要是读文学类的名著。但是我记听课笔记是非常认真的，好多同学考试前都要找我借笔记去看。至今都一本一本地保存着。

刚工作的那几年，有两个老政治教师把持了学科培训的任务，我的教学任务比较轻松。于是我就爱去学校图书室里翻杂志。那时候学校订了很多权威杂志，如《教育研究》《教育理论与实践》《教育探索》《人民教育》《上海教育研究》《天津教育》……读书的时候，我有摘录优美的、有思想深度的句子的习惯。因此，我读教育杂志的时候，就把那些有一定见解的观点摘录下来。我想让自己读懂每一篇文章，遇上比较晦涩的一些理论文章时，我就去朗读一遍。我记不得有没有去重读我摘录的教育观点，有没有在朗读时很明了每一段话的真正含义，但是，我在抄的时候，我在读的时候，我思考着，我积淀着对教育的认知。直到有一天，它们一点一点地汇集在一起，联结成一片，组成了我的教育认知图式。然后从我的大脑里跑到我嘴里，跑到我的笔尖。

20世纪90年代后期，进修校学历培训渐近高峰。每个教师分担的教学任务都很繁重。而我的教学任务更为繁重，因为自从我毕业到进修校工作，我前十年担任的学科教学没有一次是重复的。每学期都要接新学科教学任务。我努力地发挥"一专多能"的作用，进行跨学科教学。有时，一学期里要接受两门以上的新学科教学任务，一个暑假就要接受三门学科的教学任务。备课让我很辛苦，但也拓宽了我的知识结构，增加了我思维的宽度。我也由此喜欢跨学科地阅读。只要是进修校开班的学科，我能读懂的书籍，空闲的时候就去图书室里翻阅。文学、美学、历史、教育原理、心理学、管理学、公共关系学，我都去翻看。在电大站兼课的时候，还向那里的老师讨要他们业余的感兴趣的书籍。当然，由于精力有限，有些书也只是翻看大意，明了基本意思就行了。在跨学科教学中，我不知道学员从我这里学到了什么，但是我自己学到了很多，这个是肯定的。在跨学科的阅读中，我不能准确地记住别人的某个观点或话语，但是那些知识在我的大脑里，将我的思维推向混沌，让我在困惑中努力地寻找着出路。

解决思维困惑的方法，不能单靠演绎和推理。必须是跳出既定的思维框架。2003年的时候，我开始对教师培训进行教学反思，通过开放性问卷了解培训班学员对教师培训的意见和建议，然后改进自己的教学方法。

"经验＋反思"的成长条件是有科学的理论引导。在相对封闭的进修校教学活动中，10年来却足不出户，学科教师各自为阵。反思依然跳不出自我的框架。观念陈旧已是定论。在培训学员的同时，我渴望有一泉清澈流水带动我沉寂的大脑。

2003年，我第一次民主推荐干部被淘汰了。2004年，无意中看见校长办公桌上招考教育硕士的简章，我看到了希望。我决定报考。家人说这个年龄花那么多的培训费不值得。我说，就当我打牌输掉了吧。校长劝我，孩子小需要照顾。我想，孩子也满六岁了，早期教育最关键的六年已经过了。在炎热的7月，我毅然前往西南大学报考。由此，在那片绿树葱茏的校园里开始了我拜师求学的经历。2005年我开始教育硕士的学习时，也参加了在那里的骨干培训。

2005 年 10 月，在教师公共课考试活动中，我给全区中小学教导主任开设了新课程理念的专题讲座。在教学时，思维的活跃，语言的流畅，课堂的笑声，听课者的眼神……我有了一种全新的感觉。

2010 年，再次前往西南大学，接受访问学者的培训。

人生路漫漫。"学，然后知不足；教，然后知困。"学习打开了我的视野，也延伸了我未知的行程。在其中，我充实着每一天，留下满满的回忆。

3. 挑战，跨越能力的台阶

"人生要不是大胆地冒险，便是一无所获。"（海伦·凯勒语）

还记得我刚到进修校时，一位老教师几次追问我，听说也追问过校长："年轻人，才从校门出来，应该去教学一线锻炼，怎么直接就来进修校了？"这句话似重锤，狠狠地撞击着我的内心。因为话语里有不屑、不满……因为他们都是在一线教学中摸爬滚打多年，小有名气才来到进修校的。但是，我也记得，我刚来进修校时，市区教委的领导和单位的同事对我说："小梅，在今后的工作中要好好干！"这句话似鞭子，不停地驱动我缓缓的脚步。于是，我常常在自己的办公桌上写下这句话：逆水行舟，不进则退。

培训教学工作的最初几年里，由于没有建构起对学科知识的基本理解图式，而且自己的教学科目也在不断地变换，因此教学工作的重心主要是力求课堂知识的准确性，并努力地去解读每一门学科的章、节、句、词的意义。

在当时的成人培训中，也似乎只需要将知识，尤其是应考的考点准确地传递给学员就是最好的教学，便是教学的主要任务了。于是，进修校的每一个老师都置身在自己所教学科的知识应考中。学校除了读一些政策文件，是没有专门的教学研究活动的。课堂里，由于工学矛盾和不严格的培训管理措施等因素导致学员的参学率极低。有时候，几十人的班级，只有几个教师来听课。这些对于刚参加工作、没有教学经验的我来说，教学基本功和教学技能的训练全靠自己去感悟了。

1994 年，区内举办了第一次小学教师基本功大赛。接着就开始全区小学教师基本功验收。我在看书备课之余，也继续进行在大学里坚持了四年的钢笔字、毛笔字的练习。1995 年，我争取到做电大的文秘班的班主任工作。电大专业的学生都要开设计算机操作课程。我就坐在教室的后面跟班旁听计算机理论，晚上再去电大站的机房练习操作，不懂就问旁边的学员。我称这种没有学习任务，也不需要教师专门辅导的学习方式为"野学"。1997 年，区内普通话测试工作由进修校承担。在参与测试普通话水平的过程中，我开始注意自己普通话的发音标准。就这样，没有学校层面的压力，顺应着教育发展的形势，我不断地练习着教师的基本功，教学过程也慢慢地从知识的传递转向对教学技能的关注。

1998 年，区内开始教师职务培训，我负责"邓小平教育思想专题研究"的讲解。这次培训活动的参加对象是小学一级和中学二级职称的教师。分片组班，送培到校。面对坐得满满的教室，我第一次有了做教师的感觉。每到一个地方，我都让自己满满地讲完一堂课。有学员在休息的时候劝我："那么多老师，闹哄哄的教室，你使劲地讲，回去身体会受不了的。"我莞尔一笑。我想体验做讲台上的教师的感觉，提升我的教学技能，增强我的教学基本功。

在教学技能和教学基本功的独自摸索中，普通话教学是我的一个很高的门槛。但我想跨过这道门槛。2003 年 5 月，学校开办了一个民办教师转为公办教师的培训班。这应该是当时进修校培训中，教师整体素质起点最低的一个班了。我的普通话教学就在这个班开始进行。当我操练着晦涩的发音时，有几个很认真的老师，小心翼翼地建议我："老师，您用重庆话讲课，我们还听得明白些。"我告诉他们："这是学校的要求，年轻老师必须用普通话教学。"我给自己找了一个理由。学校了解这个情况后，在 2003 年 11 月安排我去参加省市级普通话测试员培训。短短的 10 天培训仅仅是发音练习方法的传授。更多的还是靠平时的练习和积累。于是，我在培训之后，坚持每天半个小时以上给孩子讲故事；坚持每次教学必须使用普通话；空余时间读培训的材料，读字典；有时还去校外兼课寻找普通话教学的讲台；等等。这样坚持了几乎一年的时间。一天一天地积累，纠正发音纠正错别字。我也一天一天地提升了自己的普通话教学水平。

在这些努力之后，我的教学技能方面似乎没有什么困难需要应对了。2005年进修校教师队伍建设开始得到市教委的重视，我有幸被推荐到西南大学参加市级科研骨干教师培训。这是我第一次接触课题研究。培训的时候，领导要求，必须是市级课题的主研或主持人才可以评为科研骨干教师。我郁闷，我们学校没有市级课题，我也没有做过课题。怎么办？同学说，就按照老师讲的课题设计方案，回去申报一个吧。2005年，是我最灰暗的一年，我在极度紧张的情绪中，认真地做着学习笔记，记录下专家学者的每一句话。2006年，我也开始着手写硕士论文。那个暑假里，我把自己闷在家里，一边构思我的论文，一边根据论文的研究思路编写课题方案。12月，我自己成功申报了一个市级规划项目的课题（该课题于2008年12月结题）。通过这次课题的研究，我不再仅仅是思考着教学的基本功和教学的方法技能了，我开始关注教学的对象，以及他们的课堂教学现象和规律。

生命是短暂的相遇。时光的脚步"匆匆"，每一次经历都是生命给予的最后一次厚爱。还记得自己在2004年参加硕士入学考试的时候，那个英语辅导老师意味深长地说的一句话："人生不可重复，每一次都是最后一次经历。既然如此，为什么不最后搏一搏呢？"每一次与生命的搏斗就是对自己能力的一次挑战。跨过去，就是超越。

4. 导师，一盏明亮的路灯

"当我们一起生活，面对面地谈话，互相握手致意，在爱和恨中，在思考和活动中，在辩论中互相联系在一起的时候，我们就经常处在那种人格主义的态度中。"（胡塞尔语）

过去的进修校没有教研，也谈不上做科研。教师都是颇有些教育教学经验和教学成果，也各有自己的社会背景。各自为阵，自得其满，"反智主义"现象很严重。因此，在目标追逐中，在学习的追问中，在遭遇困难的追赶中，经验、经历、阅历盛满走过的每一个足迹，但困惑、茫然、无助依然停留在大脑里。

2005年听某老师的专题报告。第一次听说："读万卷书，不如行万里路；行万里路，不如阅人无数；阅人无数，不如名师指路。"心中豁然，迷茫的征程需要大师的指引。孤独的跋涉，要经历数不尽的艰辛。而名师一语一词，甚至一举手一投足，能让你经脉通达，思想明了。因为名师已将你所学的内容映射在自己的举手投足中，而不仅仅是课堂的言辞里。

2005年5月我去参加市级科研骨干教师培训，这是工作后第一次接受专业的培训。我认真地听课，认真地笔记。我的笔记比其他同学都多。德育原理、教育改革理念、学习心理、科研方法、教师专业成长……我面对的一个混沌的教学世界，被专家们进行了分解剖析。原来教育如此的复杂！我在课堂里，感受着培训教师们对教育的思辨，对教育的情感，对职业追求的精神……好像面对的是一顿丰盛的宴席，我如饥似渴，贪婪般地抢食。

骨干培训第一阶段结束后，班主任把学员的参学情况公布在教室的后墙上。这是我对伍老师有了特别感受的开始。在我从事的教师培训中，参学率低一直是个令上课教师头疼的问题，但没有哪个班主任这样去做过，而这个做法又是很简单的。伍老师这样做了。我感受到了教育中的公平和严格。

2005年7月，我开始接受教育硕士第一次学习培训。因为心中有太多的困惑、太多的疑问，我没放过培训中的每一节课、每一个专题。我总是坐在教室的前面——老师的视线范围，与老师保持恰当距离，进行思维碰撞。英语听力对我来说是恼火的，加上那个英语老师的发音也不标准，听课很吃力。但是我还是坐在英语课的第一排，从不迟到、早退、旷课。同学也笑我："你听不懂，还坐在老师的眼皮底下。"我当时的想法是：我让英语老师的声音近距离地敲打我的大脑，总有些语音、单词会被挤进我的大脑里。而且，也能够跟着老师的思路做笔记，记不下来就及时问旁边的同学。其实，学习的内容很多。那个英语老师也是一个很严格、很负责任、很有学识的人。英语课上不单纯是听单词和语法，语音、语感、语言背后的文化习俗、老师的思维方式、师生之间的交往方法等等，都可以学习。

2006年3月，我打电话给伍老师，问怎么才能与辅导我撰写骨干培训结业论文的老师联系。伍老师说，他要出差很久的，就发给她看吧。然后还给我提供一些相关的参考资料。善意的帮助拉近了我与伍老师的距离。人的品性里相同的部分构成了共同的行为特征，形成亲和力。

2006 年 7 月，我选择了伍老师作为硕士论文写作的导师。我们讨论选题时，她不给我讲怎么选题、怎么去研究。她让我谈培训工作中的困惑和自己的见解，然后就指定一些书目，要求我去查阅关于这个问题的资料，做相关调查。当时我只有一些模糊的教学工作感受，没有培训的理论体系，没有预设的研究思路。我惶惶的不知道路在何方。她说，相信自己是一定能做好的。我就疯狂下载资料，还在她规定的时间内阅读她提供的十本参考资料。在文献的阅读中，渐露思维的彼岸。

伍老师不会给我讲许多关于学问与做人的道理，她会要求我怎么去做。我的论文发给她之后，她帮我修改字句，提供方向，指出不足。她让我真切地感受学习的每一个过程。2008 年 6 月，我去参加硕士学位授予仪式。由于没有及时上传照片给研究生部，我的学位证没有印章，不能发放。我十分郁闷，也没有心思去考虑参加学位授予的仪式。当天还有 20 分钟就要开始仪式活动时，伍老师打电话给我，要我马上去租借服装，赶去参加仪式活动。在仪式活动中，我与毕业的同学一起宣示，到主席台与大师合影，感受了庄严的学术氛围。我在自己的学位论文后记中写道，伍老师"不仅引导我怎么去做一个教师培训的研究者，而且还鼓励我在生活中怎么去做一个有意义的人"。

2010 年，我有机会参加了"重庆市三峡之光访问学者"的培训。我把这个消息告诉了伍老师，她建议我去跟她一起学习。她正在李森老师那里读博士。我去报道的第一天，她带我去见李森老师。刚见面，她就递给我一本书——泰勒的《课程与教学的基本原理》。她要求我半个月内读完，然后跟他们一起讨论。

"我们一步一步走下去，踏踏实实地去走，永不抗拒生命交给我们的重负，才是一个勇者。到了蓦然回首的那一瞬间，生命必然给我们公平的答案和又一次乍喜的心情，那时的山和水，又回复了是山是水，而人生已然走过，是多么美好的一个秋天。"（三毛语）

（二）解构：蝶化发展的教师有着自身的意义建构

现代世界的图景特征是它的视角意识，即人们的世界观并不是对世界本身进行复制，而是运用语言做实用主义的解释。

教师的发展是非线性的动态结构。我们对其发展过程的解构需要抛弃其现象而深入到内部去做"生成的生存性的分析"（Analytik der Existenzialitat der Existenz）。[1]

教师的自述既包含着字面的意义——告诉我们发生了什么？也包含着精神的意义——告诉我们要追求什么。精神的意义不仅为字义所遮蔽，而且只对那些达到完善的人敞开。因此，解构教师的叙事必须具备两个条件：一是探究教师话语背后的精神追求，二是要以精神的完善性去理解教师。

人的成长与发展是一个历程。这个历程中包含着人复杂的认识、情感和意志，也包含着人的理性与非理性。如果从 B 教师自述的字面意义去理解的话，那就是她在述说着自己的人生与职业生涯的历程。B 教师的职业理想与人生理想是一致的——做一名优秀的教师。因此，她在自己的人生路上努力地去做到这点——实际上她也做到了（优秀教师的标准不是由证书来证明的，B 教师所做的一切努力与结果都证明了她是一名优秀的教师）。

她从大学毕业后就去做了一个教师的教师——教师培训者，这对她而言是一个巨大的挑战。她迎接这样的挑战，不惧这样的挑战。她用自己十倍的努力换取了职业的发展。在发展中，她懂得学习的重要性。正是她的努力学习，使她获得了专业上的长足进步，为她赢得了一次又一次的挑战成功。

从 B 教师的成长之路可以发现其中蕴藏的精神意义——为了自己神圣的理想（这是她自己的理想，而不是社会或别人强加于她的）而奋斗！奋斗有多种形式，在 B 教师看来，奋斗就是学习，在学习中习得经验，在学习中获得进步，在学习中建立专业品性，在学习中重建精神家园。她通过不断地学习，包括向书本学习、向他人学习、向经验学习，不仅获取专业的成长与发展，也得到了心理的满足，更获得了精神的丰满。从她入职之初刻苦努力地去获取经验，到职业基本成熟后在不断学习中延伸经验（不仅可以上好一门课程，还可以上好许多门不同类型、不同专业的课程）和在发展成长中重组经验（不仅能够为课堂提供优质的教学，还能够进行有效的课题研究和学术

---

① 让·格朗丹. 哲学解释学导论 [M]. 何卫平，译. 北京：商务印书馆，2009：17.

思考），以及成熟后对精神世界的重建这一成长历程来看，可以说，B 教师的成长之路就是一条非常清楚的蝶化之路。正是这样的蝶化，使她从关注职称、荣辱到关注自己的生命价值。她懂得了人生的幸福不在于物质而在于生命价值的实现。在这样的发展中，她学会了与人相处的换位思考，学会了对学术问题的哲学思考，学会了教学中的文化思考，学会了做人的自我完善，学会了生活中的涵养，学会了工作与生活中的理性取舍。

总之，B 教师就是在实现自己理想的过程中不断完善着、进步着，从专业成长走向蝶化发展。

人生路漫漫。"学，然后知不足；教，然后知困。"学习打开了我的视野，也延伸了我未知的行程。在其中，我充实着每一天，留下满满的回忆。

这应该是 B 教师最深的感悟。

第六章　教师蝶化发展的动力

发展是一种可见的历程。作为知识分子的教师在其可见的发展历程之中蕴藏着怎样的深层次的内在动力？这些动力又是如何催生了教师的蝶化发展？

一、教师蝶化发展的外在动力：作为一个阶层

（一）教师文化身份的阶层特征

在社会学意义上，社会阶层是社会成员按照一定标准划分为彼此地位相互区别的社会集团。同一社会集团成员之间的态度、行为模式和价值观等方面具有相似性，不同集团成员则存在差异性。社会阶层划分的标准可以是职业，可以是经济水平，也可以是所受教育的程度。可见，社会阶层是对具有相同或相似的经济水平和社会身份的社会群体的总称。社会阶层具有流动性，个人可能因为某种原因从一个阶层转移到另外一个阶层。社会阶层与阶级的区分就在于它是基于经济、职业、教育层面而非政治层面。

近年来，随着我国改革的深入，社会结构和社会阶层发生了很大的变化。在关于社会分层的认识上，中国社会学界从分层角度提出了四种理论：十阶层理论、社会断裂理论、"倒丁字型"社会结构理论和"四个利益集团"理论。

十阶层理论根据组织资源、经济资源和文化资源三个标准将当前中国社会分为：国家与社会管理者阶层、专业技术人员阶层、办事人员阶层、经理人员阶层、产业工人阶层、私营企业主阶层、个体工商户阶层、商业服务业

员工阶层、农业劳动者阶层、城乡无业失业半失业者阶层等。社会断裂理论认为由于社会的急剧转型和市场转型，目前中国的社会阶层呈现结构性的断裂，包括国企改制中的断裂、城乡结构的断裂、生产与消费之间的断裂、文化的断裂等。"倒丁字型"社会结构理论则是根据第五次全国人口普查的职业数据计算出来的。研究者通过数据分析发现，中国的总体社会结构是一个"倒丁字型"的社会结构。结构中的一横是一个巨大的处在很低的社会经济地位上的群体，而结构中的一竖则代表一系列的处在不同社会经济地位上的阶层。"四个利益集团"理论是根据改革开放以来人们利益获得与利益受损的状况，将中国人分为特殊获益者群体、普通获益者群体、利益相对受损群体和社会底层群体。

当然，关于社会分层还有其他的理论与划分。在这样一些理论和划分中，很难看到教师的阶层序列。这恐怕主要是因为这些阶层的划分更多的是依据社会成员的经济水平，而教育或者文化水平并非主要的考虑因素。教师属于知识分子，而知识分子主要是由其所受教育与文化水平来限定的。所以，知识分子在中国目前不是一个独立的社会阶层，主要被划入专业技术人员阶层或者分散于其他社会阶层中。

如果按照"社会阶层是具有相同或相似的经济水平和社会身份的社会群体"这一概念，教师应该属于知识阶层。实际上，"知识阶层"并非一个新概念，在中国和西方，知识阶层自古就存在。鉴于篇幅所限和本研究的主要立足点是中国教师的发展问题，本研究对西方知识阶层的兴起与地位暂且不论，主要讨论中国知识阶层的兴起、演进与地位问题。

知识阶层在中国古代叫作"士"。但是，"士"也并不是一开始就是作为知识阶层出现的。《说文解字》曰："士，事也。"据一些专家学者的考证，"士"的原始义是指"农夫"：士，古以称男子，事谓耕作也。知事为耕作者，《释名·释言语》云：事，傳也；傳，立也，青、徐人言立曰傳。……《汉书·蒯通传》曰：不敢事刃于公之腹者。李奇注曰：东方人以物面地中为事，事字又作菑。……《汉书·沟洫志》注云：菑亦菑也。……盖耕作始于立苗，所谓菑物地中也。士、事、菑古音并同，男字从力，依形得义，士则以声得义也。事今为职事事业之义者，人生莫大于食，事莫重于耕，故畠物地中之事引申为一切之事也。①

然而，到了商、周，"士"已指"知书识礼"的贵族。大体而言，根据古代各种文献对"士"的用法，以及"士"训"事"的旧例，"'士'在古代主要泛指各部门掌事的中下层官吏"。"从历史的观点讨论士的起源问题，多数学者认为'士'最初是武士，经过春秋、战国时期的激烈的社会变动然后转化为文士。"② 当然，不能够说文士是从武士蜕变而来的，他们的产生各有自己的文化渊源。士阶层是以古代贵族阶级中最低的一个集团兴起的。士的下面便是庶人。由于士处于上层贵族与庶人之间，因此，士阶层的流动性相当大，上层贵族可能被降为士，庶人也可能升为士。正是这种流动性造成了士阶层的形成。《穀梁传》"成公元年"条云：上古者有四民：有士民，有商民，有农民，有工民。这就说明到春秋晚期，士的正式身份已经确定在"民"的范畴之内了。士民已经不是都有固定职务的了，他们从封建关系中游离出来而进入"士无定主"的状态。社会中那些有学问有知识的士民开始以"仕"为专业。可以说，士民的出现标志着中国知识阶层的兴起。

古代知识阶层的兴起一方面是社会变迁的结果，但另一方面，主要还是凭借它所拥有的"知识"。知识阶层成为社会中的"文化事务专家"，这也是知识分子的最初型态。从孔子开始，把诗、书、礼、乐的"王官之学"赋予了新的精神与意义——"道"的承担者。所以，从孔子到秦统一，以自由知识分子为身份的中国知识阶层主要表现出以"道"自任的精神——超越自己个体和群体的利害得失，而呈现出对整个社会的深厚关怀。这是古代知识阶层的整体特征。

中国古代知识阶层具有两大特征：一是自由批判精神，二是以"道"为己任。

首先，由于中国古代知识阶层不从属于某个固定的社会阶级或团体，既不属于统治阶级也不属于被统治阶级，既在社会秩序之中也能置身社会秩序

---

① 余英时. 中国知识人之史的考察 [M]. 桂林：广西师范大学出版社，2004：27-28.

② 余英时. 中国知识人之史的考察 [M]. 桂林：广西师范大学出版社，2004：28.

之外，其身份多为自由人，因此，他们具有一种自由批判的精神。他们或通过著书立说，或通过游历、讲学批评政治社会。孔子曾说："天下有道，则庶人不议。"而天下要么"无道"，要么不尽"合道"，因此，庶人是必定要议的。这里的庶人也包括"士"——知识分子。

其次，中国古代知识阶层有着中国传统文化的底色，因而在他们身上有着近乎宗教的"神圣"传统，即维护他们所要维护的基本价值"道"——"穷则独善其身，达则兼济天下"，活出不为权势所屈的尊严感。

（二）教师作为知识分子的阶层特征

教师是知识分子吗？这似乎不是一个问题。然而，在现实中，无论是学术界还是教师自己，对这个问题的回答总是仁者见仁、智者见智。陈向明教授等在《从实践性知识的角度看教师的知识分子属性》一文中对这个问题进行了较为全面的分析，她们认为，成为知识分子至少需要具备三个条件：具有一定量的文化知识、具有创新的能力、具有批判反思精神。而教师的职业特征则恰好反映了这三个条件。因此，她们得出结论：教师是知识分子。本研究赞同她们的观点，并从教师是一个知识分子的立场出发来分析教师所处的阶层特征。

在古代知识阶层中，教师是其中的当然一分子。以孔子为代表的一群知识分子教师，不仅能够保持自己思想上的信念，也能对政治社会有着质疑与批评，同时也通过教育的方式传播自己的思想与主张。所以，他们不仅可以自由议政，也可以自由讲学。然而，随着之后博士制度兴起，知识分子的自由人身份被打破，被纳入正式官制之中。如秦汉的博士就是太常的属官。尤其是秦时期的博士制度是"以吏为师"的一种制度化，成为官师合一的复古，由此，以前自由身份的教师便转化为官僚系统中的"吏"——正式被统治阶级"收编"。他们与统治阶级不再是师友关系而是君臣关系了，那么，他们也就不能"横议"时政了。

博士属于古代知识阶层中地位较高的分子，而那些地位较低的知识分子则通常是以"食客"的身份出现的。《史记·孟尝君列传》中的关于一个食客冯谖的故事便最能说明战国中晚期食客制度的出现与食客的作用。从某种程度上来讲，食客已经不能以"道"自任自重了，这不是他们的不自重，而是因为他们"贫不足以自存"了。但是他们作为一个社会阶层而言，还是一股不可忽视的政治力量。孟尝君"礼贤下士三千"，终因冯谖而复位，这难道不是一个有力的证明？虽然食客不完全都是知识分子，但知识分子所占比例是相当大的。在这些食客中，有的既为君主出谋划策，也是君主家的私家教师。

无论是作为博士的教师还是作为食客的教师，他们一方面发挥知识与理性的作用，希望通过自己的努力改良社会，另一方面由于他们缺乏经济基础，又不得不依附于统治阶层。

当代中国教师，尤其是经过"文革""洗礼"的教师，他们身上的批判精神不说丧失殆尽，也所剩无几了。再加上当今社会的物质诱惑，以"道"自任的风范也难觅踪影。正因如此，需要大声疾呼：教师，作为知识分子，不能只闭门教书，专心于做一个专业技术人员，而必须承担起公共知识分子的责任——"有勇气在一切公共领域运用理性"。所以，教师不仅要为国家的教育提供技术服务，还要自觉地把追求真理作为自己的内在修养、内在的道德实践，以此而把握生命去扮演好知识分子的角色——"从事批评和维持批判的立场是知识分子生命的最大方面"①。

（三）教师文化身份的动力特征

首先，教师是知识分子的榜样，需要教师通过生命的精彩演绎去推动自己的蝶化发展。按照萨义德把知识分子分为专业人士和业余者的分类法，当今的许多教师都属于专业知识分子。在萨义德看来，专业知识分子是"把自己身为知识分子的工作当成为稻粱谋，朝九晚五，一眼盯着时钟，一眼留意什么是适当、专业的行径——不破坏团体，不逾越公认的范式或限制，促销自己，尤其是使自己有市场性，因而是没有争议的、不具政治性的'客观

---

① 爱德华·萨义德. 知识分子论 [M]. 单德兴，译. 北京：生活·读书·新知三联书店，2002：4.

的'"。而业余知识分子则是"不为利益或奖赏所动，只是为了喜爱和不可抹杀的兴趣，而这些喜爱与兴趣在于更大的景象，越过界线和阻碍达成联系，拒绝被某个专长所束缚，不顾一个行业的限制而喜好众多的观念和价值"。① 可见，专业知识分子与业余知识分子之区别就在于：前者以谋生与政治、经济安全为主，往往与社会的公共机构结盟并从中获得权力、权威与奖赏，后者不为利益所驱而以自己的研究兴趣与社会变革为己任。

教师不应该也不能够成为专业知识分子，那样的话，教师何以成为学生的楷模，何以去培养既有知识又有勇气的公民，何以成为知识分子的榜样。教师应该具有"业余性"，应该是独立、自主的知识分子，这是理想的境界。然而这种理想也并非要求教师不依赖、不受限于他所附属的机构（学校、政党、利益集团等），这是不现实的，如果教师一旦超出了知识分子的成分群，他不是被废除（就像"文革"时期的知识分子），就是必然受限制。由此，看待作为知识分子榜样的教师，必须兼顾理想与现实，而非犬儒②的方式。教师既不是专业技术人员，也不是专职的"卡桑德拉"③ ——不但正直得令人不悦，还无人理睬。因为"每个人都要受到社会的约束——不管社会如何自由开放，不管个人如何放荡不羁"。④ 在任何情况下，教师身为知识分子都要能够为人所听闻，可能的话要挑起争议，教师既不能完全沉寂也不能完全反叛。教师教育的责任自然也就不能引导教师成为"机构"温顺的羔羊，而要促使教师成为公共知识分子。教师自身也不能不遗余力地以成为"专业知识分子"而与"机构"合谋。如果这样的话，也许是一种逃避——逃避自己的文化身份的责任，或是对过去那种不正常年代的心有余悸。许多教师在津津乐道自己的专业知识、教学成果、科研成果时，却毫无知觉地成了权力和利益集团的雇佣者，道德、正义、良知完全自觉地搁置起来。身为知识分

---

① 爱德华·萨义德. 知识分子论 [M]. 单德兴，译. 北京：生活·读书·新知三联书店，2002：65，69.

② 犬儒意指绝对的个人精神自由，轻视一切社会虚套、习俗和文化规范。

③ 卡桑德拉（Cassandra）是希腊神话中的女先知，虽然能预言但却无人相信。

④ 爱德华·萨义德. 知识分子论 [M]. 单德兴，译. 北京：生活·读书·新知三联书店，2002：62.

子，对这一切，教师不能假装不知晓，而要让自己成为"业余者"，不屈从于权威、权力和金钱。

其次，教师作为"师"的存在，需要为年青一代树立楷模以推动自己的蝶化发展。师的存在本身就是一种楷模的存在。楷模的最大价值是"示范性"，即学高为师、身正为范。在中国历史上，师有"人师"与"经师"之分。人师是指那些能体现道义，能用人格感化学生，能以己身为学生、为社会民众做表率的教师，即能"传道解惑"之师；经师是指那些传授记问之学的教师，即能够"授业"，但不能承当"传道解惑"大任之师。恐怕当今许多教师都只是"经师"，因为我们从师范到在职教育主要接受的也是如何当好"经师"的训练。就是如今的教师专业化、专业发展的教育训练也重在当好"经师"的专业知识与技能的训练。而面对另外一群未成"人"的生命，作为教师应该既做"经师"也要做"人师"，甚至，做"人师"比做"经师"更重要。因此，作为"人"与"师"结合的教师天然地需要自己以生命主体的自我完善去引导学生生命的完整发展。正如一条蚕如果没有经历从蚕到茧最后蝶化的过程就不可能孕育后代。一个教师倘若不能实现自身生命的精彩，也就无法去孕育另一个生命的辉煌！当然，生命的精彩绝不意味着以生命为代价去赢得荣誉与赞赏。以牺牲生命去换取荣誉、赞赏或事业的忠诚都是不可取的。我赞赏和敬重那些为了教育而付出生命的教师的奉献精神，但是认为绝不能去提倡以牺牲健康身体或生命为代价的做法。教师不是工作的机器，也不是教学的工具，更不是"蜡烛"，他们是活生生的有生命、有思想、有情感的人。他们生命的发展、生活的幸福才是学生生命发展、生活幸福的前提，不能把本来是"太阳底下最光辉的职业"变成"天底下最辛苦的职业"，那样教师便没有了发展的动力。

二、教师蝶化发展的内在动力：作为一种意义建构

（一）教师文化身份的意义建构

作为一个"业余"知识分子，一个学生生命成长的引领者，教师工作的

意义不仅在于知识的传授、专业的发展，更在于在广泛的、无限流通的公共空间——课堂、书本、演讲、文章而不是由专家、职业人士所控制的内行人的空间中运用批判和相对独立的分析与判断精神，这才是一个有着特定文化身份的教师的贡献。教师不是公务员，也不是雇员，不应该完全听命于"机构"或同行中的专业协会、学会的政策目标而把自己排斥在公共领域之外。身为"业余"知识分子的教师，就是要跨越自己狭窄的专业领域和职业生涯去建构自己生命的意义——无论是在学校内还是在学校外述说真理。

（二）教师文化身份的动力加速

教师作为"人"，就要"有心"——精神的丰满。作为教师，不仅要关注实用生存的知识、技能的发展，还要关注自身精神的丰满。因为精神性恰恰是教师之为教师的根本。教师是一个有限的存在，容易被自身和外在的欲望所规约，但教师更重要的是他无限的存在——精神生活。可能有许多教师并未意识到这一点，但也有一部分教师是从"洞穴"中看到阳光并努力走出"洞穴"的人。

教师作为"师"，就要"有德"——道义的承担。黑格尔说过，一个民族有一些关注天空的人，他们才有希望；一个民族只是关心脚下的事情，那是没有未来的。如果教师是一些"关注天空的人"，那么，我们一定能够造就出更多仰望星空的人；如果教师是道义的担当者，那么就一定能够培养出许多有道义的人来。民族的未来就是靠许许多多"关注天空的人"和有道义的人去延续、发展。

教师作为"师"，还得"有人格"——心灵的敞亮。在心理学上，人格指的是人的气质与性格。在伦理学视野中，人格指的是个体在处理与社会、与他人的关系中所表现出来的特性。无论是人的气质、性格以及与他人相处，心灵的敞亮是为人处事最好的"处方"。一个心灵敞亮的人肯定是一个"真"人、"善"人和"美"人。一个真善美的人是脱离了低级趣味的人，他能用不俗的品位去鉴赏事物，品味人生；一个真善美的人是胸怀宽广的人，他能用自己敞亮的胸膛去包容人与事，去理解他人。

（三）教师文化身份的当代困惑——我是谁？

后殖民理论的文化身份的喻示是：当教师受到外来文化（专业发展）"侵入"时，对自己的文化身份感到困惑，继而表现出对自己文化身份的模糊——是工匠还是知识分子？是知识的传授者还是生命发展的引领者？

为什么中国的教师们明知只注重学生学业成绩的教育是不对的，但又不遗余力地做这样不对的事情？对教师教育行为评价的导向作用为什么会发挥出如此巨大的能量？笔者认为其关键在于教师作为知识阶层，禁锢了自己的思想，忘记了自己的文化身份而俯首于利益的支配和他人（管理层）的禁律。

管理者较大的表达自由的空间压缩与限制了教师表达自由的空间，这正是后殖民主义在教师教育与管理中的表现。

教师作为社会成员不可能生活在一个毫无禁令的社会中。但问题在于是教师自己产生了禁律还是必须接受他人给予的禁律。无论是何种禁律，它们对教师就是其发展的"茧"。"破茧化蝶"的关键是教师必须重新界定自己——我是谁？

我是谁？这个问题通常不被教师自己所意识到，但是，教师又不得不面对这个问题。因为只有弄清楚了这个问题，教师才明确知道自己要什么，如何去发展。人很难质疑自身，除非他遭遇了一些困境或环境。实质上，"我是谁"的问题是一个社会学的问题，是关于个体在现存社会秩序中的位置的问题。教师的"我是谁"的问题，就是要重新界定自己在社会中的位置，通过这样的界定，不仅有利于清晰地审视自己，也有利于批判地看待现存的那些"隐喻"。

1. 教师文化身份的唯名论困惑

（1）我是蜡烛

"教师是蜡烛"这一隐喻一度是教师普遍认可但也极度困惑的文化身份。一方面，这样的隐喻体现了教师"春蚕到死丝方尽，蜡炬成灰泪始干"的无私奉献精神，许多教师也非常愿意把自己当作红烛，以燃尽自己而照亮他人的精神奉献自己的一切。然而，另一方面，它反映了一种重要的失衡的师生关系——生重于师，即学生的发展应重于教师的发展。这是一种本末倒置。

正因为许多教师和教育管理者、领导者没有看到这种本末倒置，致使教师的自身发展没有得到应有的重视。事实上，教师不应该是蜡烛，因为教师也有自己的生命，教师的发展与学生的发展不仅休戚相关，而且教师要做的是"电灯"——在照亮别人的同时，自己也光彩照人。即教师的发展与学生的发展应该是一个相辅相成的过程：教师使学生得到发展的同时也发展了自己，教师在自身获得发展的同时也发展了学生。由于"蜡烛论"给教师的自我意识定位太高，几乎将教师抽象成"圣人"，使得社会普遍对教师这个职业抱有崇高的期待，以至于认为教师似乎可以解决学生的一切问题。实际上，蜡烛的光不仅十分有限而且还太微弱，因此，它不可能照亮全部学生和学生的全部，甚至有时还可能由于自身的有限与微弱而限制了学生的发展。另外，教师是蜡烛的隐喻在把教师无限拔高的同时，也"规定"了教师较低的地位，似乎教师只能靠燃烧自己来完成其工作职责。因此，教师不必把自己的作用估计得那么高，不必一味顺从社会的过高期望而将其作为巨大的包袱背在自己的背上，也不应该像蜡烛那样牺牲得如此悲壮——把自己全部燃烧尽。

（2）我是工程师

"教师是人类灵魂的工程师"也是教师普遍认可但又困惑的文化身份。这一隐喻包含了十分丰富而复杂的内涵。一方面，它表明教师从事的是一个塑造学生灵魂的非常崇高的事业。只有人才有灵魂，因此教师的职责是育"人"，要求教师注重学生的心灵发展，而不仅仅是向学生灌输知识和培养能力。然而，"工程师"是一个技术性的隐喻，反映的是教育的工业模式，似乎学生是一块没有生命、任人摆布的钢铁，可以由工程师们——教师按照自己的蓝图将其铸造成产品，或者像流水线生产一样，将学生生产成一个样子。另一方面，"灵魂"这个概念也将教师提升到一个神圣的境地，似乎教师是主宰灵魂的上帝，可以任意按照自己既定的方案塑造学生的精神。其实，教师既不是工程师也不是上帝，他就是面对另一个生命的教育工作者。教师不应该把自己和无生命的技术或者虚无的上帝合为一体。

（3）我是园丁

"教师是园丁"是又一种令教师神往却也无不困惑的田园式文化身份。

如果说"工程师论"反映的是一种工业模式，那么，"园丁论"则反映的是一种农业模式。这样的隐喻让许多教师都误认为学生像种子，虽然有自己发展的胚胎和自然生长的可能性，但需要教师来浇水、培土。教育学生就像是培育花朵，不仅要重视学生的生长性、考虑学生发展的共同规律性、照顾学生个体发展的差异性，同时也要考虑到教育的过程性，而不仅仅是结果。所以，教师如同园丁必须经常、定时地浇水、施肥、松土。这种隐喻从表面看似乎符合认知主义的观点。认知主义学习论就认为学生有自己既定的认知结构，教师应该在了解学生现有知识水平的基础上，同时了解学生的认知发展水平，在教学中提供适当的知识结构和知识内容。然而，这是一种静态的学习观。实际上，在皮亚杰的发生认识论基础上建立起来的建构主义已经超越了这种静态的学习观，它所看到的是学生的所学是在与教师、教学资源以及其他学生的互动中建构出来的。学生的知识结构是一个不断更新的网络，新的知识可以随机进入，形成一个不断变化、动态的学习过程。教师除了传递知识和辅助学生学习，本身也是这个建构过程中的一部分。

（4）我是一桶水

"教师要给学生一碗水，自己要有一桶水"，这也是一种使教师既认可也困惑的文化身份。因为这一隐喻强调的是教师知识和能力的必要储备，对教师的职业能力提出了很高的要求。所以，有人甚至认为，在现代社会，教师只有"一桶水"已经不够了，应该是"自来水"，什么时候想要，都可以随时拧开水龙头；不管要多少水，都可以哗哗地流出来。这个隐喻对教师的知识和能力要求很高，似乎教师的储备一定要多于学生。其实，教师之所以为教师，主要是因为其阅历比较丰富，在专业知识上比学生先走了一步而已。教师也要不断地学习并主动地向学生学习，才有可能走在前面。

"桶论"所隐含的学习观也非常狭窄，似乎学习涉及的主要是学校内、课堂上、书本上和教师拥有的知识，而没有意识到学习具有十分丰富的内涵，可以超越书本、课堂、学校和教师，延伸到不断变化着的、丰富多彩的生活世界。"桶论"没有考虑到学生作为独立学习者和终生学习者的能力和条件，似乎学生从老师的桶中接到的水可以够自己一辈子受用。因此，我们认为，与其期待教师拥有一桶水往学生的碗里倒，还不如把教师当成一个帮助学生挖掘水的人。学生就是一眼泉，一眼取之不尽、用之不竭的泉，而教师就是引导发掘泉水的人，使泉水喷涌而出，永不停息。教师应该从"倒水人"变成"挖泉人"，为具有不同个性的学生的终生发展助一臂之力。同时，"桶论"所隐含的一些观点也可以被改造或延伸。比如，"水"在人类的语言中象征着生命、活力和绵延。没有水，人就不能生存。水是生命的源泉，是万物之本。用"水"来比喻教师的知识和能力，暗示着教师对人类精神生命的维护、延续和更新。教师所拥有的水应该是不断更换的、常清的、流动的，应不同学生所拥有的不同大小、不同形状、不同质地的碗的要求而变换倒水的位置、姿势和水的总量。

2. 教师文化身份的唯实论困惑

（1）教师就是教书匠

不知从何时起"教书匠"成为教师的代名词，从此，教师就以"匠人"的身份被定格在课堂上。众所周知，"匠人"是指那些依赖一定程度的熟练技能谋取生活资料的人，其劳动过程表现为以固定的操作模式和规程生产出相同规格的产品。"教书匠"也就被理解为是为了获取生活报酬依靠教学生读书为职业的人。教师被贬值成谋生的职业，教师职业的研究意识、创造意识、发展意识被完全规避。教师成为"教书匠"恐怕与传统的师道尊严，与现行教育体制的某些弊端有着密切的关联性。

（2）教师就是教育专业人员

"教师就是教育专业人员"是把教师划入专业行业内，目的是希望提高教师的职业地位和经济待遇。殊不知，如此划分不仅限定了教师的职业范围——只能从事与教育有关的活动，不能参与社会的政治、经济事务，而且还把教师局限在狭窄的思想领域——除了思考教育教学的技能、方法、内容，其他都是不务正业，甚至教师的发展也只能是"专业"上的、技术上的提高，至于其他的需要、生命的诉求统统不予考虑。

由于隐喻具有意义不确定、解释多元、边界不清楚、情感卷入等特点，上述隐喻同时也在教师工作方面引导着我们的思考。这些隐喻不但在词语层面非常的牵强附会，更是在话语和语用层面导致了社会对教师这一特殊角色的不恰当理解。因此，与其用这些有争议的隐喻来形容教师，还不如用一个清晰的角色定位来认识教师到底是谁。

教师角色确实存在一个非常难以定位的困境。因为，教师相对于整个社会而言是"他者"，但对于学生而言却又是"强者"。这种文化身份的分裂性格导致了教师的人格异化，从而使教师产生一种处境困惑——我要怎样做？

教师专业发展的强大声音淹没了教师的自我意识，不仅教师教育者、教师管理者、教师教育研究者，就连教师本人也迎合着、鼓噪着。似乎"专业发展"是教师的必由之路。然而当教师站在讲台上面对教室里几十个鲜活的正在成长中的生命时，他们困惑了——我的发展是为了什么？

3. 教师文化身份的应然——学生生命成长的"重要他人"

每个人在自己的成长过程中都会有"重要他人"（significant others）深刻地影响着他的思想和行为。

重要他人是指对学生身心发展具有重要影响的个人或群体，包括教师、家长、同伴等。他们是构成学生成长环境的最重要的组成部分，同时也是推动学生发展最具动力性的因素，在个体的生存与发展中具有关键性意义。精神分析学说最早提出重要他人的概念，强调重要他人以及个体与重要他人的关系深刻地影响了个体对于自我的认识，并影响自我与他人、与外界环境关系的基本模式。后来进一步的研究发现，重要他人对学生发展的影响并不限于自我与人格发展方面，而与学生的认知与学习、信念与态度、社会性与个性以及情感和心理健康等多个方面的发展具有多层次、多途径的内在联系，因而具有广泛性、全方位性和深刻性。

在学生的成长历程中，重要他人往往随学生发展的阶段任务和要求、学生所处环境的变迁而变化。在一定意义上可以说，学生的成长既是学生自身在生理、心理上不断变化和适应环境的过程，同时也是与之交往的重要他人不断变化和转移的过程。从个体生命的发展历程看，新生个体最初经历的社会化场所是家庭，父母是儿童生活中最早的重要他人。然而，现代社会对个体素质的多方面要求使得家庭不能承担儿童社会化的全部责任，必然要求在专门的机构中以专业的人员对儿童实施有目的有计划的系统社会化。因此，当儿童从家庭进入社会的集体教育机构——各级各类的学校时，他成为学生，教师也就成为继父母之后学生发展的又一重要他人。尽管他们晚于父母介入学生的社会化过程，但是由于他们是社会专职教育者，能够按照学生发展与教育的科学规律，代表社会系统地、有目的地参与、引导、影响新生一代的成长，因此成为学生社会化的重要而独特的影响源。另外，从时间的角度看，绝大多数儿童在进入幼儿园、小学、中学等专门教育机构后，一周中有 5 天会在学校中度过，每天在学校中与教师度过 5—8 个小时。如果以每年上学 40 周来计算，从幼儿园到高中毕业，则至少在各级学校中与教师共处长达 15000—24000 小时；如果加上大学，那么个体在作为成熟的社会成员独立进入社会之前有超过 19000 小时就是在学校中与教师相处。这个庞大的数字从时间维度上充分说明：在现代社会，一个人受学校教育的过程就是其生命成长的初期过程，在如此漫长的时间中，教师能够对学生身心发展的多个方面产生重要的影响。因此，教师，由于他和学生有着更为密切的关系而使其应该成为学生生命发展中的重要他人——引领生命的成长。

教育的原点是生命，生命的发展需要教育。教师面对处于成长中的尚未成熟的学生，关怀其生命，促进其生命的成长和发展应该是对教师最核心的教育要求。

人是一个生命的统一体，包括身体生命和精神生命。身体生命是精神生命的载体，精神生命是身体生命的灵魂，二者缺一不可，否则就不是完整的生命。作为教育对象的学生也是身体生命和精神生命相统一的存在。但是学生是一个特殊的人群，尤其中小学生是未成年人，他们的身心尚未成熟，正处于身心发展的重要时期和关键时期。所以，学生的二重生命的发展需要得到教师的关注和关怀。

教师的生命引领是从现实关怀到终极关怀，即教师对学生的生命成长的引领主要表现在三个层次：身体引领——形下关怀；生活引领——形中关怀；价值引领——形上关怀。

(1) 身体引领——形下关怀

教师对学生的形下关怀首先体现在身体关怀中。中小学生正处于身体发育成熟的关键时期。这个阶段的学生其生理发育速度很快，尤其是身高和体重的增长非常明显。在小学高年级和初中阶段的学生，他们的第二性征开始出现，有了许多生理与心理的困惑、矛盾和冲突。教师在班级教育中要适时提醒学生科学、合理地饮食和作息，以适当方式渗透青春期生理卫生教育。另外，学生身体的健康发展是学生其他发展的前提和基础，不能使学生的发展建立在牺牲其身体的代价之上。更不能运用粗暴的管制方式，如体罚等来教育学生，因为体罚会对儿童造成终生难以磨灭的创伤。事实上，身体和教育二者是相依而存的：身体作为物质性存在是教育存在的基础，教育就在于使人超越自身的物质性存在而真正地成其为人。

其次，教师要切实转变学生观和教育态度。学生是人不是物，也不是"容器"和盛美德的口袋，因此，对待学生要以对待有思想、有感情的人的方式，给予真切的关心。教师除了关心学生的分数外，更要关心他们在学校的生活状况，要注重培养他们的学习能力、社会适应能力和自主能力。

(2) 生活引领——形中关怀

人要生存也要发展。学生在学校学习、完成"社会化"的过程，是为进入社会拓宽自己的生存和发展的空间。因而，教师不仅要关心学生的学业，而且要用发展的眼光去看待学生现实的生存状态，从中帮助寻找发展的趋势，关心他们未来的发展、升学、择业，帮助他们选择发展方向，思考走什么样的生活道路更能够使他们的心理潜能得到充分的发挥，以促进学生可持续发展。

目标教育应该是生活引领的重点。人只有在目标的诱导下，才能做有用功。目标是一种刺激物，能够诱发人的动机，规定行为的方向，对人的积极性起着强烈的激励作用。我们对学生进行目标教育就是激励他们学习的动机，帮助他们寻找以后生活的风向标。

(3) 价值引领——形上关怀

在现代教育中，教师承担着学生的价值引领者的最重要的角色。形上关怀就是"精神关怀"，这应该是教师教育劳动意蕴的深刻、准确反映，体现的是教师以人为本的教育理念，表达了教师对学生的情感和态度。因此，价值引领应当成为教师对学生生命引领的核心内容。

精神关怀是一种终极关怀。终极关怀的基本含义就是强调人应该具有完美的人格、高尚的心灵，应有理想、有信念、有信仰，能够真正地超越一切世俗功利的束缚，达到真、善、美的人生境界。所以，教师要关心学生当下的精神生活和心灵自由。

第七章　教师蝶化发展的目标

作为一个有生命的个体，教师理应追求自身生命的完善。教师生命完善之过程便是教师蝶化发展之过程——一个不断向着自我期望的方向，以开放的心态和浪漫的气质连绵不断地努力。

一、教师蝶化发展的自我目标：重建自我

"蝶变"不只是外表形态的变化，更是内部特性的质变。教师的蝶化发展不仅仅是语言、行为的外在改变，而是观念、个性、境界的内在质变。这个质变主要体现在教师生命价值的凸显，表现在教师作为人的自我的重建。

人的生命存在的表征不仅仅是指人活着，更深层的含义是指以人的方式存在着，而人的存在方式是人的生命价值的体现。这里的"人"不是泛指的人，而是一个个具体的个体生命。生命价值问题应该是人的价值核心。教师的生命价值涉及教师怎样认识自我价值，怎样实现自我价值，怎样有意义地度过人生。教师的自我重建在于认知、道德与精神等诸多方面的重新建构，以获得包括物质价值与精神价值、此在价值与彼在价值的统一。

教师的自我是小我与大我的结合。小我是以自然生命为基础的蕴藏在教师个体身上，在生命活动中对教师生命成长起特殊作用的"我"，是教师生命的内在价值；大我则是教师以职业生命为基础的蕴藏在教师劳动过程中，在教育活动中对学生生命成长起特殊作用的"我"，是教师生命的外在价值。因此，教师自我的重建是小我与大我的重建，是教师生命价值与职业价值的重建。当然，教师的自我重建绝不是一朝一夕之功，是教师在长期的人生旅

程中，在一天天日常的教育职业生涯中磨炼而成的。

二、教师蝶化发展的他人目标：学生的生命成长

蚕变"蝶"不是为了把自己变换一个模样，教师的蝶化与质变也并非只是让教师修行成两耳不闻窗外事之人。教师的蝶化与质变不仅对教师内在价值的实现有利，还会对学生产生巨大的影响。因为，教师的蝶化过程是生命与生命相互交流的过程，是教师遵循生命发展原则去引导学生生命走向更加完整、更加和谐与无限的境界的过程。

叶澜教授在论述教师的劳动性质时指出："教师的根本任务在于'育人'，在于促进儿童与青少年的精神生命成长与精神世界的丰富。它需要教师对多种知识进行多层、多次创造性的开发、转换与复合才能完成。"① 作为教育研究者，叶澜教授的真知灼见笔者无不佩服。但是本着学术自由的精神，笔者认为叶澜教授这段话的前一句是非常正确的，但后一句却不敢苟同。既然教师的根本任务是促进儿童青少年的精神成长与丰富，那么知识是完成这种促进的唯一因素吗？根据本研究的主题思想，有着丰富精神世界与精神内涵的教师才能促进学生的精神生命成长与丰富。现实中存在大量能够对知识进行复杂创造与加工的教师，他们可以把知识有效地教授给学生，然而，他们却培养不出有着强烈生命活力与精神涵养的学生。究其根本，是教师本身就缺乏生命的活力与精神的纯粹。学校不同于其他组织的特征就在于它是生命成长的地方——不仅是学生生命成长的地方，也是教师生命成长的地方。而且，学生的成长必须依赖教师的成长，只有那些蝶化发展的教师才能培育出有着灿烂人生的学生。

可见，教师只有在知识结构、文化内存、自我意识以及主动性方面形成自己的人格魅力，才能对学生起潜移默化的作用，从而影响学生生命发展的样式。所以，真正意义上的教师发展价值不仅体现在有良好的教学效果和较高的教育质量，更是体现在引领学生生命的良好发展，可以说，这也就是教

---

① 叶澜. 改善教师发展生存环境　提升教师发展自觉 [N]. 中国教育报，2007－09－15.

师蝶化的最佳体现。因此，教师必须深刻体会自己蝶化发展的全部价值，将自己蝶化的全部能量（思想、情感、意志、态度、人格、自由、幸福）转化为学生生命成长的助推力。由此，教师教育理应从教师蝶化发展的视角而不仅仅是从教师专业发展的视角去观照教师的发展，使教师发展问题获得从教师自身、教师生命成长规律以及教师生命价值特点去分析教师的基本动力。如此，我们的教师教育便可以走出一条分析、研究、理解和探索教师发展的新路。

在当代社会，对一个人的未来发展起到巨大作用的是教育。从人的学术进步和精神生活的完善方面，教师承担着启蒙的重任。然而现实是，教师注重的是发展学生参加升学考试的解题技巧，却基本不顾及如何让学生拥有对真理的热爱和对学术生活的向往。即在教师的视界中缺乏一种意识：教师和学生是共生在学校的一个学习共同体。教师与学生聚集在一起不是为了多争取考试的分数，而是为了追求真理与精神生活的完美。用雅斯贝尔斯的眼光看，这些人是一些自我选择、自我证明的精神贵族。对于一个人来说，怎么估计学校岁月的重要性都不会过分。正是在这个意义上，学校是人成为人的唯一途径。学校教育的精神内核就是去引导人发现真理以及完善精神生命。

一般而言，教师，尤其是中小学教师，他们是没有自主权去教什么的。他们的"教"主要受控于教育过程之外的众多因素。因此，大多数人包括教师自己都认为教师只不过是一个知识传递者，一个教书匠而已。如此就在很大程度上影响了教师对自身使命的看法和践行。这样，教师便成为一个封闭而又相对特殊的知识阶层：他们受过高等教育，具有所教学科的较深的学术知识，然而他们每天所从事的却不过是传递一些基础知识。可以说，这就是传统教育所造成的致命后果。当然，传统教育的改变非一日之功，但对教师而言，只有主动寻求变革，主动寻找自我解放的力量才能对教育、对自己的使命进行重新理解与建构。教师必须看到自己的教育工作需要超越传统与经验的束缚，需要站在一个新的高度——教育使命的高度去理解教育工作。

如果从本研究所呈现的几位教师的叙事中看到了他们的生命自觉态度，那这种态度正是基于他们对教师使命的重新理解——引领学生生命的成长。

教育作为人类特有的实践活动，它总是处在一个不断更新的过程中。因此，教育是永远不可重复的——既不可复制，也不能还原。教师的工作也由此充满着不确定性——不同于工人按照图纸来生产一个确定的产品，而是有赖于教师个人对其行为的理性思考——这正是教育的使命。教育的使命不同于一般的教育目的，它是对教育本质的清醒把握。所以，教师必须能够超越现实的效用性或有用性，要意向化地理解教育的使命，如此才能达到教育使命的自觉。如果教师根本不思考"我的教育使命是什么""学生在学校发展什么"等问题，其也就缺乏使命感，教育的目的和方法就毫无生气，教师的工作也就是"机械和经验主义的事情"。总之，由于长期将教师比较多地局限在技术熟练的专业发展领域，他们的使命意识和生命意识都逐渐消退。所以，教师蝶化发展提出的他人目标是指向生命意识和使命自觉的，只有这样才能恢复其发展成长的自律性，为我国教师教育改革提供另一种可能的思路。

三、教师蝶化发展的终极目标：诗意般的教育生活

教师发展的终极目标不在于技能的精进、业务的熟识，而在于精神的重建，在于内在精神的历练与修为。因此，教师发展的核心是其精神世界的丰富。教师的发展不能被简单地理解为接受新知识、掌握新技能、运用新教学方法的过程，更应该关注的是教师"精神存在"的提升，即如孟子所指出的："先立乎其大者，则其小者不能夺也。"教师精神世界的丰富不是工具理性的，而是超越性的精神追求，它是教师选择教育实践的价值标准与理想境界，也是教师教书育人的精神内核，更是教师从事教育活动所体现出的专业热忱与敬业操守。这种精神追求能够辐射到教师的教育生活的各个方面，使教师的举手投足、言谈举止都烙上鲜明的个人色彩，体现出人的个性品质和人格精神。

前已述及，传统教师发展观将教师看作技术员或工匠，总是把焦点放在教师的教学技术改进上，更多强调教师要忠实地执行、完成既定的教育目

标，忽视教师对教育的多元理解和对自身发展的全面理解。随着批判教育学思潮的兴起，研究者开始关注教师的自主意识与自由精神在其专业发展中的重要作用。如金美福在其博士论文《教师自主发展论》中就将教师的自主发展作为教师的一种生存方式来理解。在批判教育学理论视野下，教师是教育改革与发展的主体，他们的教育热情是被充分点燃的，所以也就真正投入到教育改革进程之中。批判教育学者根据马克思主义的立场，将当今的教师比喻为工厂的劳工，是"技术化"的教书匠，是教育改革与发展中的"静默"者、缺乏话语权的"无语"者。作为批判教育学的代表人物，弗莱雷就观察到，无论在巴西还是在西方发达国家，压迫是一个普遍的现象，例如，绝大多数教师在教育改革中缺乏主体性与参与性，只是被动的执行者，他们对于这种"压迫"情形保持沉默，甚至于心甘情愿，缺乏反思意识。他认为，教师之所以会形成"静默"文化，除了传统教育理念与学校氛围不支持教师的自主与参与外，另一个重要的原因恐怕是教师自身缺乏主动参与的意识，安于现状。因此，本研究强调，教师必须蝶化发展，只有蝶化发展的教师才能形成批判精神、质疑意识和自主思维，也才能拥有自由的家园，过上诗意的教育生活。美国一项研究发现，在1993—1994年间，公立学校教师的年收入远高于私立学校教师。然而，36%的私立学校教师却宣称对工作"非常满意"，公立学校教师只有11%对自己的工作"非常满意"。究其原因，是私立学校的教师感觉校园氛围更自由，自己对工作更有自主权。可见，学校是否成为教师自由的家园关系到教师是否能够过上诗意的教育生活。

现实是，当研究者、管理者自以为是地为教师筹划发展时，可能就在"替代"教师的自主意识与需求，不仅未能真正为其提供自由的氛围，反而限制了教师的自由。一个自由、自主的教师不会盲目地听命于各种"常人"的标准，他能够对自己的教育活动随时都做深刻的反思和保持对教育的敏感性与批判意识，能自主、自由地投入到他所喜爱的教育活动之中。处于这种状态的教师就能从中感受到原本的教育生活的真谛与意义。这种诗意的教育生活是教师的根——过有意义的自由的生活。

马克思曾提到，一部人类文明史就是一部"人类本性的不断改变"的历史。所谓"人类本性的不断改变",就是人的精神世界不断提升和丰富的过程。然而,随着现代技术的进步和工艺的精致,教师教育也打上了工业文明的烙印,更多地陷入了技术与操作的层面,而逐渐淡忘了教师教育的根本是对教师精神的关注,忽略了教师所需要的教育生活是拥有"自由"的诗意生活。那么,教师诗意的教育生活到底是什么?本研究认为,教师诗意的教育生活包括教师精神上充分的自主和快乐。

首先,教师诗意的教育生活体现在他的精神自由上。庄子曾经痛感人存在的不自由,他在《养生主》中说:"泽雉十步一啄,百步一饮,不蕲畜乎樊中。神虽王,不善也。"草泽里的野鸡宁愿很辛苦地十步啄一口食,走百步喝一口水也不愿意被圈养起来过舒适的日子。因此,在庄子看来,自由即生命,没有自由,哪怕是锦衣美食,生命也会失去光彩;没有自由的生命是人生虚假的旅程。所以,对人的生命的真正关怀不在于"相濡以沫",而在于"相忘于江湖",让人回到生命之水中自由自在地主宰自己,从"由他"回到"由自"的境界。然而,自由也绝非仅限于外在的行为,没有哪个人的行为能够脱离一定的社会规范而存在,自由更多的是精神的自在。

教师的精神自由是那种把自己平凡的工作与个人收获的快乐相联系、与自我价值的实现相联系,从而把原本是外在于自身的教育世界转换为属于个人的自我生活世界的自在。如此,教师便有了教育生活的活泼与丰富,有了教育生活的完满与人生意义的充盈,教育生活的激情在心中激荡,诗意在心底流淌。在不经意之中,他懂得了对校园的欣赏,对学生的赞赏、理解与宽容;他对教师职业不再有抱怨与倦怠,而是赞美自己神圣的职业、吟诵自己美丽的生活;他也不再为课堂缺乏活力发愁,因为他本身已经成为课堂生命力的发动机。

教师的精神自由需要教师管理者从教育政策出发,赋予教师更多的权利。赋予教师主体参与的权利是教师获得精神自由的外部基础与条件。同时,还应通过创设良好的外部条件来保障教师的这种主体参与的合法性;将教师从升学压力中、从繁重的工作负担和时间限制中、从教书匠中解放出来,以充分保证教师的自主空间。

其次，教师诗意的教育生活体现在他的职业快乐上。物质的满足可以带给人快乐，然而，物质的快乐是短暂的、稍纵即逝的。唯有精神的快乐才是持久的、无限的。教师职业充满了创造性与艺术性，当教师对学生的内心世界进行了不懈的探索并由此而创造性地教育教学时，他便发现了创造的快乐；当教师能够把千差万别的学生、千姿百态的教育情境、千变万化的教育内容了然于心，随意拈来，出神入化时，他便有了艺术家的感觉——弹奏出华丽乐章的快乐。

教师的职业快乐需要教师管理者从校园氛围的营造出发，构建教师学习型组织。教师的工作具有个体性也具有群体性，张扬他们的主张和行动，才能促进其职业快乐。由于学习型组织非常重视教师各自的见解、立场与方法，因此，教师便能在其中获得应有的具有职业的尊严与自信。

四、叙事与解构

（一）叙事：一个乡村教师的蝶化幸福

我的发展之路
——C 教师的自述

我很喜欢"赏识教育"，因为赏识让人成功。正如著名教育学家第斯多惠所说："教育的奥秘不在传授，而在激励、唤起和鼓舞。"我一直认为自己不够优秀，但我非常幸运，幸运地遇到了我的导师耿老师，幸运地得到她的鼓励与赏识。这一路走来，她的赏识时时伴着我，让我拥有自信，让我有勇气去面对挫折，让我一步步成长。

作为农村教师，在教育教学上，我们潜意识里有一种自卑，同时也有一种怨气。我们自卑，因为我们学校的硬件设备比不上人家。我们有怨，因为我们自认为处于穷乡僻壤，没有机会得到教研员的亲临指导，甚至没有得到过学校领导的重视。因此，我们也就甘愿埋没自己的才华，甘愿混于尘世，甘愿重复地过着"今天"。而我，也曾这样重复过。

1. 我的学习工作简历

1990 年 7 月我毕业于原巴县师范学校，分到老铜罐（原铜罐驿镇第二小学，现在叫大碑小学）。那是一个闭塞的地方，连接镇中心的就只有一条铁路，但不是停靠点。40 分钟的路程，我们胆战心惊，因为不时有列车呼啸而过。1992 年为方便照顾家，我申请调到铜罐驿镇第一小学所属的双龙村小（现在已拆除），在那儿一待就是六年。1998 年调到中心校，也就是现在的铜罐驿镇小学。2004 年借调到杨家坪小学，2005 年正式调到杨家坪小学。

1998 年我参加了汉语言文学专科函授学习，同年参加九龙坡区第二届骨干教师培训班学习，2001 年参加重庆教育学院汉语言文学专升本函授学习，2005 年参加重庆市首届中小学教育科研骨干教师培训班学习。

2. 我的几个转折点

已工作 17 个年头的我，成长之路却只能从 1998 年我 26 岁时算起。因为 18 岁时的我从一个中师生变为一名教师，我实在不知道怎样进行角色转变，怎样面对学生这个鲜活的群体，当时又没有谁能给予我指导，自己又缺乏自我发展意识，于是就接受了大多数教师得过且过的想法，白白浪费了八年风华正茂的时光。有时我在想，如果我抓紧了那青春年少的八年，现在的我又会是怎样呢？没有答案，无从猜想。

不过，我从不后悔那个八年。因为，我曾经争取过，毕业第二年我想参加专科学习提升学历，可当时教办的领导告诉我："教小学，中师学历足够。教中学，才需要专科。"因此，不给我报名学习的机会。不后悔，还因为有了这八年的荒废，现在的我才格外地懂得珍惜，懂得努力！

1998 年，是我的第一个转折点。因为我被调到了中心校，开始教城镇厂矿子女。那里的教师之间有着潜在的竞争。第一次家长会时，家长们那审视的眼神使我暗下决心，要向家长，向那些瞧不起村小教师的人证明从村小来的教师也不差，我要征服家长，要让那审视的眼神变成尊重。我想，这应该是我最早的自我发展意识吧。因此，我去争取了区里分到学校参加第二届区骨干教师培训学习的三个名额之一。那年学校参加培训的三个人中，一个副校长，一个教导主任，一个就是我。也就在 1998 年，我强烈地感受到当小学教师只具有中师学历是远远不够的，因此我主动参加了汉语言文学专业的专科函授学习。随即在 2001 年 6 月拿到专科学历后，参加专升本国家学历入学考试，7月进入重庆教育学院汉语言文学专业函授学习。

2001年，是我的第二个转折点。因为从那年开始，我引起了耿老师的注意。之所以引起耿老师的注意，是因为我在参加耿老师组织的研讨活动中喜欢主动发言，而这短短发言让耿老师觉得我还有点思想。从此耿老师给予了我众多抛头露面的机会。她经常让我在她组织的教学研讨活动中针对研讨主题即兴发言，为了提升我的专业水平，她时常指导我从某些方面去听课去评价。而我也总不折不扣地依照她所说的去思考去准备。（说起"不折不扣"这让我很自然地联系起《细节决定成败》一书中的那句话："中国绝不缺少雄韬伟略的战略家，缺少的是精益求精的执行者。"这句话值得我们每个人品味一生。）为了这不折不扣，我必须很用心地去倾听，很积极地去思考，很迅速地去组织语言，很认真地准备。当大多数参加教学研讨活动的老师在窃窃私语，在无所事事时，我的大脑处于高速运转状态：我在欣赏别人的精彩，并思考它体现了哪点课改精神；在反思这个教学环节，学生为何会对老师的激情视而不见，如何才能调动学生。越思考，越能感受到教学的乐趣，体会到豁然开朗的幸福。

说到反思别人教学中的问题，这个反思行为也是在2001年之后才慢慢形成的。可以这样讲，2001年以前的我对别人有太多的崇拜，总觉得别人的课都比我上得好，特别是对来自山那边城里学校老师的课，更是不敢有任何的质疑，认为教学研讨课就是示范课，然后全盘接受。在我身上就出现过"东施效颦"的事。那应该是1998年的事，我在白市二小听了一节山那边老师带来的课，还记得是一年级学《上、中、下》的那篇短文。我觉得那个老师讲得非常好，我仔细地听，认真地记，几乎记下了她所说的每一句话，回校后在全辅导区上汇报课，我完全照搬，可结果是一塌糊涂。就从那一刻开始，我忽然意识到研讨课，只是供研讨的，其中有许多值得商榷之处。而别人那好的教学不一定适应我的学生。有了这点意识，我就觉得自己开始有进步了。所以我要说，敢于质疑，这就是自我发展的良好开端。

2002年，我真正担当起铜罐驿镇小学教科室主任一职，这是我在教育理论水平、科研能力方面的一个大转折。为何用"真正"，因为前面的一年里，我虽说是教科室主任，可对教改科研的认识和大多数教师一样，于是我被动地接受上级领导的安排，去等去靠。一年的等靠，让学校的课题研究停滞不前，而当时我们学校正在研究的可是区里的重点研究课题。一年后，也就是2002年，我学会了主动思考。记得前不久我应祝主任的邀请在全区教导主任、教科室主任培训班做了"浅谈课题研究与教学实践活动"的发言，在谈及我对教科室主任角色定位时，我认为教科室主任不但是执行者，还应是思考者。会思考的我才真正成为教科室主任，而思考的内容并不只限于对教育教学工作的思考，更多的是从管理者的角度去思考如何进行区级重点实验课题研究，怎样组织全体教师积极参与教改科研工作，参与区里组织的"三课"活动、"教研组竞赛"等。这些思考，让我站得更高，也就看得更远。而这些思考，让我真切地感受到了教改科研的魅力，看到了教改科研对教师专业化发展的促进作用，品尝到教改科研带来的乐趣。可以这样讲，当你爱上了教改科研，当你具有了科研的头脑，你更能享受到教书育人的幸福与快乐。

2004年，在耿老师的指导下，我开始了组织全区教学研讨活动的经历。2004年2月26日在高新区森林小学，我第一次组织全区教学研讨活动，当时耿老师有事未来，在忐忑中我完成了任务。2004年10月27日在石坪桥小学第二次组织，就自然多了。2004年12月14日在谢家湾朵力分校组织活动时，我有了点创新，就是邀请家长参与评课，那些家长专业性的评价让我们不敢小视。在耿老师的栽培下，也是在2004年，我得以借调到杨家坪小学这所区内一流小学校，并很快得到江校长的赏识，参与学校教育教学教改科研管理，让自己各方面都有了飞跃发展。

到了杨家坪小学后，我不敢喘息，因为我清楚地知道，自己来自农村小学，很多方面都不及别人，我只有靠自己的努力工作、踏实认真去得到领导、老师、家长、学生的认可。这里实在不想多谈其中的酸甜苦辣，就讲两件事吧。

第一件，2004—2005学年度，我才到杨小一学期，2005年4月我就在陈老师组织的全区中段习作指导课中承担了执教任务，上的是四年级的习作

《我敬佩的一个人》，课后反应较好。现在我想告诉大家的是，在高手如云的杨家坪小学里，每个年段每个学科都有许多教学业务能力很强的老师，而我当时任教的是五年级，却去承担四年级教学研讨任务，不是因为没人上，而是因为大家都想看看我的水平。因为当年我是作为"人才引进"进入这所全区唯一的超编学校，同时一进校就担任语文教学指导工作。不给耿老师丢脸，不让城里的老师瞧不起我们这些农村教师，就是我当时的想法。

第二件，2005 年 12 月 27 日我执教全区六年级"读中悟写"习作指导课《注重细节，学会取舍》，也获得成功。12 月 7 日我才参加完市里首届中小学教育科研骨干教师培训学习，回来之后还要处理班级里发生的事。顺便说一下，才到杨家坪小学时，我担任的是一个让所有领导与老师都头疼的班级的教学和管理工作，在我学习期间，我的搭档——一个特级教师都没办法管理这个班级。而领导们把这样的班级给我，里面包含了对我的期待，所幸的是，毕业时没让他们失望。我是在 12 月 18 日才接到这个执教任务。大家都知道，习作指导课不好上，而来自祝主任思考中的"读中悟写"习作指导课更让人无从下手，在指导时祝主任也没有给予我们一个可参考的模式。同样承担执教任务的赵主任转达了祝主任的要求，19 日开始备课，20 日祝主任到学校来检查教案，不幸的是，我的教案不合格，必须重写。晚上回家梳理祝主任的意见，重写教案。23 日祝主任到学校听第一次试讲，利用中午吃饭的时间评课，再修改。26 日我们在本教研组第二次试讲，祝主任没来听，27 日全区展示。短短时日里，我对教案进行了五次修改，做了四次研讨记录，写了一篇反思。不过这样的集训，让我收获颇丰。

之所以讲这两件事，是因为我想告诉大家：勇于承担任务，直面困难，努力克服困难，你就会有许多意想不到的收获。

（二）解构：由蚕变"蝶"是一种经历，也是一种幸福

教师叙事，是教师在"讲故事"，他们在故事中追溯自己经历过并留下深刻印迹的一些鲜活的"教育事件"。他们通过这些"事件"的叙述，把自己过去在教育活动中的经历再现出来，使那些曾经在他们记忆中被遮蔽的印

象变得生动起来，如此便把自己的教育经验与他人共享，凸显出教育事件的价值存在。所以，与其说教师叙事是在"讲故事"，还不如说他们是在敞开自己职业生命的印记。

首先，C 教师所叙之事呈现了她自己"原汁原味"的发展事实，她让有血有肉的发展事实本身来说话。这些发生在课堂上、教室里、教学中、校园内的事件不仅串构成了她发展的真实场域，而且也使她的所有发展要素之间有了高度的关联性和不可分离性。

让我们首先来看看她的整个发展轨迹：

1990 年 7 月我毕业于原巴县师范学校，分到老铜罐（原铜罐驿镇第二小学，现在叫大碑小学）。那是一个闭塞的地方，连接镇中心的就只有一条铁路，但不是停靠点。40 分钟的路程，我们胆战心惊，因为不时有列车呼啸而过。1992 年为方便照顾家，我申请调到铜罐驿镇第一小学所属的双龙村小（现在已拆除），在那儿一待就是六年。1998 年调到中心校，也就是现在的铜罐驿镇小学。2004 年借调到杨家坪小学，2005 年正式调到杨家坪小学。

从这一个简单的叙述中我们看到，C 教师在她至今为止的 21 年教龄中，在农村小学待了八年，在镇中心小学待了六年。按照她自己的话来说，前八年基本是"甘愿埋没自己的才华，甘愿混于尘世，甘愿重复地过着'今天'"。

可以说 C 教师在任职初期和许许多多的农村教师一样"自甘堕落"，把抱怨、不满撒向外界和自己不济的命运。

作为农村教师，在教育教学上，我们潜意识里有一种自卑，同时也有一种怨气。我们自卑，因为我们学校的硬件设备比不上人家。我们有怨，因为我们自认为处于穷乡僻壤，没有机会得到教研员的亲临指导，甚至没有得到过学校领导的重视。

幸运的是，她后来有了意识的觉醒：

因为 18 岁时的我从一个中师生变为一名教师，我实在不知道怎样进行角色转变，怎样面对学生这个鲜活的群体，当时又没有谁能给予我指导，自己又缺乏自我发展意识，于是就接受了大多数教师得过且过的想法，白白浪费了八年风华正茂的时光。有时我在想，如果我抓紧了那青春年少的八年，现在的我又会是怎样呢？没有答案，无从猜想。

不过，我从不后悔那个八年。因为，我曾经争取过，毕业第二年我想参加专科学习提升学历，可当时教办的领导告诉我："教小学，中师学历足够。教中学，才需要专科。"因此，不给我报名学习的机会。不后悔，还因为，有了这八年的荒废，现在的我才格外地懂得珍惜，懂得努力！

一个教师能够意识到自己光阴的浪费，正说明她开始有了觉醒——生命不能这样度过！于是，她开始寻觅自己的发展之路：

1998 年，是我的第一个转折点。因为我调到了中心校，开始教城镇厂矿子女。那里的教师之间有着潜在的竞争。第一次家长会时，家长们那审视的眼神使我暗下决心，要向家长，向那些瞧不起村小教师的人证明从村小来的教师也不差，我要征服家长，要让那审视的眼神变成尊重。我想，这应该是我最早的自我发展意识吧。因此，我去争取了区里分到学校参加第二届区骨干教师培训学习的三个名额之一。那年学校参加培训的三个人中，一个副校长，一个教导主任，一个就是我。也就在 1998 年，我强烈地感受到当小学教师只具有中师学历是远远不够的，因此我主动参加了汉语言文学专业的专科函授学习。随即在 2001 年 6 月拿到专科学历后，参加专升本国家学历入学考试，7 月进入重庆教育学院汉语言文学专业函授学习。

2001 年，是我的第二个转折点。因为从那年开始，我引起了耿老师的注意。之所以引起耿老师的注意，是因为我在参加耿老师组织的研讨活动中喜欢主动发言，而这短短发言让耿老师觉得我还有点思想。……当大多数参加教学研讨活动的老师在窃窃私语，在无所事事时，我的大脑处于高速运转状态：我在欣赏别人的精彩，并思考它体现了哪点课改精神；在反思这个教学环节，学生为何会对老师的激情视而不见，如何才能调动学生。越思考，越能感受到教学的乐趣，体会到豁然开朗的幸福。

......

2002 年，我真正担当起铜罐驿镇小学教科室主任一职，这是我在教育理论水平、科研能力方面的一个大转折。......可以这样讲，当你爱上了教改科研，当你具有了科研的头脑，你更能享受到教书育人的幸福与快乐。

2004 年，在耿老师的指导下，我开始了组织全区教学研讨活动的经历。......也是在 2004 年，我得以借调到杨家坪小学这所区内一流小学校，并很快得到江校长的赏识，参与学校教育教学教改科研管理，让自己各方面都有了飞跃发展。

生命的发展是许多"意义"事件的勾连，而这些"意义"事件又是教师发展的逻辑链接。C 教师通过上述一连串"意义"事件找到了自己生命的坐标和发展的逻辑路径，由此她便找到了自己的精神自由与快乐——"越思考，越能感受到教学的乐趣，体会到豁然开朗的幸福。""当你具有了科研的头脑，你更能享受到教书育人的幸福与快乐。"

一个蝶化发展的教师并非圣人。任何在教育教学工作中不懈地努力，尝试着学习、体验、思考、改变的教师，任何在教育教学工作中体验到自我更新、自由、幸福和快乐的教师，都可以是活出了职业的尊严与欢乐的蝶化发展的教师。这样的教师必然会去尊重学生、赏识学生、引导学生，成为学生生命中的"重要他人"。

结 束 语

在构思与写作本书期间，我发现自己在理解文化身份、质变学习与教师蝶化发展时遇到困难，总有一种飘忽的感觉，有时它们清清楚楚地摆在我面前，有时又好像抓不住它们，犹如蒙娜丽莎的微笑一样令人捉摸不定。因为它们都有着丰富的内涵，又可能招致众多的批评，以至于我感到茫然，曾一度想放弃，或者减少一个维度而降低难度。但当我读到维特根斯坦的一句话时对这一切就释然了："哲学问题具有的形式是：'我不知道出路何在。'"①我可以安慰自己：我的问题也许就是一个哲学问题。所以，尽管我的研究可能存在这样或那样的问题，是我现在还不能解决的问题，然而，我提出了这些问题并努力去解释它们，这就是我的成功。如果我所提出的问题能引起更多的教师、教师教育者、教师管理者的思考，这便达成了我的目的。

教师发展问题既不是一个单纯的教师教育的问题，也不仅仅是一个教师管理的问题，它是一个复杂的系统工程。正因为它的这种复杂性和系统性，致使许多关于教师发展的研究只能停留在某个层面上而很难给予系统的研究，如此便难以看到教师发展的真正内核是什么，教师所需用的发展又是什么，进而带来诸多教师教育与管理的不适应与不协调。本研究知难而上，试图用一个生物隐喻将教师的发展问题置于教师所应有的文化身份之中，透过一种契合教师的成人学习理论——质变学习，对教师的发展给予了一个较为全面而系统的研究。

---

① 维特根斯坦. 哲学研究 [M]. 李步楼，译. 北京：商务印书馆，1996：75.

　　教师发展问题可以从不同的角度加以研究，尤其是当今世界，教师专业发展作为教师发展的核心被给予了深刻的关注。首先，这样的研究视角致使教师变成了实现社会目的的"工具"，意义不断从教师的生活中流失，教师本体价值也同时失落。这些都严重背离了对教师的人文关怀。其次，这样的研究视角致使教师发展存在极大的有限性，将教师立体化、变动不居的发展过程进行了平面化、静止性的处理，把复杂、生动的发展过程进行简单的同一化，从而消解了教师发展应有的丰富性。笔者一直在思考这样一个问题：如果把教师作为一个专业人员去培养，那么，教育的本真到何处寻觅？教育的意蕴如何实现？教师的价值又是什么？由此，本研究转换视角，对教师发展进行一番全方位的扫描，以高屋建瓴的俯角把教师置于生命发展的领地，通过叙事研究与解构的方法找到了教师发展的新框架及其实现路径——以质变学习促使教师蝶化发展。

　　纵观全书，应该说本研究是有较大的理论与实践价值的，尤其是在理论方面，不仅构建了一个教师发展的新框架——教师蝶化发展，而且还丰富和发展了成人质变学习理论。当然，任何研究都不会十全十美，总会有这样或那样的问题和缺陷，本研究的许多不足之处，敬请同行、专家和有兴趣的读者指正。

参 考 文 献

《教育展望》编委会. 教师政策：一个比较分析的框架 [M]. 上海：华东师
　　范大学出版社，2008.

A. J. 赫舍尔. 人是谁 [M]. 隗仁莲，安希孟，译. 贵阳：贵州人民出版
　　社，2009.

D. 简·克兰迪宁，F. 迈克尔·康纳利. 叙事研究——质的研究中的经验和
　　故事 [M]. 张园，译. 北京：北京大学出版社，2008.

E. L. Thorndike. 成人的学习 [M]. 杜佐周，朱君毅，译. 北京：商务印书
　　馆，1928.

J. 莱夫，E. 温格. 情境学习：合法的边缘性参与 [M]. 王文静，译. 上海：
　　华东师范大学出版社，2004.

埃德蒙德·胡塞尔. 生活世界现象学 [M]. 倪梁康，张廷国，译. 上海：上
　　海译文出版社，2005.

爱德华·萨义德. 东方学 [M]. 王宇根，译. 北京：生活·读书·新知三联
　　书店，1999.

爱德华·萨义德. 文化与帝国主义 [M]. 李琨，译. 北京：生活·读书·新
　　知三联书店，2003.

爱德华·萨义德. 知识分子论 [M]. 单德兴，译. 北京：生活·读书·新知
　　三联书店，2002.

安迪·哈格里夫斯. 知识社会中的教学 [M]. 熊建辉，陈德云，赵立芹，
　　译. 上海：华东师范大学出版社，2007.

巴特·穆尔-吉尔伯特. 后殖民理论——语境 实践 政治 [M]. 陈仲丹, 译. 南京：南京大学出版社, 2007.

白彦茹. 终身学习与教师培训 [J]. 比较教育研究, 2002 (7).

蔡辰梅, 殷建秋. 论教师的知识分子属性 [J]. 教育发展研究, 2006 (22).

蔡平胜, 李萧. 基于 VCT 的教师学习共同体构建策略探究 [J]. 计算机教育, 2010 (16).

陈恩伦. 论学习权 [J]. 中国教育学刊, 2003 (2).

陈洁. 沪上中学教师学习行为的实证研究 [D]. 上海：上海师范大学, 2007.

陈露. 成人学习权研究 [D]. 上海：华东师范大学, 2006.

陈向明. 实践性知识：教师专业发展的知识基础 [J]. 北京大学教育评论, 2003 (1).

陈向明, 王红艳. 从实践性知识的角度看教师的知识分子属性 [J]. 全球教育展望, 2010 (1).

陈振华. 教师即特殊的成人学习者 [J]. 集美大学学报, 2004 (3).

达林·麦马翁. 幸福的历史 [M]. 施忠连, 徐志跃, 译. 上海：上海三联书店, 2011.

戴宏才. 从实然到应然——中国成人教育制度论 [M]. 重庆：重庆大学出版社, 2012.

戴维·E. 库珀. 隐喻 [M]. 郭贵春, 安军, 译. 上海：上海科技教育出版社, 2007.

丹·扎哈维. 主体性和自身性——对第一人称视角的探究 [M]. 蔡文菁, 译. 上海：上海译文出版社, 2008.

邓友超. 论教师学习的性质与质量 [J]. 教育研究与实验, 2006 (4).

第斯多惠. 德国教师培养指南 [M]. 袁一安, 译. 北京：人民教育出版社, 2001.

丁钢. 声音与经验：教育叙事探究 [M]. 北京：教育科学出版社, 2008.

董守义, 等. 成人学习学 [M]. 东营：石油大学出版社, 1994.

都荣胜. 多维视角下的成人学习特点 [J]. 成人教育, 2003 (7).

窦桂梅. 激情与思想：我永远的追求——特级教师专业成长研究 [J]. 课程·教材·教法, 2004 (5).

杜晓利. 教师政策 [M]. 上海：上海教育出版社, 2012.

樊香兰. 第斯多惠的教师学习思想及其启示 [J]. 教学与管理, 2003 (3).

樊香兰, 孟旭. 论现代教师教育道路的演变逻辑 [J]. 教师教育研究, 2009 (4).

弗兰克·富里迪. 知识分子都到哪里去了 [M]. 戴从容, 译. 南京：江苏人民出版社, 2005.

傅敏, 田慧生. 课堂教学叙事研究：理论与实践 [M]. 北京：教育科学出版社, 2009.

伽达默尔. 哲学解释学 [M]. 夏建平, 宋建平, 译. 上海：上海译文出版社, 2004.

高存艳. 成人教育哲学流派的自我导向学习观 [J]. 继续教育研究, 2003 (6).

高志敏. 关于成人教育科学的认识论问题 [J]. 成人教育, 2001 (5).

高志敏, 李珺. 转化学习理论及其发展述略——基于莉沙·包格纳的研究报告 [J]. 河北大学成人教育学院学报, 2005 (4).

耿金龙. 建构主义学习理论对成人学习的影响 [J]. 成人教育, 2007 (9).

龚群. 当代西方道义论与功利主义研究 [M]. 北京：中国人民大学出版社, 2002.

龚志武. "任务驱动"引领下的成人质变学习的探索与研究 [J]. 广州广播电视大学学报, 2008 (4).

郭宝宏. 论人的需要 [M]. 北京：经济科学出版社, 2008.

郭贵春, 成素梅. 科学哲学的新进展 [M]. 北京：科学出版社, 2008.

郭笑尘. 第斯多惠的教师学习观解读 [J]. 时代教育, 2008 (10).

郭湛. 主体性哲学 [M]. 北京：中国人民大学出版社, 2011.

郝德永. 快乐学习图景——解读《学习的快乐——走向对话》[J]. 人民教

育，2005（10）.

何爱霞. 从构建主义学习观论成人学习策略［J］. 河北大学成人教育学院学报，2000（12）.

何爱霞. 国外自我导向学习研究的过去、现在和未来［J］. 成人教育，2009（12）.

何成洲. 跨学科视野下的文化身份认同——批评与探索［M］. 北京：北京大学出版社，2011.

何青丽. 梅兹若成人转化学习理论的时代意义［J］. 孝感学院学报，2010（7）.

亨利·A. 吉鲁. 教师作为知识分子——迈向批判教育学［M］. 朱红文，译. 北京：教育科学出版社，2008.

黄富顺. 成人心理与学习［M］. 台北：师大书苑有限公司，1990.

黄玄哲. 理解成人学习［D］. 上海：华东师范大学，2008.

惠芳. 成人转化学习之理论研究［J］. 职教论坛，2007（6）.

佳亚特里·斯皮瓦克. 斯皮瓦克读本［M］. 陈永国，等，主编. 北京：北京大学出版社，2007.

贾凡. 转化学习的基本理论探究及启示［J］. 河北师范大学学报：教育科学版，2010（3）.

简·韦拉. 如何倾听，怎样沟通：成人对话教育的原理与实践（修订版）［M］. 涂才义，译. 北京：教育科学出版社，2007.

姜勇. 论教师发展的“存在”之路［J］. 教师教育研究，2010（1）.

姜勇. 论教师的精神成长——批判教育学视野中的教师专业发展［J］. 中国教育学刊，2011（2）.

姜勇，华爱华. 柏格森“生命哲学”视野中的教师发展观［J］. 外国教育研究，2010（1）.

教育社会学专业委员会. 学科使命与知识分子的身份认同——教育社会学专业委员会第八届学术年会综述［EB/OL］. ［2009－01－08］. http：//www. pep. com. cn/xgjy/jyyj/jyxfh/fhkw/507/201009/t20100901_ 861060. htm.

金美福．教师自主发展论［D］．上海：东北师范大学，2003.

金美福．两种教师发展模式论比较——兼与台湾学者饶见维先生商榷
［J］．东北师范大学学报：哲社版，2004（4）.

金生鈜．教育：思想与对话：第1辑［M］．科学出版社，2005.

金生鈜．规训与教化［M］．北京：教育科学出版社，2009.

金吾伦．感悟科学——科学哲学探询［M］．长沙：湖南人民出版社，2007.

金语．教师学习：从福利给予到权利保障［J］．西北成人教育学报，2008
（3）.

金忠明．教师教育的历史、理论与实践［M］．上海：上海教育出版
社，2008.

卡尔·曼海姆．文化社会学论集［M］．艾彦，郑也夫，冯克利，译．沈阳：
辽宁教育出版社，2003.

孔倩．成人的基本学习特性初探［J］．中国成人教育，2004（10）.

李秉千，徐学榘．比较成人教育理论［M］．哈尔滨：黑龙江教育出版
社，1992.

李春玲．学校管理视野中的教师发展［J］．教育发展研究，2006（2）.

李慧玲．成人的人格发展特征及其对成人学习的影响［J］．陕西师范大学继
续教育学报，2005（11）.

李继秀．教师生命价值及其实现［J］．教师教育研究，2006（9）.

李洁．批判性思维与成人学习理论新进展［J］．河北大学成人教育学院学
报，2006（6）.

李丽．生存学习论［M］．上海：华东师范大学出版社，2009.

李烈．建设学习型组织　促进教师主动发展［J］．人民教育，2003（10）.

李文阁，于召平．生活世界：人的自我生成之域［J］．求是学刊，2001（1）.

李志厚．教师校本学习研究［D］．广州：华南师范大学，2005.

李志厚．论教师学习的基本追求［J］．华南师范大学学报：社会科学版，
2006（4）.

李志厚．西方国家教师学习研究动态及其启示［J］．外国教育研究，2005

(8).

李中亮．桑代克成人学习理论及其启示［J］．成人教育，2007（1）.

联合国教科文组织国际教育发展委员会．学会生存——教育世界的今天和明
　　天［M］．华东师范大学比较教育研究所，译．北京：教育科学出版
　　社，1996.

刘次林．幸福教育论［M］．北京：人民教育出版社，2003.

刘存智．学习与生存理念［M］．北京：中国人民大学出版社，2009.

刘洁．现象学教育学著作中的故事［J］．教育研究，2005（2）.

刘洁．从"生活史"的角度看教师教育［J］．教育理论与实践，2006（3）.

刘静．论西方女性主义的教师专业化批判与重建［J］．外国教育研究，2004
　　（1）.

刘丽．教师个人知识管理与教师专业发展［J］．学前教育研究，2005（7 -
　　8）.

刘良华．教育研究方法——专题与案例［M］．上海：华东师范大学出版
　　社，2007.

刘铁芳．走向生活的教育哲学［M］．长沙：湖南师范大学出版社，2005.

刘同舫．人类解放视域中的教育价值合理性探析［J］．教育研究，2010
　　（8）.

刘学惠，教师认知研究回溯与思考对教师教育之意涵［J］．教育理论与实践，
　　2006（6）.

刘学惠，申继亮．教师学习的分析维度与研究现状［J］．全球教育展望，
　　2006（8）.

刘雅丽．终身教育与终身学习的现代思考［M］．长沙：湖南人民出版
　　社，2008.

刘宇．成人学习特征及教学策略分析［J］．吉林省经济管理干部学院学报，
　　2005（1）.

柳士彬．成人转换学习及其教学策略［J］．教育研究，2007（10）.

龙宝新．论教师学习的潜层机制与实践框架［J］．教师发展论坛，2010

（2）.

龙宝新. 教师学习：当代教师教育变革的第三条道路 [J]. 教育科学研究，2010（5）.

卢乃桂. 教育改革潮中的教师和教师发展 [J]. 基础教育学报，2001（1）.

卢乃桂，王夫艳. 教育变革中的教师专业身份及其建构 [J]. 比较教育研究，2009（12）.

卢乃桂，钟亚妮. 国际视野中的教师专业发展 [J]. 比较教育研究，2006（2）.

罗钢，刘象愚. 文化研究读本 [M]. 北京：中国社会科学出版社，2000.

马尔切洛·佩拉. 科学之话语 [M]. 成素梅，李洪强，译. 上海：上海科技教育出版社，2006.

毛齐明. 后现代视野中的教师学习 [J]. 咸宁学院学报，2005（10）.

毛齐明. 国外"教师学习"研究领域的兴起与发展 [J]. 全球教育展望，2010（1）.

毛齐明. 教师学习——从日常话语到研究领域 [J]. 华东师范大学学报：教育科学版，2010（3）.

毛新勇. 建构主义学习理论在教学中的应用 [J]. 课程·教材·教法，1999（9）.

缪小春. 心理学中的一个新兴的研究领域——毕生发展心理学 [J]. 心理科学通讯，1990（4）.

牛丽娜. 成人学习动机理论在网络远程教育中的应用初探 [J]. 中国电化教育，2004（9）.

诺尔斯. 现代成人教育发展实践 [M]. 蔺延梓，译. 北京：人民教育出版社，1989.

诺曼·朗沃斯. 终身学习在行动——21世纪的教育变革 [M]. 沈若慧，汤杰琴，鲁毓婷，译. 北京：中国人民大学出版社，2006.

潘斌. 论教育回归生活世界 [J]. 高等教育研究，2006（5）.

秦发盈. 成人学习与发展及其学习策略养成 [J]. 河北大学教师成人教育学

院学报，2005（1）.

让·格朗丹. 哲学解释学导论［M］. 何卫平，译. 北京：商务印书馆，2009.

任其平. 论教师专业发展的生态化培养模式［J］. 教育研究，2010（8）.

阮成武. 论传统教师地位的文化负累与消解.［J］. 皖西学院学报，2001（2）.

宋广文，魏淑华. 论教师的专业发展［J］. 教育研究，2005（7）.

孙传远. 教师学习：期望与现实——以上海中小学教师为例［D］. 上海：上海师范大学，2010.

孙德芳. 从外源到内生：教师学习方式的变革［J］. 人民教育，2010（19）.

孙霄兵. 知识社会与教育发展［M］. 北京：教育科学出版社，2009.

孙洋洋. 基于教师专业发展的教师学习研究［J］. 基础教育，2010（3）.

唐荣德. 教师素质：自在的教师［M］. 桂林：广西师范大学出版社，2007.

陶继新. 做一个幸福的教师——陶继新教育讲演录［M］. 上海：华东师范大学出版社，2008.

涂纪亮. 杜威文选［M］. 北京：社会科学文献出版社，2006.

王芳，马云鹏. "教师学习"研究的发展及其对职前教师教育的启示［J］. 外国教育研究，2010（4）.

王枬. 教师发展：从自在走向自为［M］. 桂林：广西师范大学出版社，2007.

王枬，等. 教师印迹——课堂生活的叙事研究［M］. 北京：教育科学出版社，2008.

王全林. 精神式微与复归：知识分子视角下的大学教师研究［M］. 南京：南京师范大学出版社，2006.

王伟杰，崔彦. 从奥苏贝尔的成就动机理论看成人学习动机［J］. 交通职业教育，2000（5）.

王小波，等. 知识分子应该干什么［M］. 北京：时事出版社，1999.

王兴辉. 成人自导学习与支持系统研究［D］. 上海：华东师范大学，2005.

王琰. 教育智慧类型差异与教师学习 [J]. 中国教育学刊, 2009 (10).

王玉欣, 高志敏. 成人情感学习述略——基于德克斯的研究 [J]. 河北大学成人教育学院学报, 2006 (3).

王增进. 后现代与知识分子的位置 [M]. 北京: 中国社会科学出版社, 2003.

魏光丽. 工作场所实行自我导向学习的研究 [D]. 上海: 华东师范大学, 2007.

魏静. 成人质变学习理论述评 [J]. 全球教育展望, 2006 (12).

温恒福, 杨道宇. 教师专业发展的三维实践模式 [J]. 中国教育学刊, 2010 (10).

文聘元. 对人的基础性分析 [M]. 上海: 上海社会科学院出版社, 2010.

吴小鸥. 教学场论 [M]. 长沙: 湖南师范大学出版社, 2007.

夏家夫, 焦峰. 成人教育管理概论 [M]. 开封: 河南大学出版社, 1999.

项家庆. 新课程背景下中小学教师如何开展行动与叙事研究 [M]. 武汉: 华中科技大学出版社, 2008.

肖丽萍. 国内外教师专业发展研究述评 [J]. 中国教育学刊, 2002 (5).

谢延龙, 周福盛. 教师发展的生存论转向 [J]. 中国教育学刊, 2011 (8).

徐贲. 知识分子——我的思想和我们的行为 [M]. 上海: 华东师范大学出版社, 2005.

徐磊. 新加坡—中国中小学教师发展比较与思考 [J]. 中小学教师培训, 2010 (2).

徐文彬. 教师的学习及其内容与特征 [J]. 湖南第一师范学院学报, 2010 (1).

雪伦·B. 梅里安. 成人学习理论的新进展 [M]. 黄健, 等, 译. 北京: 中国人民大学出版社, 2006.

闫旭蕾. 教育中的"肉"与"灵"——身体社会学研究 [M]. 南京: 南京师范大学出版社, 2007.

阎莉. 整体论视域中的科学模型观 [M]. 北京: 科学出版社, 2008.

杨佳. 最后的农民——成人学习对农民人生境界的改造［D］. 福建：福建师范大学，2008.

杨自伍. 教育：让人成为人［M］. 北京：北京大学出版社，2010.

姚念章. 简论成人学习兴趣的培养［J］. 中国成人教育，2000（1）.

姚念章，杨昭宁. 成人教育发展心理学［M］. 北京：京华出版社，1999.

叶澜. 基因［M］. 桂林：广西师范大学出版社，2009.

应方淦. 二战后成人学习研究述评［J］. 河北师范大学学报：教育科学版，2010（5）.

英格丽特·约翰斯顿. 重构语文世界——后殖民教学实践［M］. 郭洋生，邓海，译. 北京：教育科学出版社，2007.

余英时. 中国知识人之史的考察［M］. 桂林：广西师范大学出版社，2004.

喻朝善. 成人学习基本特点分析［J］. 成人教育，2003（10）.

约翰·W. 桑特洛克. 毕生发展［M］. 3 版. 桑标，等，译. 上海：上海人民出版社，2009.

岳淑丽. 从规范性走向享受性的教师学习——基于教师职业发展阶段视角［J］. 中国教师，2010（1）.

张桂香，王传永. 成人学习动机的培养与激发［J］. 中国成人教育，2000（8）.

张敏. 教师自主学习调节模式及其机制［D］. 杭州：杭州大学，2008.

张敏. 教师学习策略结构研究［J］. 教育研究，2008（6）.

张敏. 教师学习的理论与实证研究［M］. 杭州：浙江大学出版社，2008.

张培. 生命的背离：现代教师的生存状态透析［J］. 教师教育研究，2009（1）.

张旺. 人的类生命与素质教育［J］. 教育研究，2010（8）.

张伟. 自主自为：中小学教师发展的生命哲思［J］. 中国教育学刊，2009（11）.

张向众. 生命关怀下教师发展的新思考［J］. 当代教育科学，2006（21）.

赵健. 学习共同体的建构［M］. 上海：上海教育出版社，2008.

赵稀方. 后殖民理论 [M]. 北京：北京大学出版社，2009.

折延东，龙宝新. 论教师的专业教育生活重建 [J]. 教育研究，2010 (7).

折延东，龙宝新. 专业化视野中的教师发展观追问——基于教师文化的视角 [J]. 陕西理工学院学报：社会科学版，2010 (5).

郑太年. 学习：为人的发展 [M]. 上海：上海教育出版社，2008.

郑也夫. 知识分子研究 [M]. 北京：中国青年出版社，2004.

钟建春. 促进教师发展的管理策略 [J]. 中国教育学刊，2010 (1).

钟乐江，钟发全. 在写自己的故事中成长 [M]. 天津：天津教育出版社，2009.

钟启泉. "教师专业化"的误区及其批判 [J]. 教育发展研究，2003 (4 - 5).

周成海. 客观主义—主观主义连续统观点下的教师教育范式：理论基础与结构特征 [D]. 长春：东北师范大学，2007.

周嘉方. 成人教育管理 [M]. 上海：上海科技教育出版社，1997.

朱迪恩·H. 舒尔曼. 教师教育中的案例教学法 [M]. 郅庭瑾，主译. 上海：华东师范大学出版社，2007.

朱敏. 西方成人质变学习理论发展的比较研究 [J]. 当代教师教育，2011 (3).

庄明贞，等. 叙事探究——课程与教学的应用 [M]. 台北：心理出版社，2010.

庄文. 麦基罗成人转化学习理论简述 [J]. 河北大学成人教育学院学报，2010 (1).

庄文，伊伶. 成人转化学习理论研究概述 [J]. 高等函授学报：哲学社会科学版，2009 (3).

佐藤学. 学习的快乐——走向对话 [M]. 钟启泉，译. 北京：教育科学出版社，2004.

Andruke, C L. Self-Directed Learning as a Political Act: Learning Projects of

Women on Welfare [C]. Proceedings of the 41st Annual Adult Education Research Conference, Vancouver, British Columbia, 2000.

Brokett, R B, and Hiemstra, R. Self-Direction in Adult Learning: Perspectives on Theory, Research, and Practice [M]. London and New York: Routledge, 1991.

Brookfield, S. Self-Direction Learning, Political Clarity, and the Critical Practice of Adult Education [J]. Adult Education Quarterly, 1993, 43 (4).

Clark, M C, and Wilson, A L. Context and Rationality in Mezirow's Theory of Transformation Learning [J]. Adult Education Quarterly, 1991, 41 (2).

Clark, M C. The Restructuring of Meaning: An Analysis of the Impact of Context on Transformational Learning [D]. Unpublished doctoral dissertation, Department of Adult Education, University of Georgia, 1991.

Clark, M C. Transformational Learning [M]. In S. B. Merriam (ed.), An Update on Learning Theory. New Directions for Adult and Continuing. San Francisco: Jossey-Bass, 1993.

Collins, M. On Contemporary Practice and Research: Self-Directed Learning to Critical Theory [M]. In R. Edwards, A. Hanson, and P. Raggatt (eds.), Boundaries of Adult Learning: Adult Learners, Education and Training. New York: Routledge, 1996.

Courtenay, B C, Merriam, S B, and Reeves, P M. The Centrality of Meaning-Making in Transformation Learning: How HIV-Positive Adult Make Sense of Their Lives [J]. Adult Education Quarterly, 1998, 48 (2).

Cranton, P. Understanding and Promoting Transformative Learning: A Guide of Education of Adults [M]. San Francisco: Jossey-Bass, 1994.

Cranton, P. Professional Development as Transformative Learning [M]. San Francisco: Jossey-Bass, 1996.

Cranton, P. Individual Differences and Transformative Learning [M]. In J. Mezirow and Associates (eds.), Learning as Transformation: Rethinking Adult Learning and Development. San Francisco: Jossey-Bass, 2000.

Daloz, L A. Effective Teaching and Mentoring: Realizing the Transformational Power of Adult Learning Experiences [M]. San Francisco: Jossey-Bass, 1986.

Daloz, L A. Mentor: Guiding the Journey of Adult Learners [M]. San Francisco: Jossey-Bass, 1999.

Davis, D C, and Ziegler, M F. Transformative Learning at a Large-System Level: Using a Participative Research Process to Help Change the Culture of a State Welfare System [M]. In C. A. Wiessner, S. R. Meyer, and D. A. Fuller (eds.), The Third International Transformative Learning Conference: Challenges of Practice: Transformative Learning Action. New York: Columbia University, 2000.

Dirkx, J M. Transformative Learning Theory in the Practice of Adult Education: An Overview [J]. PAACE Journal of Lifelong Learning, 1998, 7 (1).

Easton, L B. From Professional Development to Professional Learning [J]. Phi Delta Kappan, 2008, 89 (10).

Elias, J. One Strategy for Facilitating Transformative Learning: Synergic Inquiry [M]. In C. A. Wiessner, S. R. Meyer, and D. A. Fuller (eds.), The Third International Transformative Learning Conference: Challenges of Practice: Transformative Learning Action. New York: Columbia University, 2000.

Fenwick, T J. Teacher Learning and Professional Growthlans: Implication of a Provincial Policy [J]. Journal of Curriculum and Supervision, 2004, 19 (3).

Fullan, M. Change the Terms for Teacher Learning [J]. National Staff Development Council, 2007, 28 (3).

Knowls, M S. The Adult Learning: A Neglected Species [M]. 3rd ed. Houston: Gulf, 1984.

Knowls, M S, and Associates. Androgogy in Action: Applying Modern Principles of Adult Learning [M]. San Francisco: Jossey-Bass, 1985.

Lucas, L L. The Role of Courage in Transformational Learning [D]. Unpublished doctoral dissertation, University of Wisconsin, 1994.

MacDonald, B, Cervero, R M, and Countenay, B C. An Ecological Perspective of Power in Transformational Learning: A Case Study of Ethical Vegans [J]. Adult Education Quarterly, 1999, 50 (2).

Merriam, S B, and Caffarella, R S. Learning in Adulthood [M]. 2nd ed. San Francisco: Jossey-Bass, 1999.

Meyer, S R. Journaling and Transformative Learning [M]. In C. A. Wiessner, S. R. Meyer, and D. A. Fuller (eds.), The Third International Transformative Learning Conference: Challenges of Practice: Transformative Learning Action. New York: Columbia University, 2000.

Mezirow, J. Transformative Dimensions of Adult Learning [M]. San Francisco : Josses-Bass, 1991.

Mezirow, J. Transformation Theory of Adult Learning [M]. In M. R. Welton (ed.), Defence of the Lifeworld. New York: Suny Press, 1995.

Mezirow, J. A Critical Theory of Adult Learning and Education [J]. Adult Education, 1981.

Mezirow, J. Learning to Think Like an Adult: Transformation Theory: Core Concepts [M]. In J. Mezirow and Associates (eds.), Learning as Transformation: Critical Perspectives on a Theory in Progress. San Francisco: Jossey-Bass, 2000.

Retallick, J. Teachers' Workplace Learning : Towards Legitimation and Accreditation [J]. Teachers and Teaching, 1999, 5 (1).

Taylor, E W. Analyzing Research on Transformative Learning Theory [M]. In J. Mezirow and Associates (eds.), Learning as Transformation: Critical Perspectives on a Theory in Progress. San Francisco: Jossey-Bass, 2000.

Taylor, E W. Fostering Transformational Learning in the Adult Education Classroom: A Review of the Empirical Studies [M]. In C. A. Wiessner, S. R. Meyer, and D. A. Fuller (eds.), The Third International Transformative Learning Conference: Challenges of Practice: Transformative Learning Action. New York: Columbia University, 2000.

Taylor, E W. Transformative Learning-A Review [J]. Adult Education Quarterly, 1997, 48 (1).

Tough, A. The Adult's Learning Projects: A Fresh Approach to Theory and Practice in Adult Learning [M]. Toronto: Ontario Institute for Studies in Education, 1971.

后　记

本书完成之时，我已是"知天命"的年龄。

对一个生在 20 世纪 60 年代的人来讲，读书几乎是一种"奢侈"。目不识丁的父母偏偏生养了一个偏爱读书的小姑娘——读课本、读哥哥姐姐的课本、读《毛泽东选集》、读小说，甚至讨好邻居家的哥哥姐姐，为的是把他们手中有的书借回来读。为了能让邻居家的哥哥姐姐愿意借书给我看，还养成了一个至今受益的习惯——恪守诺言，说什么时候还书就一定什么时候还。大量的阅读消解了成长的烦恼，开阔了眼界，增长了知识，丰收了智慧，坚定了人生目标——做一个劳心者！也正是阅读，让自己学会了处世，学会了思考，学会了简单，学会了舍弃，学会了坚守——做一个纯粹的学术人。

从大学生到硕士研究生到博士研究生再到北大访问学者，一条求学之路展现的也是一条发展之路。可见，发展之基础谓学习，学习之前途谓发展，二者交互乃人生之根本。因此，将自己和他人的亲历写成一个研究文本呈现给其他教师和成人，意在启发如何做一个幸福的教师。

就我个人的职业取向而言，教师不是一个好的选择，甚至是最坏的选择。然而，命运偏偏将我抛入这"最坏"的道路。由此，也就不打算做一个中规中矩的教师，而是从心所欲——想怎么教就怎么教。殊不知，自由的教学不仅得到的是学生的青睐，更收获了教育的幸福。当被职称、课题这些东西所困扰时，质变学习把我引入了另外一个自得其乐的天地——读书写作。读想读的书，写想写的文字，做想做的教师。困扰消失，天空晴朗，生活的意义被重新拾回，并找到了一个不坏的人生目标——执书之角，与书偕老。也许，这就是我发展的"本质直观"——学习的快乐。

把自己的书斋取名为"墨菊斋"，意为以墨为伴，人淡如菊。取笔名为"墨溪织女"，亦不过以泼墨为溪、抽思织文为小小的理想。读书、爱书、写字乃人生乐事。在夏日清凉的"仙女山"的一处小居所，取陶渊明的"采菊东篱下，悠然见南山"之意境将其命名为"菊篱山居"，意在追求一种闲淡的生活态度和生活方式。庭院种有梅、枫、石榴和其他木槿。腊梅会在寒冷的冬日里散发出来阵阵沁人心脾的暗香；石榴迎接的是夏日的清凉；红枫带给人秋色的灿烂；还有那些矮小的各色木槿，总是静静地叙说主人的心事。春夏秋冬便如此般伴随着主人细细的心思绽放在小小的庭院中。人的生活实在不需要那么复杂，一碗米粥、一杯香茗、一本好书、一个知己足矣。米粥、香茗自然不难得，一本好书也可寻，一个知己却可遇不可求。也许，知音就在那笔尖上。

此书的出版首先要感谢教育科学出版社的鼎力相助，以及孙袁华主任的大力支持与帮助，若无他们的关心与支持，本书仍然还是一部手稿而已。感谢孔军老师对本书细心、周到的编辑并提出有价值的修改意见，他工作的严谨态度很值得我学习。

感谢关心我、帮助我的导师李森教授。

感谢在北大做访问学者期间，导师靳希平教授的认真和耐心的指导，教授为人的平和与学问的精深让我终身受益。

感谢高志敏教授在百忙中为本书赐墨写序。

本书的完成还要感谢师兄戴宏才。他的鼓励和欣赏使我拥有了更多的自信，对此，我心存感激。

感谢我亲爱的师妹、师弟们。你们在我成功的时候为我喝彩，在我沮丧的时候给我安慰，在我高兴的时候为我鼓掌，在我灰心的时候给我鼓励。谢谢你们陪我一路走来！尤其是吴文、马琴和刘桂影在百忙之中还给予我无私的学术支持，在此特别说一声：谢谢你们！

感谢郑志辉、陈福祥，谢谢你们为我提供的诸多帮助。

　　我也要感谢为本书提供叙事材料的老师，他们是：戴宏才、袁小梅和娄兴勇。

　　最后，我要感谢我的家人，他们的支持才是我成功的最大动力！

　　在本书的写作过程中参阅与引用了大量的文献，在此一并向作者致以深深的谢意！

　　生命的意义不在人生的浮华，平实、认真与快乐才能书写一生的精彩。与其红颜著功名，不如素心画墨菊。

　　是为记。

伍叶琴
2013 年 5 月于墨菊斋

出 版 人　所广一
责任编辑　孔　军
版式设计　贾艳凤
责任校对　贾静芳
责任印制　曲凤玲

图书在版编目（CIP）数据

教师蝶化发展论：基于文化身份的考量／伍叶琴著 . —
北京：教育科学出版社，2014.1
ISBN 978 - 7 - 5041 - 8033 - 9

Ⅰ.①教… Ⅱ.①伍… Ⅲ.①师资培养—研究　Ⅳ.
①G451.2

中国版本图书馆 CIP 数据核字（2013）第 246228 号

教师蝶化发展论：基于文化身份的考量
JIAOSHI DIEHUA FAZHAN LUN：JIYU WENHUA SHENFEN DE KAOLIANG

出版发行	**教育科学出版社**			
社　　址	北京·朝阳区安慧北里安园甲 9 号	市场部电话	010 - 64989009	
邮　　编	100101	编辑部电话	010 - 64981167	
传　　真	010 - 64891796	网　　址	http：//www.esph.com.cn	
经　　销	各地新华书店			
制　　作	北京金奥都图文制作中心			
印　　刷	北京中科印刷有限公司			
开　　本	169 毫米×239 毫米　16 开	版　　次	2014 年 1 月第 1 版	
印　　张	16.75	印　　次	2014 年 1 月第 1 次印刷	
字　　数	229 千	定　　价	42.00 元	